UTB 2231

Eine Arbeitsgemeinschaft der Verlage

Beltz Verlag Weinheim · Basel
Böhlau Verlag Köln · Weimar · Wien
Wilhelm Fink Verlag München
A. Francke Verlag Tübingen und Basel
Haupt Verlag Bern · Stuttgart · Wien
Lucius & Lucius Verlagsgesellschaft Stuttgart
Mohr Siebeck Tübingen
C. F. Müller Verlag Heidelberg
Ernst Reinhardt Verlag München und Basel
Ferdinand Schöningh Verlag Paderborn · München · Wien · Zürich
Eugen Ulmer Verlag Stuttgart
UVK Verlagsgesellschaft Konstanz
Vandenhoeck & Ruprecht Göttingen
vdf Hochschulverlag AG an der ETH Zürich
Verlag Barbara Budrich Opladen · Farmington Hills
Verlag Recht und Wirtschaft Frankfurt am Main
WUV Facultas Wien

Peter O. Oberender
Ansgar Hebborn
Jürgen Zerth

Wachstumsmarkt Gesundheit

2. grundlegend überarbeitete und
aktualisierte Auflage

mit 26 Abbildungen und einem Glossar

Lucius & Lucius · Stuttgart

Die Autoren:
Univ.-Prof. Dr. Dr. h.c. Peter O. Oberender
Dr. Ansgar Hebborn
Dr. Jürgen Zerth
Universität Bayreuth
Lehrstuhl VWL IV
Universitätsstr. 30
95440 Bayreuth
e-mail: Peter.Oberender@uni-bayreuth.de

Bibliografische Information der Deutschen Bibliothek

Die Deutsche Bibliothek verzeichnet diese Publikation in der Deutschen Nationalbibliografie; detaillierte bibliografische Daten sind im Internet über http://dnb.ddb.de abrufbar

ISBN 3-8282-0358-2 (Lucius & Lucius)
(ab 2007: ISBN 978-3-8282-0358-7)

Druck und Einband: Fa. Pustet, Regensburg

Printed in Germany

UTB-Bestellnummer: 3-8252-2231-4 (ab 2007: 978-3-8252-2231-4)

Vorwort zur zweiten Auflage

Das Gesundheitswesen ist gegenwärtig permanenten Veränderungen ausgesetzt, so dass eine Neuauflage der ersten Auflage inhaltlich schneller notwendig wurde als ursprünglich beabsichtigt. Gleichzeitig konnte der erfreuliche Tatbestand, dass die erste Auflage sehr schnell vergriffen war, dieses Vorhaben noch nachhaltig befördern. Seit dem Erscheinen Anfang 2002 hat sich die gesundheitspolitische Diskussion um eine Reform der Gesetzlichen Krankenversicherung (GKV) deutlich zugespitzt. Schlagworte wie Bürgerversicherung, Gesundheitsprämie und nachhaltige Finanzierung haben die öffentliche und veröffentlichte Meinung zeitweise gar monopolisiert. In diesem Zusammenhang hat nach Ansicht der Autoren die ursprüngliche Intention des „Wachstumsmarktes" noch mehr an Brisanz gewonnen.

Die Neufassung bringt es mit sich, dass nicht nur einige Fehler korrigiert worden sind, sondern es wurden erhebliche Veränderungen in den einzelnen Kapiteln vorgenommen, ohne jedoch die grundlegende Struktur und damit den „roten Faden" des Wachstumsmarktes zu verändern. Die bewährte Struktur der ersten Auflage wurde grundsätzlich beibehalten. So finden sich wieder ein Stichwortverzeichnis und ein Glossar. Letztgenanntes bietet die Möglichkeit, manche Fachtermini nachzulesen und soll daher dem Verständnis des Buches zuträglich sein.

An dieser Stelle bedanken sich die Verfasser bei Frau cand. rer. pol. Claudia Nowitzki, bei Frau cand. rer. pol. Alexa Urspruch und bei Herrn cand. rer. pol. David Saß, die mit besonderem Engagement bei der Herausgabe des Bandes, insbesondere bei Erstellung des Glossars und der Abbildungen, mitgewirkt haben. Frau Dr. Hanne Hamel gilt der Dank dafür, dass sie die Korrektur einer früheren Fassung übernommen hat. Dank gilt auch Herrn cand. rer. pol. Rolf-Eric Fischer für die Mitwirkung bei der Datenrecherche.

Bayreuth, im Februar 2006

Peter O. Oberender
Ansgar Hebborn
Jürgen Zerth

Vorwort zur ersten Auflage

Das Gesundheitswesen ist angesichts zunehmender Ausgaben im Gesundheitswesen und immer stärker zutage tretenden Defizite in den letzten Jahren zusehends in den Mittelpunkt politischen, gesellschaftlichen, wirtschaftlichen sowie wissenschaftlichen Interesses gerückt. Die Politik sah und sieht sich auch gegenwärtig dazu gezwungen, mittels immer neuer Regulierungen und Reglementierungen den Versuch zu unternehmen, die Ausgabenentwicklung im Gesundheitswesen zu dämpfen. Es bestand und besteht hierbei die große Gefahr, dass die Interessen der Betroffenen, allen voran die der Versicherten und jene der Leistungserbringer, immer weiter aus dem gesundheitspolitischen Blickfeld geraten.

Die ausschließliche Betrachtung des Gesundheitswesens unter Kostenaspekten greift zu kurz, denn als moderner Dienstleistungsbereich stellt das Gesundheitswesen zugleich eine Wachstumsbranche par excellence dar. Angesichts des weiter voranschreitenden medizinischen Fortschritts, des zunehmenden materiellen Wohlstandes und des gleichzeitigen Anstiegs der durchschnittlichen Lebenserwartung bieten sich ungeahnte Wachstumspotentiale. Auch vor dem Hintergrund der gegenwärtig schwierigen Situation auf dem Arbeitsmarkt eröffnen sich neue Perspektiven, da Arbeitskraft im Gesundheitswesen nur in sehr begrenztem Umfang durch technischen Fortschritt eingespart werden kann. Es ist damit zu rechnen, dass die durch den zunehmenden Einsatz apparativer Behandlungsformen bedingten arbeitssparenden Effekte zumindest zu einem Teil durch zusätzliche, innovative und eher arbeitsintensive Medizintechnologien kompensiert werden.

Grundlage der vorliegenden Publikation ist das Buch von *Peter Oberender* und *Ansgar Hebborn: Wachstumsmarkt Gesundheit. Therapie des Kosteninfarkts*, das im Jahre 1994 erschienen ist. Der Titel *Wachstumsmarkt Gesundheit* gewinnt weiterhin an Bedeutung, wenn arbeitsmarktpolitische Aspekte des Gesundheitswesens in das Blickfeld geraten. Gesundheitsökonomische und gesundheitspolitische Fragestellungen werden immer mehr Gegenstand der Wirtschafts- und Gesellschaftspolitik, angefangen von der stets aktuellen Frage nach

Rationierung und Rationalisierung bis hin zur ethischen Debatte über Präimplantationsdiagnostik und die Möglichkeiten der Genforschung.

Die Zielsetzung der vorliegenden Publikation ist es, einen Beitrag zur Analyse der Mängel des Gesundheitswesens und ihrer Ursachen zu leisten sowie vor allem mögliche Lösungswege unter dem besonderen Blickwinkel der innewohnenden Wachstumspotentiale aufzuzeigen. Infolge dieser Zielstellung und zur Beibehaltung der ursprünglichen Intention sind die Inhalte dieser Veröffentlichung bewusst allgemeinverständlich geschrieben worden. Mit einer derartigen Vorgehensweise versprechen sich die Autoren, eine breitere interessierte Öffentlichkeit zu erreichen, ohne die langfristige Reformen im wichtigen Gesundheitsmarkt nicht möglich sind.

Bayreuth, im November 2001

Peter O. Oberender
Ansgar Hebborn
Jürgen Zerth

Inhalt

I Einleitung **11**

II Gesundheit als Gut **19**

II.1 Gesundheit zwischen Bedarf und Nachfrage 19

II.2 Gesundheit als ein besonderes Gut? 21

II.3 Zur Notwendigkeit einer Regulierung von Gesundheitsleistungen 24

III Sicherheit im Krankheitsfall - Wie lange noch? **33**

III.1 Grundprinzipien der Krankenversicherung 33

III.1.1 Krankenversicherung als Daseinsvorsorge 33

III.1.2 Das deutsche Krankenversicherungssystem 34

III.2 Struktur der Sicherung 43

III.2.1 Versicherten- und Mitgliederstruktur 43

III.2.2 Ausgabenstruktur der Gesetzlichen Krankenversicherung - Diagnose: Schieflage 46

III.3 Das Dilemma eines Wachstumsmarktes 50

III.3.1 Zielsetzungen der Gesundheitspolitik 51

III.3.2 Immanente Steuerungsmängel im GKV-System 53

III.3.2.1 Versicherungsinduzierte Nachfrage nach Gesundheitsgütern 53

III.3.2.2 Synthese: Der Teufelskreis im Gesundheitswesen 56

III.3.3 Organisationsdefizite der GKV 60

IV Lösungsversuche: Anspruch und Wirklichkeit **65**

IV.1 Kriterien einer kritischen Würdigung 66

IV.2 Kostendämpfungsgesetze 67

IV.2.1 Maßnahmen 67

IV.2.2 Ergebnisse und Bewertung 69

IV.3 Gesundheits-Reformgesetz 71

IV.3.1 Zielvorstellungen und Maßnahmen 72

IV.3.2 Bewertung 74

IV.4 Gesundheitsstrukturgesetz 78

IV.4.1 Maßnahmen und Ziele 78

IV.4.2 Würdigung der Maßnahmen 82

IV.5 Neuordnungsgesetze 87

IV.5.1 Maßnahmen und Ziele 87

IV.5.2 Würdigung der Maßnahmen 89

IV.6 Gesundheitsreform 2000 90

IV.6.1 Maßnahmen und Ziele 91
IV.6.2 Bewertung der Maßnahmen 93

IV.7 Reform des Risikostrukturausgleichs 96
IV.7.1 Maßnahmen und Ziele 96
IV.7.2 Bewertung der Maßnahmen 97

IV.8 Gesundheitsmodernisierungsgesetz (GMG) 99
IV.8.1 Maßnahmen und Ziele 99
IV.8.2 Bewertung der Maßnahmen 101

IV.9 Synthese und Zwischenergebnis 105

V Herausforderungen für das Gesundheitswesen 107

V.1 Sozioökonomische Herausforderungen 107
V.1.1 Demographische Entwicklung 107
V.1.1.1 Generationenvertrag noch stabil? 107
V.1.1.2 Wanderungsbewegungen 109
V.1.1.3 Entwicklung der Belastungsquotienten 110
V.1.2 Technischer Fortschritt – Risiko oder Chance? 114

V.2 Politisch-rechtliche Herausforderungen 118
V.2.1 Europäische Union: Herausforderung und Chance 118
V.2.2 Einfluss des Wählerstimmenmarktes 125
V.2.2.1 Spannungsfeld zwischen Subsidiarität und Solidarität 125
V.2.2.2 Institutionelles Defizit in der Gesundheitspolitik 127

V.3 Synthese aus Sicht des Sicherungssystems 128

VI Reform des Gesundheitswesen: Szenarien 135

VI.1 Diskussion jeder Reform: Grundfrage des Rationierungsphänomens 136

VI.2 Zur Reformdiskussion im deutschen Gesundheitswesen 138

VI.3 Reformoption I: Weiterentwicklung des Solidarprinzips 140
VI.3.1 Mitgliedschaft und Versicherungspflicht 140
VI.3.1.1 Bürgerversicherungsmodelle 141
VI.3.1.2 Gesundheitsprämienmodelle 141
VI.3.1.3 Synthese 141
VI.3.2 Gestaltung des Versicherungsverhältnisses 142
VI.3.2.1 Bürgerversicherungsmodelle 143
VI.3.2.2 Gesundheitsprämienmodelle 143
VI.3.2.3 Ausgestaltung der Finanzierung: eine Synthese 144
VI.3.3 Zwischenergebnis 146

VI.4 Reformoption II: Neudefinition der Solidarität 150
VI.4.1 Soziale Ordnungspolitik als Grundlage 150
VI.4.2 Ein alternatives Versicherungssystem 153
VI.4.3 Konzeption eines sozialen Schutzes 154
VI.4.4 Zur nachhaltigen Finanzierung des Gesundheitswesens 156

VI.5 Zusammenfassung: Die Frage nach der nachhaltigen Leitidee 158

VII Wachstumsbranche Gesundheit: Perspektive und einzelwirtschaftlicher Ausblick 163

VII.1 Langfristige Perspektive: Ein nachfragegesteuertes Gesundheitswesen 163
VII.1.1 Liberalisierung der Versorgungsstrukturen 163
VII.1.2 Die Problematik der Nutzenbewertung 166

VII.2 Blick auf die Gesundheitswirtschaft 171
VII.2.1 Ausgangssituation 171
VII.2.2 Nachfrageentwicklung 174
VII.2.3 Veränderungen der Angebotsstruktur 179
VII.2.3.1 Behandlung (Kuration) 181
VII.2.3.2 Prävention 188
VII.2.3.3 Rehabilitation 195
VII.2.3.4 Pflege 199

VIII Resümee 207
IX Glossar 213
X Literaturhinweise 229
XI Abkürzungsverzeichnis 241
XII Verzeichnis der Abbildungen 243
XIII Verzeichnis der Tabellen 244
XIV Verzeichnis der Übersichten 244
XV Stichwortverzeichnis 245

I Einleitung

Die Diskussion um eine Reform des Gesundheitssystems beherrscht seit fast 20 Jahren in unterschiedlicher Intensität die öffentliche Diskussion. Auch die in jüngster Zeit mit Vehemenz geführte Diskussion um Bürgerversicherung oder Gesundheitsprämienmodell zeigt deutlich die wachsende Relevanz von Gesundheitsthemen in der öffentlichen Debatte.[1] Trotzdem scheint den politisch Handelnden bewusst zu sein, dass angesichts der demographischen und medizintechnischen Veränderungen das gegenwärtig noch prioritäre politische **Ziel** der **Beitragssatzstabilität** weitgehend **unrealistisch** und kaum noch glaubwürdig erscheint. Die Politik steht vor der Entscheidung, entweder den Leistungskatalog der Gesetzlichen Krankenversicherung (GKV) drastisch zu kürzen und insbesondere Preis- und Mengenrationierungen vorzunehmen oder in eine Diskussion um die Reform des gesamten sozialen Sicherungssystems im Gesundheitswesen einzusteigen.

Neben der Frage, wie eine langfristige Sicherung der Finanzierung des Gesundheitswesens organisiert werden soll, existieren zugleich mannigfaltige Mängel in der Versorgung mit Gesundheitsleistungen. Hierbei sind insbesondere die **Unterversorgung** im Bereich der psychosozialen Morbidität sowie die noch immer **mangelnde Verzahnung** zwischen ambulanter und stationärer Versorgung zu nennen. Es zeigen sich vielfältige Symptome, deren Ursachen unbedingt einer Behandlung bedürfen.

Von 1970 bis 2003 stieg das Sozialbudget der Bundesrepublik Deutschland von 86,3 Mrd. € auf über 694,5 Mrd. € an (vgl. Tab. 1), was einem Zuwachs auf das 8fache entspricht. Das Bruttoinlandsprodukt pro Kopf stieg während des gleichen Zeitraums von 14.790 € auf 26.754 €, was eine Zunahme auf das 1,8fache darstellt. Damit

---

1 Vgl. beispielsweise Der Spiegel, Nr. 32/2003 oder Die Zeit vom 09.06.2004.

wuchs gleichzeitig der Anteil des Sozialbudgets am Bruttosozialprodukt von 25 % auf rund 32,1 %.

Tab. 1: Sozialbudget (in Mrd. €) der Bundesrepublik Deutschland 1970 (alte Bundesländer) und 2003 im Vergleich

	1970	2003	Zunahme	2004
Sozialausgaben insgesamt	86,3	694,5	8fache	
Rentenversicherung	26,5	238,5	9fache	235,5
Krankenversicherung	12,9	143,3	11fache	131,16
Unfallversicherung	2,0	11,3	5,7fache	
Arbeitslosenförderung und Arbeitslosenversicherung	1,8	73,3	40fache	70,4
Pflegeversicherung	–	17,4		17,7
Beamtenpensionen	8,1	35,8	4,4fache	
Entgeltfortzahlung	6,5	25,0	3,8fache	
Kindergeld	1,5	36,1	24fache	
Wohngeld	0,3	5,2	17fache	5,2
Sozialhilfe	1,7	28,0	16,5fache	26,4
Sozialausgaben je Einwohner in €	1.423,00	8.416,00	5,9fache	
Bruttoinlandsprodukt je Einwohner in €	14.790,00	26.754,00	1,8fache	

Quelle: Eigene Darstellung nach Institut der deutschen Wirtschaft (2005), S. 74.

In diesem Zusammenhang muss bedacht werden, dass in der Vergangenheit die Beitragssätze zur Sozialversicherung (Gesetzliche Krankenversicherung, Arbeitslosen- und Rentenversicherung) permanent angestiegen sind: Mussten Arbeitnehmer und Arbeitgeber 1950 noch insgesamt 19,8 % des Bruttoeinkommens an die Sozialversicherung abführen, so waren es 2005 bereits 41,9 %. Dabei hat sich der durchschnittliche Beitragssatz zur GKV von 5,8 % (1950) auf 14,2 % (2005) mehr als verdoppelt (vgl. Abb. 1).

Abb. 1: Beitragssätze der Sozialversicherung in % (Arbeitgeber und Arbeitnehmeranteil)

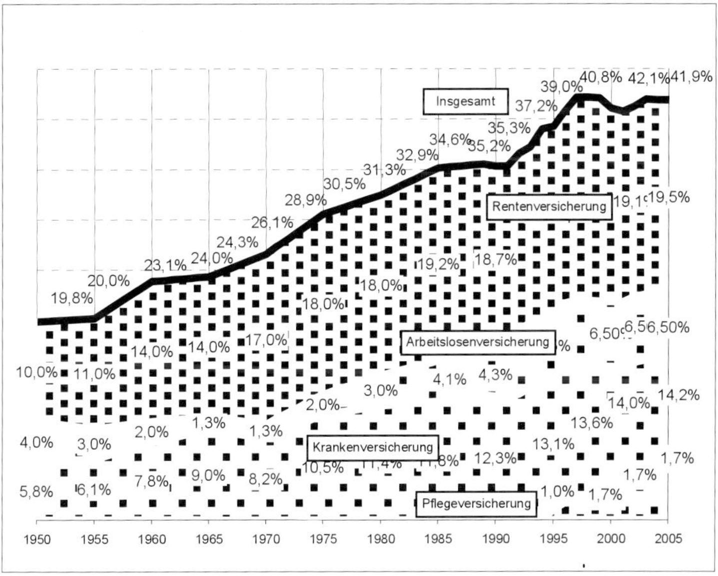

Quelle: Eigene Darstellung nach Institut der Deutschen Wirtschaft (2005), S. 75.

Diese Entwicklung ist um so bemerkenswerter, da gleichzeitig die Beitragsbemessungsgrenze, d. h. die jährliche Einkommensgrenze, bis zu der für den einzelnen Bürger Versicherungspflicht in der Gesetzlichen Krankenversicherung besteht, von 4.500 DM Jahresbrut-

toeinkommen (1950) auf 46.350 € (2004) kontinuierlich angehoben wurde.
Für viele handelt es sich bei den steigenden Beitragssätzen zwar um eine unerfreuliche und unerwünschte Erscheinung, dennoch beugen sie sich dieser Entwicklung schicksalsergeben. In Wirklichkeit liegt hingegen keine Zwangsläufigkeit dieser Entwicklung vor. Vielmehr stellt sie das Ergebnis falscher Rahmenbedingungen, insbesondere falsch gesetzter Anreizstrukturen für die Beteiligten, Versicherten und Leistungsanbieter, dar.
In diesem Zusammenhang muss auch bedacht werden, dass durch die steigenden Beitragssätze zur Sozialversicherung die **Wettbewerbsfähigkeit** des Standortes Deutschland zunehmend in Gefahr gerät: Steigende Beitragssätze bedeuten nicht nur eine höhere Belastung der Lohneinkommen und hemmen damit die Leistungsbereitschaft der Arbeitnehmer, sondern führen zugleich zu steigenden, von den Arbeitgebern zu tragenden Lohnnebenkosten, was die Bereitschaft, Arbeitsplätze in Deutschland zu schaffen, beeinträchtigt. 2004 betrugen die Personalzusatzkosten im Durchschnitt 72,7 % des Durchschnittslohnes (vgl. Abb. 2).

Abb. 2: Personalzusatzkosten für das Jahr 2004 (Deutschland) in Prozent des Entgelts

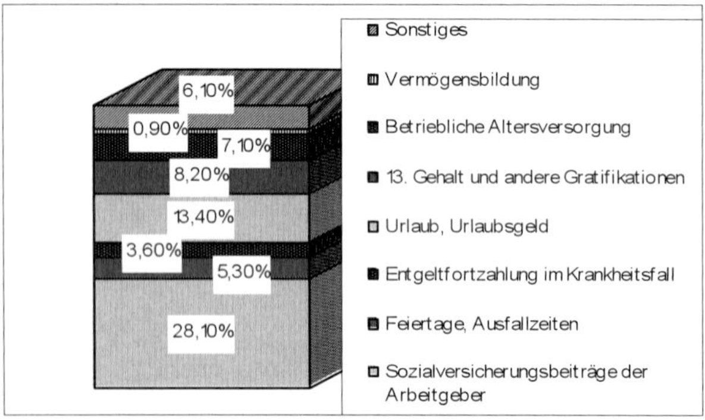

Quelle: Eigene Darstellung nach Institut der Deutschen Wirtschaft (2005), S. 49 f.

Die bestehenden Probleme im deutschen Gesundheitswesen bedürfen dringend einer Lösung, wenn das Prinzip einer sozial verantwortlichen Krankenversicherung nicht insgesamt an den gegenwärtigen Mängeln und Defiziten sowie an den zukünftigen Herausforderungen zerbrechen soll.
Adäquate Maßnahmen zur Behebung der gegenwärtigen Schwierigkeiten können jedoch nur nach der vollständigen Aufdeckung der Ursachen vorgeschlagen und umgesetzt werden. Es werden deshalb zunächst im Rahmen einer **Diagnose** diese Ursachen dargestellt. Anschließend gilt es, die bisherigen **staatlichen Maßnahmen** vorzustellen und einer kritischen Analyse zu unterziehen. Schließlich werden die zukünftigen Herausforderungen an das soziale Sicherungssystem, insbesondere an das Gesundheitswesen, aufgezeigt. Im Rahmen der Diskussion von **Reformalternativen** werden schließlich Maßnahmen entwickelt, die zur Genesung des Patienten „Gesundheitswesen“ beitragen können; vor allem gilt es auch darzulegen, unter welchen Bedingungen das enorme Wachstumspotential des Gesundheitsbereichs optimal zum Vorteil aller genutzt werden kann.
Im Mittelpunkt der Überlegungen steht die Beantwortung folgender Fragen:

- Welche institutionellen und rechtlichen **Rahmenbedingungen** bestehen im deutschen Gesundheitswesen?
- Wie setzt sich die Gruppe der **Leistungserbringer** (Ärzte, Apotheker, Krankenhäuser etc.) zusammen?
- Welche charakteristischen **Verhaltensmuster** weisen die Versicherten (Patienten) und die Leistungserbringer auf?
- Welche **Ergebnisse** stellen sich im deutschen Gesundheitswesen ein?
- Welche **Ursachen** liegen den vielfältigen Mängeln und Defiziten zugrunde?
- Welche **Folgerungen** sind aus dieser Diagnose zu ziehen?
- Warum ist eine **ursachenadäquate Reform** der GKV unumgänglich? Warum ist eine **Weiterentwicklung** des Systems der GKV notwendig?

- Wie sind die bisherigen staatlichen Maßnahmen zur Behebung der Probleme im Gesundheitswesen **ordnungspolitisch**, d. h. unter Bezugnahme auf unsere freiheitlich und marktwirtschaftlich organisierte Grundordnung, zu **bewerten**?
- Was ist der **Anspruch** und wie ist die **Wirklichkeit** der gesetzlichen Maßnahmen?
- Welche **Reformmöglichkeiten** stehen zur Gesundung der GKV zur Verfügung?
- Welche **Maßnahmen** können politisch erwartet werden? Mit welchen **zukünftigen Herausforderungen** wird das deutsche Gesundheitswesen konfrontiert werden?
- Welchen Einfluss wird die **Bevölkerungsentwicklung** auf die künftige Ausgestaltung unseres Gesundheitssystems nehmen?
- Ist das Gesundheitswesen in der Zukunft überhaupt noch **finanzierbar**?
- Unter welchen **Bedingungen** (Voraussetzungen) können die künftigen **Wachstums- und Beschäftigungspotentiale** des Gesundheitsbereiches optimal genutzt werden?
- Welchen Einfluss hat die **europäische Integration** auf unser Gesundheitswesen? Wie wird sich ein **Wettbewerb der Systeme** auswirken?

Es handelt sich um eine Fülle von Fragen. Die gegenwärtige politische und wirtschaftliche Dramatik wird zusätzlich verstärkt durch die Probleme der Arbeitslosigkeit, der deutschen Wiedervereinigung, der europäischen Integration sowie der politischen und wirtschaftlichen Instabilitäten in Osteuropa. So wird häufig von einer der größten Herausforderungen in der deutschen Sozialgeschichte gesprochen.
Der **Teufelskreis** aus Beitragssatzerhöhung, zunehmendem Anspruchsdenken und daraus resultierender größerer Inanspruchnahme, steigenden Gesundheitsausgaben und somit weiter steigenden Beitragssätzen wird von vielen als eine unausweichliche Zwangsläufigkeit des sozialen Sicherungssystems gesehen. Gibt es aus dem scheinbar Unvermeintlichen keinen Ausweg? Welche Maßnahmen müssten ergriffen werden, damit ein im Grunde leistungsfähiges

Gesundheitssystem dies auch in Zukunft noch bleibt? Bemerkenswert an der gegenwärtigen Diskussion des „Kostenfiebers" im Gesundheitswesen ist, dass hierbei häufig übersehen wird, dass Gesundheitskosten und Gesundheitsausgaben auch eine volkswirtschaftliche **Wertschöpfung** darstellen und damit zugleich Einkommen und Beschäftigung für viele Erwerbstätige bedeuten.
Zugleich scheint die Bereitschaft, sich über die Absicherung durch die Gesetzliche Krankenversicherung hinaus Gesundheitsleistungen zu verschaffen, zuzunehmen. Hierauf deuten die Entwicklungen im Bereich der Anbieter von nicht kassenerstattungsfähigen Leistungen hin, wie beispielsweise die expansive Entwicklung auf dem Selbstmedikationsmarkt.
Aufgrund zunehmender individueller Vorsorgebestrebungen, eines veränderten Gesundheitsbewusstseins und nicht zuletzt wegen der verstärkten politischen Bemühungen um eine Neubestimmung des Leistungskatalogs der Gesetzlichen Krankenversicherung entwickelt sich das Gesundheitswesen zu einer ausgeprägten **Wachstumsbranche**. Häufig wird in diesem Zusammenhang zu Recht auch von der **Gesundheitswirtschaft** gesprochen. Auch dieser Aspekt verdient eine besondere Betrachtung und gibt dem vorliegenden Band seinen Namen.

II Gesundheit als Gut

II.1 Gesundheit zwischen Bedarf und Nachfrage

Die Definition von Gesundheit als „Abwesenheit von physischem Schmerz und physischer Krankheit“ deckt das heutige Verständnis von Gesundheit nicht mehr ab. Dies spiegelt bereits die Definition der WHO (World Health Organization) aus dem Jahre 1947 wider. Dort wird Gesundheit „nicht nur als Abwesenheit von Krankheit“ verstanden, „sondern sie umfasst einen Zustand des physischen, geistig-seelischen und sozialen Wohlbefindens“. Diese Definition weist allerdings den gravierenden Mangel auf, dass bei wörtlicher Auslegung nahezu jeder als krank einzustufen wäre, und häufig wurde sie in der Vergangenheit dazu herangezogen, staatliche Maßnahmen auf dem Gebiet des Gesundheitswesens in nahezu beliebigem Umfang zu rechtfertigen. Immerhin führt diese Definition weg von einem rein auf den physischen Zustand des Menschen bezogenen Gesundheitsbegriff.

Gesundheit, so hat sich in Feldstudien immer wieder gezeigt, ist nur ein Element einer Gruppe von Faktoren, die das individuelle Wohlbefinden prägen, und entzieht sich insoweit einer streng isolierenden Betrachtungsweise. Gleichzeitig ist zu berücksichtigen, dass die medizinischen Güter Besonderheiten aufweisen (vgl. schon Culyer 1971). Das **Bedürfnis** nach Gesundheiterhaltung durch medizinische Maßnahmen ist streng von der Nachfrage nach medizinischen Leistungen und diese sind wieder vom Nutzen aus medizinischen Leistungen zu trennen. Ein **Bedürfnis** nach medizinischen Leistungen entsteht, wenn ein Individuum eine Krankheit oder eine Funktionsbeeinträchtigung hat, die mit einer medizinischen Maßnahme effektiv behandelt werden kann. Eine **Nachfrage** nach medizinischen Leistungen ist davon zu trennen. Diese kann dann unterstellt werden, wenn ein Individuum die Entscheidung getroffen hat, medizinische Leistungen zu erhalten. Diese Entscheidung ist aber im Rahmen eines Zwei-Stufen-Modells zu beschreiben. Zunächst liegt als **Primärnachfrage** das allgemeine Bedürfnis eines Patienten nach Heilung oder Linderung der Beschwerden vor, von der Notfallnachfrage soll in diesem Kontext abgesehen werden. Der Bedarf, der notwendig ist, die Gesundheit eines Menschen aufrecht zu erhalten, kann sowohl subjektiv empfunden werden als auch „objektiviert" im Sinne einer technischen Relation festgelegt sein. Letzteres zielt auf die Interpretationsleistung durch eine dritte Person, in der Regel den Arzt, ab, die die **abstrakte Nachfrage** nach Gesundheit in eine **konkrete, sekundäre Nachfrage** nach Gesundheitsleistungen transformiert.

Von der Nachfrage nach Gesundheitsleistungen ist der Nutzen von Gesundheitsleistungen zu unterscheiden. Der **Nutzen**, den der Patient erfährt, kann aber muss nicht Folge des Einsatzes von Gesundheitsleistungen sein. Vielmehr sind u. U. vielfältige Einflussfaktoren, wie etwa Bildungsstand, Hygiene oder Ernährungsverhalten, Ursache für eine Gesundheitsentwicklung. In diesem Kontext kann das Bild der Gesundheit von einer dichotomen Größe zu einem **Kontinuum** zwischen den Polen „gesund" und „krank" eingeordnet werden.

Wurde früher das Gesundheitswesen als institutioneller Rahmen der Bekämpfung von Krankheiten, noch früher ausschließlich als Institution zur Vermeidung eines (vorzeitigen) Todes betrachtet, so rücken heute, in Abhängigkeit von der Weiterentwicklung des medizinischen Wissensstandes, stärker präventive Elemente in den Vordergrund. Das Selbstverständnis der Anbieter im Gesundheitswesen hat sich entschieden gewandelt: Früher sahen sie den Schwerpunkt ihrer Tätigkeit vor allem in der Beseitigung von Krankheitszuständen (kurative Medizin) und nicht in der Vermeidung von deren Eintritt (**präventive Medizin**).

Das Ausmaß der individuellen Nachfrage nach Gesundheitsleistungen wird auch durch den Wunsch nach Zugehörigkeit zu einer bestimmten Gruppe mit gleichen oder ähnlichen Gesundheitsnormen beeinflusst. Neben der als negativ empfundenen individuellen Erkrankung tritt ein Defizit der eigenen Nachfrage nach Gesundheitsleistungen, welches im Vergleich zu anderen Mitgliedern einer Refe-

renzgruppe empfunden wird und dann Nachfrageentscheidungen auslöst.
Dieser **Einstellungswandel** veränderte auch das Selbstverständnis der Anbieter von Gesundheitsleistungen: Lebte diese Anbietergruppe bisher von den Krankheiten ihrer Klientel, so rückt nun deren Gesundheit stärker in den Mittelpunkt. Das Gesundheitswesen wandelt sich zunehmend von einem „Krankheitswesen" hin zu einem „**Gesundheitswesen**", das seinem Namen nun eher gerecht wird. Hierdurch wird es zu einer stärkeren Aufgliederung des nachgefragten Leistungsspektrums zwischen positiv besetzten Gesundheitsleistungen und den regenerativen Leistungen der Krankheitsbekämpfung kommen. Diesem Trend haben sich sowohl die Krankenkassen als auch zunehmend die medizinischen Leistungserbringer angeschlossen (Stichwort „AOK - Die Gesundheitskasse").
Ein weiterer Wandel im Verständnis von Gesundheit drückt sich in der zunehmenden Nachfrage nach aktiver **Prävention** aus. Gesundheit wird nicht mehr nur passiv erlebt, sondern als ein Gut, das durch eigenes Handeln in gewissem Umfang zu beeinflussen ist. Gesundheit hat sich in den letzten Jahren zu einem eigenständigen Lebensziel entwickelt (vgl. bereits Fargel 1990, S. 416 f.).

II.2 Gesundheit als ein besonderes Gut?

„Gesundheit ist des Bürgers höchstes Gut". Dieser Aussage kommt der gleiche Stellenwert zu wie etwa auch dieser: „Für ein Menschenleben gibt es keinen Preis". Derartige Werturteile lassen sich durch demoskopische Umfragen jederzeit bestätigen. Im Folgenden geht es auch nicht um die Haltbarkeit dieser Thesen in ihrer Absolutheit, sondern um die ebenfalls beobachtbare Bereitschaft des Individuums, bewusst graduelle Variationen des eigenen Gesundheitszustandes vorzunehmen.
Selbst wenn man bereit ist, den genannten Thesen vorbehaltlos zuzustimmen, so werden sich jedes Individuum und auch die Gesellschaft als Ganzes doch nicht darauf einlassen, für die Gesundheit alle anderen Güter herzugeben oder auf deren Erwerb völlig zu verzichten.

Wird das gesamte Einkommen oder werden die gesamten Produktionsmöglichkeiten zur Verbesserung des Gesundheitszustandes verwendet, so fehlen gerade die Mittel, diesen verbesserten Gesundheitszustand mit Leben zu erfüllen. Andere Grundbedürfnisse wie Ernährung, Kleidung oder Wohnen könnten aufgrund der fehlenden Mittel nicht mehr befriedigt werden. Ökonomisch betrachtet liegt eine **Knappheitssituation** vor, die dazu führt, dass mit wirtschaftlichen Methoden eine knappheitsgerechte Verteilung der Ressourcen erforderlich ist (Allokation).

So stellt sich uns Gesundheit letztlich als ein Gut wie jedes andere auch dar. Menschen besitzen es in unterschiedlichem Umfang und gehen mit diesem auch verschieden sorgfältig um. Jeder einzelne hat ein ganz bestimmtes **Gesundheitskapital**, das er für keinen Preis vollständig verkaufen oder gegen ein anderes Gut eintauschen würde. Es muss aber zugegeben werden, dass Menschen häufig bereit sind, einen Teil ihrer Gesundheit, d. h. kleine Stücke ihres Gesundheitskapitals, gegen Geld oder andere Güter wie Ruhm, bessere Lebensqualität oder Genuss in Form von einer ungesunden Ernährungsweise, einer gefährlichen Freizeitbeschäftigung, von Alkohol oder Nikotin einzutauschen. Die Ökonomie verwendet in diesem Zusammenhang die Begriffe **Grenznutzen** und **Grenzkosten**. Der Grenznutzen stellt den zusätzlichen Nutzen dar, den der einzelne durch den Genuss einer unendlich kleinen weiteren Einheit eines Gutes erhält. Ein solcher Nutzen ist in der Regel jedoch mit einem gegenläufigen Effekt auf der Kostenseite verbunden. Die mit dem Genuss einer unendlich kleinen weiteren Einheit des nutzenstiftenden Gutes verbundenen Kosten lassen sich als „Grenzkosten" des Konsums interpretieren.

So wird in der Regel der Genuss gesundheitsabträglicher Güter mit einer Abnahme des individuellen Gesundheitskapitals verbunden sein. Beispielsweise ist sich heutzutage (hoffentlich) jeder Raucher darüber im Klaren, dass er mit jeder gerauchten Zigarette sein Gesundheitskapital schmälert. Er ist aber dennoch bereit, für den Genuss einer Zigarette, letztlich für die Erhöhung seiner gegenwärtigen Lebensqualität, Teile seines Gesundheitskapitals (Grenzkosten) zu

opfern: Gegenwärtiger Konsum wird zu Lasten künftigen Konsums vorgezogen (vgl. Krämer 1989, S. 74 ff.).
Er ist solange zum Konsum von Zigaretten bereit, wie die von ihm empfundenen Grenzkosten dieses Konsums geringer sind als der durch den Konsum erzielbare Gewinn an Lebensqualität (Grenznutzen). Bei der Lebensqualität handelt es sich um eine **subjektive Größe**, die geprägt wird von den Vorstellungen und Erwartungen (den Präferenzen) des einzelnen Individuums. Insoweit unterscheidet sich Gesundheit nicht von anderen Gütern.
Generell kann festgehalten werden, dass jede Verschlechterung der Gesundheit aufgrund des Lebensstils eine Vernichtung von Humankapital darstellt. Durch einen gesundheitsgefährdenden Lebensstil entstehen direkte, indirekte und psychosoziale Kosten durch Krankheit, Invalidität und vorzeitigen Tod. Hierbei werden unter **Kosten** der bewertete Verbrauch und der Verlust von Produktionsfaktoren verstanden. **Direkte Kosten** stellen dabei der bewertete Verbrauch an Ressourcen in Form von Gesundheitsleistungen (Personal- und Sachkosten) dar. **Indirekte Kosten** beinhalten den monetär bewerteten Ressourcenverlust, der durch Arbeitsunfähigkeit, Berufswechsel oder Tod entsteht. Damit werden die Kosten im Sinne von **Opportunitätskosten** (Kosten, die dadurch entstehen, dass die zweitbeste Alternative wegen der Knappheit der Mittel nicht auch noch wahrgenommen werden kann) als Wert von Gütern und Dienstleistungen aufgefasst, die aufgrund von Krankheit und/oder vorzeitigem Tod verbraucht werden oder überhaupt nicht erstellt werden können (vgl. ausführlich Büchner/Dinkel/Oberender 1988).
Gesundheit hat damit den Charakter sowohl eines privaten als auch eines öffentlichen Gutes, denn wie der einzelne, so profitiert auch die Gesellschaft als Ganzes von seiner Leistungsfähigkeit. Ganz konkret manifestiert sich dies in Form von Steuerzahlungen oder Beitragszahlungen in eine Sozialversicherung.
Dieser Betrachtung steht aber entgegen, dass letztlich der Wert der Gesundheit eines Individuums seinem Beitrag zur gesellschaftlichen „Wohlfahrt“ entspricht, da es dieser Betrag ist, der bei Produktionsausfall des Humankapitalfaktors verloren geht. Eine über diesen Betrag hinausgehende Wertschätzung und Förderung der Gesundheit

des Individuums durch den Staat entspricht dann nicht dem Rationalitätsideal dieser Theorie. Außerdem lässt sich ein derart kollektivistisches Menschenbild wohl kaum mit der freiheitlichen Grundordnung Deutschlands vereinbaren, wenn aus ihm staatliche Maßnahmen abgeleitet werden, die das einzelne Individuum dazu zwingen, für die Gesellschaft eigenes Humankapital maximal aufzubauen, zu pflegen und es schließlich für „gesellschaftliche" Zielsetzungen zur Verfügung zu stellen.

II.3 Zur Notwendigkeit einer Regulierung von Gesundheitsleistungen

Im Abschnitt II.1 wurde zwischen der primären Nachfrage nach Gesundheit und der abgeleiteten Nachfrage nach Gesundheitsleistungen unterschieden. Letztere können als Güter bezeichnet werden, die darauf gerichtet sind, ein Bedürfnis nach Gesundheit – oder genauer: nach dem Erhalt oder der Wiederherstellung eines bestimmten Gesundheitszustandes – zu befriedigen. Durch den Erwerb und den Einsatz dieser im Folgenden als Gesundheitsleistungen bezeichneten Güter (Beratungsleistungen, Rehabilitationsleistungen, stationäre Behandlungen, Medikamente, Hilfsmittel etc.) soll dieses Bedürfnis befriedigt werden. Dieses Phänomen der Gleichzeitigkeit des Konsums von Gesundheitsleistungen und der „Produktion" von Gesundheit wird auch als **uno-actu-Prinzip** bezeichnet. Hierbei entspricht die Rolle der Gesundheitsleistungen derjenigen von Produktionsfaktoren (vgl. v. Schulenburg 1993, S. 77).
Gesundheitsleistungen werden in der Literatur und in der Praxis häufig als besondere Güter bezeichnet, da die Koordination über Märkte nicht oder nur sehr unzureichend vonstatten gehen kann. Eine andere Rechtfertigung von staatlichen Regulierungen findet sich in sozialpolitischen Argumenten, die eine notwendige Versorgung mit Gesundheitsgütern als Grundlage der Teilnahme am gesellschaftlichen Leben ansehen. Problematisch ist eine Vermischung beider Legitimationsarme, was in der praktizierten Gesundheitspolitik häufig passiert. Zunächst sollen daher die üblichen Argumente für ein

Marktversagen im Gesundheitswesen vorgestellt und diskutiert werden (vgl. Neubauer 1988, 9 ff.):

1. Gesundheit produziert **externe Effekte,** die nicht über den Marktprozess ausgeglichen werden können (vgl. Blankart 2001, S. 506). So führt beispielsweise eine erfolgreiche Impfung bei Krankheit nicht zur Erhalt der eigenen Gesundheit, sondern auch dazu, dass andere nicht angesteckt werden. Gleichzeitig würde dieser „Nettovorteil" für die Gesellschaft jedoch nicht adäquat in Preisen ausgedrückt und es könnte somit zu einer Unterversorgung mit Impfungen kommen, wenn allein der Marktprozess vorhanden wäre. Bei externen Effekten liegt also keine perfekte Verantwortungszuordnung auf den Märkten vor, da die Kosten oder die Nutzen einer Leistung nicht eindeutig zuordenbar sind und daher eine individuelle Internalisierung nicht möglich ist.
2. Eine Regulierung ist auch deswegen notwendig, weil die Informationen über Krankheiten und deren angemessene, erfolgreiche Behandlung **asymmetrisch** zwischen Anbietern von Gesundheitsleistungen und den Nachfragern verteilt sind. Nach dieser Argumentationslinie ist die Konsumentensouveränität des einzelnen Versicherten/Patienten derart eingeschränkt, so dass nicht mehr von einer marktwirtschaftlichen Steuerung ausgegangen werden, insbesondere könnte der Leistungserbringer den Patienten im Zweifel „überfordern".
3. Häufig wird behauptet, dass Umfang und Ausmaß künftiger Erkrankungen systematisch **unterschätzt** werden (vgl. dazu Böhm-Bawerk 1961, S. 226 ff.). Aus diesem Grund liegt eine finanzielle Unterdeckung künftig notwendiger Ausgaben vor, so dass sich daraus ein Regulierungsbedarf ableiten lässt.

Die angeführten Argumente gegen eine wettbewerbliche Steuerung im Gesundheitswesen sind jedoch nicht ausschließlich auf das Gesundheitswesen übertragbar, sondern finden Einzug in vielerlei Regulierungsdebatten. Ohne eine grundsätzliche Auseinandersetzung über die Legitimation von derartigen Regulierungen führen zu wollen, lassen sich folgende **Argumente** aus marktwirtschaftlicher Perspektive entgegenhalten.

Gesundheitsleistungen sind **private** Güter im ökonomischen Sinn, da sich sowohl das **Ausschlussprinzip** als auch das Prinzip der **Rivalität** im Konsum realisieren lässt, d. h. eine Koordination von Gesundheitsleistungen über Märkte möglich ist. Gleichwohl existieren bei Gesundheitsleistungen, auch bei der Nutzung von Arzneimitteln, Wechselwirkungen, welche einen gewissen „kollektiven" Charakter aufweisen (vgl. Breyer/Zweifel/Kifmann 2005, S. 173 ff.). So ist es durchaus sachgerecht, davon auszugehen, dass gewisse Hygienestandards oder allgemeine Impfprogramme volkswirtschaftliche Kosten ersparen helfen und somit problemadäquat sein können; für die Gesellschaft ist somit ein positiver externer Effekt vorhanden. Zwingend ist daraus jedoch **kein Marktversagen** abzuleiten, da geprüft werden muss, ob die fehlende Internalisierung des externen Effektes ein Problem des Marktprozesses selbst ist oder die Spielregeln (**Institutionen**) für den Marktprozess geändert werden müssten. Beispielsweise könnte eine Lösung sein, dass der einzelne Patient im Marktprozess individuell gegen die Verbreitung des Ansteckungsrisikos haftet, was bei ansteckenden Krankheiten infolge der hohen Transaktionskosten[2] jedoch nicht sinnvoll erscheint, oder es ließe sich eine allgemeine Regel formulieren, die bei ausgesuchten Krankheiten eine Impfpflicht fordert. Unabhängig von der Ausgestaltung sind Markttransaktionen zwischen Anbietern und Nachfragern von Gesundheitsleistungen möglich, da durch eine Formulierung der Eigentums- und Haftungsregeln auf der Ebene der Rahmenordnung individuelle Rechte und Verantwortungsräume befördert werden können.

Auch das Vorhandensein unterschiedlicher Grade individuell verfügbarer Information (**asymmetrische Information**) ist kein zwingendes Argument für ein generelles Marktversagen. Es ist vielmehr die Frage zu stellen, ob die Transaktionskosten aufgrund einer derartigen Informationsverteilung zu einem bestimmten Zeitpunkt die Austauschbeziehungen derart behindern, dass Regulierungsbedarf vor-

---

2 Im Gegensatz zur neoklassischen Vorstellung vollständiger Information sind bei der Durchsetzung von Markthandlungen die Durchsetzung von Rechtsregeln und die Übertragung von Verfügungsrechten zu organisieren (vgl. Williamson 1985).

handen ist. Gleichwohl ist eine asymmetrische Informationsverteilung Kennzeichen vieler Marktbeziehungen und wird durch bestimmte Institutionen des Marktsystems wie Garantien, Standards usw. gelöst.

Bei der Diskussion des Gesundheitswesens ist also weiterhin zu fragen, ob die Problematik der asymmetrischen Informationsverteilung nicht wiederum Resultat bestehender Regulierungen im System selbst ist. Bei Aufrechterhaltung des in Deutschland gültigen **Sachleistungsprinzips,** d. h. der Patient ist von der Kostenverantwortung entbunden, ist kaum ein Anreiz zur Herausbildung entsprechender Informationsmärkte vorhanden. Gleichwohl zeigt das Problem der asymmetrischen Informationsverteilung, welche marktkonformen Lösungswege denkbar sind. Beispielsweise kann eine Krankenversicherung, die im Wettbewerb mit anderen Krankenversicherungsanbietern steht, gegenüber dem Leistungserbringer dem einzelnen Patienten als Informationsagent dienen und somit die Informationsasymmetrie zwischen Patient und Arzt abbauen helfen.

Mit dem Einwand einer **Minderschätzung zukünftiger Bedürfnisse** ist auch kein Marktversagen im strengen Sinn festzustellen, da jeder einzelne Bürger grundsätzlich in der Lage ist, für künftige Bedürfnisse entweder Geldkapital anzusparen oder eine private Versicherung abzuschließen. Eine Regulierung ist jedoch aus sozialpolitischer Hinsicht sinnvoll. Es muss bei einer reinen Marktlösung die Frage beantwortet werden, ob eine Gesellschaft bereit ist, im Fall der mangelnden (finanziellen) Vorsorge den Einzelnen ohne entsprechende Hilfe zu belassen. Besteht innerhalb der Gesellschaft Konsens darüber, niemanden aufgrund mangelnder finanzieller Mittel von als notwendig erachteten medizinischen Leistungen auszuschließen, lässt sich eine allgemeine **Versicherungspflicht** als Regulierungsansatz legitimieren. Damit ist jedoch nicht zwangsläufig verbunden, die Angebotsbedingungen weitreichend staatlich zu regeln (**Pflichtversicherung**). Es wäre ausreichend, dass sich jeder Versicherte eine Versicherung wählt, die einen definierten Mindestschutz anbietet. Unabhängig davon ist die Frage zu lösen, wie **ökonomisch Schwache** finanziell unterstützt werden sollen. Das Problem der „Minderschätzung zukünftiger Bedürfnisse" legitimiert jedoch nicht nur eine allgemeine Versicherungspflicht, sondern es wird damit auch die Vorhaltefunktion von medizinischen Leistungen deutlich. Ist mit dieser Begründung eine allgemeine Regulierung erforderlich?

Der Bedarf an Gesundheitsleistungen unterscheidet sich zwar von anderen Grundbedürfnissen dadurch, dass er in der Regel unvorhersehbar eintritt und im Einzelfall ein Ausmaß annehmen kann, das die individuelle Zahlungsfähigkeit übersteigt, gerade dies ist jedoch die Rechtfertigung für eine Krankenversicherung, die u. U. auch obligatorisch sein kann.[3] Wenn jedoch ein Bedarf nicht exakt voraussagbar ist, dieser häufig aber dringlich sein kann, spielt das Vorhandensein einer entsprechenden Kapazität eine besondere Rolle. Das Vorliegen eines öffentlichen Gutes ist zumindest teilweise festzustellen, wenn bedacht wird, dass die bloße Existenz eines Krankenhauses beispielsweise den Bewohnern einer Region, also den potenziellen Konsumenten der vorgehaltenden Krankenhausleistungen, einen Nutzen stiften kann. Sie wären damit u. U. bereit, für die Erhaltung der Einrichtung zu zahlen, unabhängig davon, ob sie das Krankenhaus jemals nutzen. Die Optionsnachfrage aller potenziellen Konsumenten kann mit Grenzkosten von Null befriedigt werden.[4] Ein freies Bett liefert mehreren Einwohnern einer Region Versorgungssicherheit.

Die **Option** der Krankenhausbehandlung ist daher ein öffentliches Gut, weil somit **Nichtrivalität** als auch **Nichtexklusivität** vorliegen. Davon ist jedoch die Bereitstellung der tatsächlichen Kapazität zu unterscheiden. Innerhalb einer gegebenen Kapazitätsgrenze gilt sowohl das Prinzip der Nichtrivalität als auch der Nichtausschließbarkeit. Ein Ausschluss kann zwar grundsätzlich als technisch machbar gelten, jedoch dürfte dies vor allem aufgrund ethischer Rahmenbedingungen als nicht opportun gelten. Unter Bezugnahme auf eine wohlfahrtstheoretische Begründung wäre ein Ausschluss auch nicht

---

3 Natürlich können auch bei Versicherungsmärkten wieder Marktversagensprobleme diskutiert werden, dies soll aber in der vorliegenden Analyse nicht weiter verfolgt werden.

4 Dies gilt nur innerhalb einer bestimmten Kapazität, d. h. im Grunde liegt eine Form des Clubgutes vor. Bei Clubgütern spielt die Höhe der Ausschlusskosten eine entscheidende Rolle (vgl. Fehl/Oberender 2004, S. 512 ff.)

effizient, da die Ausschließung zusätzliche Ressourcen verbrauchen würde, die nicht mehr zu Konsumzwecken zur Verfügung stehen würden.[5] Es gilt jedoch zu berücksichtigen, dass die Bedingung der Nichtrivalität im Hinblick auf die tatsächliche Nutzung unmittelbar von der vorhandenen Kapazität abhängig ist. Es liegen somit ab dem Überschreiten der Mindestkapazität tatsächlich wieder positive Grenzkosten vor, und somit kann eine partielle Rivalität im Konsum unterstellt werden.

Die Vorhaltung einer **Reservekapazität** kann daher eine Begründung für eine staatliche Regulierung darstellen, jedoch lässt sich daraus nicht zwangsläufig die staatliche Bereitstellung eines Gutes ableiten.[6] Gleichwohl lässt sich aus diesem Zusammenhang die Forderung nach einer ordnungspolitischen Definition des **Notwendigkeitsbegriffs** ableiten.

Allerdings steht eine wesentliche, allgemein anerkannte Wertvorstellung, nämlich die des gleichen **Zugangs** zu den Gesundheitsleistungen, einer rein individualistischen Marktlösung der Versorgung mit Gesundheitsleistungen im Wege. Eine solche, über eine bloß formale Gleichheit hinausgehende Norm setzt einkommensumverteilende Maßnahmen voraus, um den Mitgliedern einer Gesellschaft die Möglichkeit zu eröffnen, Gesundheitsleistungen im Sinne einer Mindestsicherung nachzufragen. Unter Mindestsicherung können jedoch verschiedene Aspekte subsumiert werden. Zum einen lässt sich unter einer Mindestsicherung ein garantiertes Niveau von Transferleistungen ohne biographische Festlegung verstehen, das unbedingt, d.h. gänzlich unabhängig von eigenen Leistungen, festgelegt und idealtypisch aus Steuermitteln finanziert wird.[7]

5 Vgl. zur wohlfahrtstheoretischen Bewertung von öffentlichen Gütern u. a. Breyer/Kolmar 2001, S. 186 ff.

6 Vgl. Zerth 2005, S. 56 ff. Eine ähnliche Problematik liegt in vielen leitungsgebundenen Industrien vor. So ist beispielsweise bei der Stromerzeugung die Absicherung eines Spitzenbedarfs eine Art Kollektivgut, die eine staatliche Regulierung erforderlich machen kann.

7 Eine sehr ausführliche Auseinandersetzung mit unterschiedlichen Abgrenzungsansätzen nimmt Stillfried 1996, S. 233 ff. vor.

Das System der **Mindestsicherung** kann darüber hinaus an einen Kanon von zu erbringenden Leistungen gebunden sein. Diejenigen, die höhere Einkommen haben oder mehr konsumieren, erbringen dabei ein höheres Aufkommen als diejenigen, die nur ein geringes oder gar kein Einkommen haben. Allen Mindestsicherungskonzeptionen ist aber gemein, dass zunächst nur ein grundsätzlicher Anspruch auf Hilfe in einer Notsituation abgeleitet werden kann und nicht zwangsläufig ein konkretes Versorgungsangebotes in der Fläche vorhanden sein muss. Es stellt sich jedoch die Frage, ob ein wohlverstandenes Konzept der Versorgung mit notwendigen Leistungen nicht zwangsläufig eine Auseinandersetzung mit der Zugangsgarantie auf medizinische Leistungen erforderlich macht, die zur Sicherstellung der notwendigen Versorgung relevant sind.

Als thematische Annäherung an die Auseinandersetzung mit dem Ziel einer Zugangsgerechtigkeit scheinen die Aspekte **Verfügbarkeit**, **Erreichbarkeit** und **Qualität** von Gesundheitsleistungen als Diskussionsgegenstand sachgerecht.[8] Gleicher Zugang zu medizinischen Leistungen macht daher nur dann Sinn, wenn auch der gleiche Bedarf allgemeingültig unterstellt werden kann.[9] Zunächst ist aber die Einschränkung zu machen, dass gesellschaftlich nicht die Gesundheitsleistungen an sich, sondern die gesundheitlichen Ergebnisse von Bedeutung sind, zu denen die Gesundheitsleistungen jedoch nur partiell beitragen. Wie aus der Gesundheitssystemforschung bekannt ist, zeigen mittlerweile zahlreiche Studien die signifikanten Effekte, die vom sozialen Status sowie vom Bildungsgrad und der beruflichen Position ausgehen. Unter **Verfügbarkeit** wird das quantitative Leis-

---

8 Jede Auseinandersetzung mit einem Notwendigkeitsbegriff bleibt im Kontext der Diskussion von Gesundheitszielen haften. In Anlehnung an unterschiedliche wohlfahrtstheoretische Abgrenzungsmuster hat Anand die Zielbildung und die Zielintegration bei der Gesundheitsversorgung untersucht (vgl. Anand 2003, S. 733 ff.).

9 Williams und Cookson diskutieren die Problematik unterschiedlicher Gleichheitsideale von Gesundheit. Eine strenge Interpretation des Prinzips „gleicher Zugang zu Gesundheitsleistungen“ würde die anderen Faktoren, die zum Gesundheitsoutcome beitragen, vollständig ausblenden (vgl. Williams/Cookson 2000, S. 1893 f.).

tungsangebot an Gesundheitsleistungen verstanden, das in einer definierten Region vorrätig ist.
Die Verfügbarkeit von Gesundheitsleistungen wird im statistischen Sinne häufig mit der Kennziffer Versorgungsdichte von Gesundheitsleistungen operationalisiert (vgl. Robra et al. 2004, S. 137 ff.). Dieses Maß beschreibt den Begriff der Verfügbarkeit aber nur unzureichend, da die räumliche Nähe von Bürgern zu medizinischen Einrichtungen trotz hoher Versorgungsdichte nicht in allen Gebieten einer Versorgungsregion gegeben sein muss.[10] Ein gerechter Zugang der Bevölkerung zu Gesundheitsleistungen bedingt außerdem die Gewährleistung von bestimmten Qualitätsstandards (vgl. Hellbrück 1997, S. 122 ff.). Aufgrund der Knappheit der Ressourcen, die auch bei Gesundheitsleistungen gilt, ist jedoch ein derartiger Zugang in der Regel mit einem ex ante definierten Qualitätsniveau verbunden.
Eine Gewährleistung eines gerechten Zugangs zu Gesundheitsleistungen ist abhängig von der Zugrundelegung einer entsprechenden gerechtigkeitstheoretischen Interpretation.[11] Auch wenn es Konsens in einer Gesellschaft sein soll, dass niemand von der Versorgung von notwendigen medizinischen Leistungen ausgeschlossen werden darf, bleibt die Interpretationsnotwendigkeit hinsichtlich des Ausmaßes, des Zugangs und der Regelung der Finanzierung bestehen.
Jeder Bedarfsansatz ist aber Ausdruck eines normativen Standpunkts, jedenfalls solange er von politischen, wissenschaftstheoretischen, medizinischen und auch ökonomischen Aspekten begründet wird (vgl. Williams/Cookson 2000, S. 1866 ff.). Ohne Beschränkung der Allgemeinheit lässt sich festhalten, dass der Versorgungsbedarf abstrakt als Kombination von Behandlungsanlass und Therapie beschrieben werden kann. Ein wichtiger Indikator für eine Festlegung der Versorgungsnotwendigkeit und daraus ableitbarer Mindestkapazitäten stellt daher die Morbiditätsentwicklung in einer definierten

---

10 Eine sehr umfassende theoretische Abhandlung verschiedener Indexverfahren zur Versorgung mit medizinischen Leistungen geben Wagstaff /Doorslaer 2000, S. 1841 ff. wider.

11 Vgl. die Gegenüberstellungen verschiedener gerechtigkeitstheoretischer Konzepte und die daraus abgeleiteten Notwendigkeitsüberlegungen bei Williams/Cookson 2000, S. 1864 ff.

Sicherstellungsregion dar. In diesem Sinne werden Vorgaben für die Angebotsgestaltung gemacht, die aus ökonomischer Sicht einer entsprechenden Legitimation bedürfen.

Es stellt sich nun die Frage, welche institutionelle Gestaltung eine derartige Einbettung von Gerechtigkeitselementen in ein Gesundheitssystem finden soll.

Da es in einer freiheitlichen Ordnung eines gesellschaftlichen Konsenses über das Ausmaß der Umverteilungsmaßnahmen bedarf, kann den einkommensstärkeren Gruppen immer nur ein bestimmtes Maß an Solidarität abverlangt werden. In einer freiheitlichen Gesellschaft, die das Maß an individuell konsumierbaren Gesundheitsleistungen nicht nach oben begrenzt, werden von daher immer ungleiche Möglichkeiten des Konsums bestehen.

Von der Wertvorstellung eines (partiell) gleichen Zugangs zu Gesundheitsleistungen ausgehend, lässt sich aber nicht auf völlig unterschiedliche Eigenschaften der Gesundheitsleistungen im Vergleich zu anderen Gütern schließen. Auch muss die Verwirklichung der Gleichheitsnorm nicht zwangsläufig die Vornahme von einkommensumverteilenden Maßnahmen innerhalb des Krankenversicherungssystems nach sich ziehen. Entsprechende Formen einer Umverteilung finden sich zwar in den meisten Ländern, sind aber in der Regel historisch zu erklären. Ökonomisch könnte es durchaus sinnvoller sein, die Einebnung von Einkommensunterschieden zur Finanzierung einer „gleichen" Absicherung im Krankheitsfall getrennt von der Absicherung des Krankheitsrisikos vorzunehmen. Den beispielsweise gegenwärtig kaum zu erfassenden, geschweige denn zu kontrollierenden Einkommensumverteilungsprozessen innerhalb der Gesetzlichen Krankenversicherung in Deutschland könnte auf diesem Wege ihre Bedeutung genommen werden. Dies könnte beispielsweise in Form eines Zuschlags zur Sozialhilfe geschehen, der Sozialhilfeempfänger in die Lage versetzt, auf dem Markt für Krankenversicherungspolicen als Nachfrager aufzutreten.

III Sicherheit im Krankheitsfall - Wie lange noch?

Gegenwärtig befindet sich das Gesundheitswesen in Deutschland aufgrund der vielfältigen Mängel und Defizite an einem Wendepunkt. Auch wenn durch die verschiedenen Reformanstrengungen der letzten Jahre zwar augenscheinlich die Notwendigkeit einer Reform des Sicherungssystems von fast allen Beteiligten akzeptiert worden ist, bleibt die Frage nach der Ausgestaltung noch immer offen. Bevor jedoch die Auseinandersetzung mit der Fortentwicklung des Gesundheitssystems geführt werden soll, ist zunächst eine Analyse des Status quo der Sicherung erforderlich. In diesem Kapitel bietet es sich auch an, einige allgemeine Grundüberlegungen zum Krankenversicherungssystem zu diskutieren.

III.1 Grundprinzipien der Krankenversicherung

III.1.1 Krankenversicherung als Daseinsvorsorge

Krankheiten können zu physischen und/oder psychischen Einschränkungen führen und sowohl immaterielle wie auch materielle Folgen haben. Durch die Erkrankung können zusätzliche Ausgaben für Gesundheitsleistungen erforderlich werden (**Krankheitskostenrisiko**). Außerdem kann die Fähigkeit zur Einkommenserzielung durch die Krankheit zeitweise oder dauerhaft eingeschränkt werden (**Einkommensausfallrisiko**).

Es werden daher Vorsorgemaßnahmen gegen finanzielle Krankheitsrisiken getroffen, um den Mittelbedarf im Krankheitsfall zu decken. Hierbei lassen sich die beiden Ordnungsprinzipien Individual- und Sozialprinzip unterscheiden. Das **Individualprinzip** stellt auf die individuelle Vorsorge, das **Sozialprinzip** auf die gesetzlich verfügte staatliche kollektive Vorsorge ab. Als Gestaltungsprinzipien existieren das **Versicherungs**-, das **Versorgungs**- sowie das **Fürsorge-**

prinzip. Das Individualprinzip stellt das Leitbild der **Leistungsgesellschaft** dar; jeder hat die Freiheit seine Lebensbedingungen selbst zu gestalten. Der Einzelne ist selbst dafür verantwortlich (**Eigenverantwortung**), für die Wechselfälle des Lebens vorzusorgen.
Neben der Individualvorsorge gibt es Möglichkeiten der Vorsorge, die über das Individuum als Vorsorgeinteressent hinausgehen und die Sicherheit durch die Zusammenarbeit mit anderen Individuen gewinnen. Solche Vorsorgemaßnahmen, die auf der Zusammenarbeit mit anderen Individuen beruhen, werden unter dem Begriff der **Kollektivvorsorge** zusammengefasst. Charakteristisch für die Versorgungsformen der Kollektivvorsorge ist daher, dass hier das individuelle Risiko auf eine Gruppe von Individuen verlagert wird.

Abb. 3: Grundprinzipien der Daseinsvorsorge

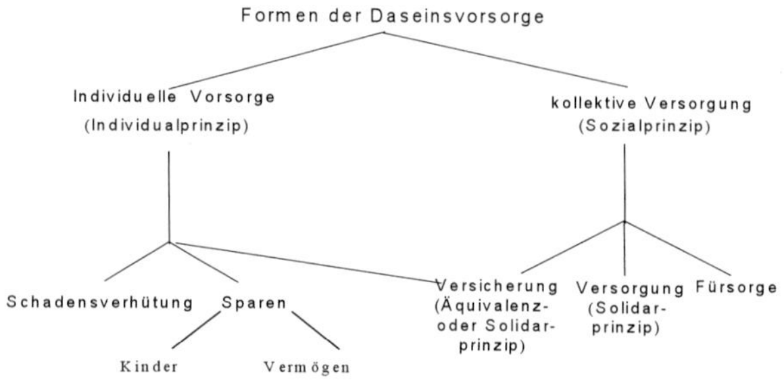

Quelle: Eigene Darstellung, vgl. auch Oberender/Ecker/Zerth 2005, S. 28.

III.1.2 Das deutsche Krankenversicherungssystem

Die GKV ist eine am **Versicherungsprinzip** orientierte Organisation. Ihre Mitglieder verfolgen durch ihre Mitgliedschaft das Ziel, einen möglichen Vermögensschaden, hervorgerufen durch den Eintritt eines definierten Versicherungsfalles wie hier der Krankheit, zu begrenzen oder zu eliminieren. Die **Eintrittswahrscheinlichkeit** des bedrohlichen Ereignisses ist für den einzelnen Versicherten in der

Regel unkalkulierbar, bezogen auf die Gesamtheit der Versicherten ist das Risiko und der wahrscheinliche auf einen Zeitraum bezogene Finanzbedarf zur Deckung der Versichertenansprüche jedoch ermittelbar. Aufgabe der Versichertengemeinschaft ist es, diesen Schaden, von dem ungewiss ist, welches Mitglied er betreffen wird, durch Mitgliedschaftsbeiträge (Prämien) auszugleichen. In jeder Krankenversicherung, ob nun als privat geführte Versicherung oder in Form der Gesetzlichen Krankenversicherung, wird das (Vermögens-)Risiko einer Erkrankung zwischen Gesunden und Kranken umverteilt.

Private Krankenversicherungen, die sich als klassische Marktteilnehmer am Versicherungsmarkt beteiligen, beschränken sich jedoch auf diesen Umverteilungsvorgang.[12] Da es sich bei ihnen nicht um eine Zwangsversicherung handelt, müssen sie ein Finanzierungsverfahren anwenden, das auf die Zustimmung potenzieller Kunden stößt. Dieses Verfahren ist das so genannte versicherungstechnische **Äquivalenzprinzip**. Es besagt, dass sich die Versicherungsprämie und der Versicherungsanspruch entsprechen sollen.

Die Prämie, die der Versicherte bezahlen muss, richtet sich nach dem Risiko, das die private Krankenversicherung mit Abschluss des individuellen Versicherungsvertrages übernommen hat. Soziale Aspekte und das Einkommen bleiben, da sie nicht unmittelbar das übernommene Risiko determinieren, unberücksichtigt.

Die Versicherten werden bei Abschluss des Vertrages in bestimmte, untereinander abgegrenzte Versichertengruppen aufgenommen, die jeweils autonom einen Risikoausgleich herbeiführen sollen. Diese Gruppen, auch **Kohorten** genannt, zeichnen sich durch ein gewisses Maß an Homogenität hinsichtlich des Alters aus.

Die Beiträge der Gruppenmitglieder müssen ausreichen, um die in dieser Gruppe entstehenden Kosten ausgleichen zu können. Da sich mit steigendem Alter der Mitglieder einer Kohorte die **Morbidität**

---

12 Es muss in diesem Zusammenhang zwischen einer idealtypischen, privatwirtschaftlich agierenden Versicherung im Marktmodell und den Ausprägungen der Privatkrankenversicherung (PKV), wie sie in Deutschland zu finden sind, unterschieden werden. Die allgemeinen Aussagen beziehen sich zunächst auf das Referenzmodell einer idealtypischen privatwirtschaftlich agierenden Krankenversicherung.

und die damit verbundenen Kosten erhöhen, wäre an sich ein immer höherer Beitrag von den einzelnen Mitgliedern zu entrichten.
In diesem Zusammenhang müssen gemäß der versicherungsökonomischen Literatur zwei unterschiedliche Risikosituationen Berücksichtigung finden:

- Versicherungsschutz gegen Eintritt einer Erkrankung bei **gegebnem Erkrankungsrisiko** und
- Versicherungsschutz gegen **Verschlechterung** des **individuellen Erkrankungsrisikos**.

In der versicherungsökonomischen Literatur kann zwischen **Zufalls-, Irrtums- und Änderungsrisiko** unterschieden werden (vgl. Strassl 1988). Die Risiken des Zufalls und des Irrtums können durch eine Optimierung des Rückgriffs und der Auswertung auf möglichst viele Daten minimiert werden. Problematisch kann es beim **Änderungsrisiko**[13] werden, das sich vor allem auch durch das Altersrisiko erfassen lässt. Das Änderungsrisiko wird generell durch Altersrückstellungen vom Versicherungsunternehmen aufgefangen. Die Übernahme des Änderungsrisikos ist wiederum abhängig von der Vertragslaufzeit. Weder bei einperiodigen Verträgen noch bei langfristigen Verträgen mit jährlich neuen Verhandlungen und entsprechenden Anpassungen der Beiträge ergibt sich aus dem Änderungsrisiko aus Sicht der Versicherungsunternehmen ein Kalkulationsproblem.[14] In diesen Fällen trägt der Versicherungsnehmer das Risiko der Schwankung seiner Versicherungsprämien aufgrund der neuen Risikolage. Es muss jedoch folgendes Problem Berücksichtigung finden.
Unter der Annahme von so genannten zeitkonsistenten kurzfristigen Versicherungsverträgen ließe sich eine langfristige Versicherungsbindung simulieren, die sicherstellen würde, dass nur die tatsächliche Risikoveränderung Grundlage für einen neuen Kontrakt bilden würde (vgl. Cochrane 1995, S. 448). Ein Wechsel von einer Versicherung

---

13 Das Änderungsrisiko ergibt sich daraus, dass die Erwartungswerte für Eintrittswahrscheinlichkeiten und Höhe der Schäden sowie deren Ursache im Zeitverlauf nicht konstant bleiben. Vgl. auch Thielbeer 1999, S. 48 f.

14 Vgl. dazu grundsätzlich Cochrane 1995, S. 445 ff. Vgl. auch Cutler/Weber 1998, S. 433 ff.

zu einer anderen wäre unter diesen Bedingungen problemlos möglich. Der Versicherte könnte sich beispielsweise gegen die Veränderung des individuellen Krankheitsrisikos wiederum auf einem zweiten Versicherungsmarkt versichern.
Gerade im Hinblick auf die Probleme der **asymmetrischen Informationsverteilung** zwischen Versicherung und Versicherten sowie auch bei Berücksichtigung, dass angebotsseitig die Entwicklung der Krankheitsausgaben neben der individuellen demographischen Prognose noch von den Bedingungen des medizinisch-technischen Fortschritts abhängig sind, ist es für eine Krankenversicherung aus Sicht der Transaktionskostenökonomie u. U. sinnvoll, auf derartige kurzfristige Kontrakte zu verzichten.[15]
Darüber hinaus ist auch für die Versicherten der Anreiz zu unterstellen, gerade bei Berücksichtigung einer Risikoaversion, einen langfristigen Kontrakt mit weitgehend konstanten Prämien abzuschliessen. Genau wenn diese Bedingungen eingetreten sind, liegt ein Abweichen von idealtypischen risikoorientierten Prämien vor, und es besteht u. U. ein neues Problem der **Risikoselektion** oder die Wechselmöglichkeit für den Versicherten wird eingeschränkt. Folgende Überlegung soll dies verdeutlichen:
Grundsätzlich wird die Versicherungsprämie durch den Aufbau von Altersrückstellungen für das jeweilige Versichertenkollektiv geglättet. Es liegt eine Form des **Kapitaldeckungsverfahrens** vor. Die Versicherten, vor allem in jungen Jahren, zahlen zu Beginn der Vertragslaufzeit eine Prämie, die oberhalb der erwarteten Krankheitskosten liegt. Aus den Beitragsüberschüssen der Versicherten wird durch die Bildung von **Altersrückstellungen** ein Kapitalstock für das jeweilige Kollektiv aufgebaut. In diesem Kontext ist nun das **Änderungsrisiko** zu berücksichtigen. Verändern sich die Morbiditätsbedingungen eines Versicherten über die zu Vertragsbeginn vereinbarten Bedingungen, so wäre es möglich, einen versicherungsimmanenten Ausgleich zwischen schlechter gewordenen und besser gewordenen Risiken herzustellen, wenn die jeweiligen Altersrückstellungen ent-

15 Die angebotsseitige Problematik betonen insbesondere Zweifel/Breuer 2003, S. 49.

sprechend angehoben oder reduziert würden. Einerseits bräuchten die Prämien nicht zwangsläufig angepasst werden, andererseits wäre ein Wechsel zu einer anderen Versicherung möglich, wenn genau nur die risikoangepasste Altersrückstellung mitgegeben würde.

Diese idealtypische Vorstellung muss aber kritisch hinterfragt werden. Wenn beispielsweise, wie in der deutschen PKV üblich, nur durchschnittliche Altersrückstellungen gebildet werden, wäre ein Anreiz für eine Krankenversicherung vorhanden, vor allem wieder „gute Risiken" anzuwerben, da bei nicht korrigierten Altersrückstellungen für die entsprechende Kasse ein Nettovorteil verbleibt.[16] Um diese Gefahr der **Risikoselektion** zu verhindern, ist die Ablehnung der Übertragung von Altersrückstellungen zwar konsequent, führt aber zu einem eingeschränkten Versicherungswettbewerb, der in Konsequenz bei der PKV nur ein Einstiegswettbewerb ist. In welchem Zusammenhang diese Problematik bei der Ausgestaltung von Reformoptionen stehen wird, soll an anderer Stelle aufgegriffen werden (vgl. Kapitel VI).

Unabhängig von der langfristigen Ausgestaltung der Prämienzahlung verlangt eine konsequente Anwendung des Äquivalenzprinzips die Prämienentrichtung von jedem einzelnen Versicherten nach einer idealisierten Risikoeinschätzung. Eine private Krankenversicherung wird von daher keine kostenlose Mitversicherung für Familienangehörige anbieten können. Auch für Kinder sind, da sie eigenständig dem Krankheitsrisiko ausgesetzt sind, risikoäquivalente Prämien zu entrichten. Die Prämien werden sich zum Zeitpunkt der Geburt am erwarteten Schadensverlauf eines Mannes oder einer Frau orientieren; damit wird die Risikoorientierung tendenziell am Durchschnittswert des Versicherungskollektivs angenähert sein. Da zu diesem Zeitpunkt außer dem Geschlecht wesentliche Merkmale, die den späteren Lebensweg beeinflussen und zugleich auch von der Person beeinflusst werden können wie etwa Lebensstil, Ausbildungsstand, Berufswahl u. ä., noch nicht bekannt sind, kann eher von **risikoorientierten** statt von risikoäquivalenten Prämien gesprochen

---

16 Vgl. zu dieser Problematik beispielsweise Jankowski/Zimmermann 2004, S. 12 ff.

werden. Eine Individualisierung der Prämien tritt demzufolge erst zu einem späteren Zeitpunkt, insbesondere beim Versicherungswechsel auf.

Die Konstruktionsprinzipien der GKV als Solidargemeinschaft sind hingegen anders. Neben dem versicherungstypischen Risikoausgleich (primäre Umverteilungsaufgabe) zwischen Gesunden und Kranken finden im Rahmen der GKV weitere Umverteilungen statt. Abgeleitet werden diese Umverteilungsmaßnahmen heute aus dem Grundgesetz. Der Verfassungsgrundsatz von der Unantastbarkeit der Menschenwürde und das Sozialstaatsprinzip verpflichten die staatliche Gemeinschaft zur Sicherung von Mindestbedingungen eines menschenwürdigen Daseins für jene Bürger, die sozialer Hilfe bedürfen.[17]

Ein wesentliches Element der gesetzlichen Krankenversicherung basiert auf der zuvor beschriebenen Aufgabe: dem sogenannten **Solidarausgleich** (sekundäre Umverteilungsaufgabe). Dieser ist durch eine einkommensabhängige Beitragserhebung und eine beitragsunabhängige Gewährung von Leistungen gekennzeichnet (Solidarprinzip). Jeder gibt somit nach seiner **Leistungsfähigkeit** und empfängt nach seiner **Bedürftigkeit.**

Das **Solidarprinzip** hat zur Folge, dass „guten Risiken", d. h. Personen mit relativ geringem Krankheitsrisiko, eine wirtschaftliche Mehrbelastung auferlegt wird. Da für diese Versichertengruppe ein hoher Anreiz besteht, sich einer Versichertengemeinschaft anzuschließen, die ihre Prämien ausschließlich am Risiko des versicherten Mitglieds orientiert, muss für eine große Personenzahl die Pflichtmitgliedschaft in der GKV gesetzlich vorgeschrieben werden **(Prinzip der Zwangsmitgliedschaft)**, um die Finanzierbarkeit der sozialen Krankenversicherung zu gewährleisten.

Das Solidarprinzip ist im Rahmen der GKV allerdings nur unvollkommen verwirklicht. So ist die Pflichtmitgliedschaft nicht für alle Bürger vorgesehen, sondern nur für einen als schutzbedürftig eingestuften Personenkreis. Dies geschieht auch mit dem Ziel, das histo-

17 Vgl. BVerfGE 40, 121 (S. 133 ff.).

risch gewachsene private Krankenvollversicherungswesen nicht seiner Funktion zu berauben.

Die Leistungsfähigkeit wird bei den Pflichtversicherten nur am Einkommen aus **nichtselbständiger** Arbeit gemessen. Andere Einkünfte finden bisher nur sehr rudimentär Eingang in die Beitragsbemessungsgrundlage. Freiwillige Mitglieder mit einem versicherungspflichtigen Einkommen oberhalb der Beitragsbemessungsgrenze sind somit nicht entsprechend ihrer vollen Leistungsfähigkeit an der Finanzierung der Einnahmen der Versichertengemeinschaft beteiligt, da Einkünfte oberhalb dieser Grenze nicht mehr in die Beitragsberechnung einbezogen werden.

Anders als bei der Einkommensteuer wird die Bemessungsgrundlage nicht um Beträge gekürzt, welche die Leistungsfähigkeit mindern, und der Beitragssatz wirkt nicht progressiv, sondern belastet nur proportional das zugrunde liegende Einkommen. Dieser Aufbau der Versicherung, der einen einkommensabhängigen Beitrag und eine bedürfnisorientierte Leistungsgewährung im Krankheitsfall vorsieht, führt zu einer Umverteilung von besserverdienenden Mitgliedern hin zu geringverdienenden Mitgliedern.

Die Finanzierung der Ausgaben der GKV erfolgt nach dem **Umlageverfahren**. Dies bedeutet, dass die laufenden Ausgaben durch laufende Einnahmen der Mitglieder gedeckt werden. Altersrückstellungen werden dabei nicht gebildet. Da die Versichertengemeinschaft nicht in Kohorten eingeteilt ist, hat dies zur Folge, dass ältere Versicherte, also Personen, die aufgrund einer höheren Morbidität höhere Kosten verursachen, in der Regel von jüngeren Mitgliedern subventioniert werden (**Generationenvertrag**).

Da die GKV als **Familienmitversicherung** ausgelegt ist, wird der Versicherungsschutz von nicht berufstätigen Frauen und Kindern aus den Beiträgen anderer Mitglieder, die nur einen unterdurchschnittlichen Bedarf an Familienmitversicherung haben, finanziert, obwohl der mitversicherte Personenkreis ein eigenständiges Risikopotential darstellt.

Bei der GKV handelt es sich um eine **Krankheitskostenvollversicherung**. Es besteht im Gegensatz zur privaten Krankenversicherung für die Mitglieder nicht die Möglichkeit, bestimmte Leistungskomplexe aus dem Versicherungsschutz auszuschließen. Bei einer privaten Krankenversicherung hat der Versicherte in der Regel die Möglichkeit, den artmäßigen Umfang der versicherten Heilbehandlungsformen mitzubestimmen und aus einer Vielfalt von Tarifen auszuwählen. Eine solche Versicherung wird als **Krankheitskostenteilversicherung** bezeichnet (Berufsbildungswerk der Deutschen Versicherungswirtschaft 1992, S. 149). Dieser Teilversicherungsschutz wird besonders von Mitgliedern der GKV bei privaten Versicherungsanbietern zusätzlich abgeschlossen, um Umfang und Qualität der GKV-Leistungen über das dort gewährte Maß hinaus auszudehnen. Zudem bieten private Krankenversicherungen die Möglichkeit, den Leistungsumfang und verschiedene Formen von Selbstbeteiligungen individuell zu vereinbaren. Es existiert somit im Gegensatz zur GKV kein Einheitstarif.

Im Rahmen der Leistungsgewährung der GKV wird das **Sachleistungsprinzip** angewandt: Der Versicherte erhält alle Leistungen als Naturalleistungen und ist von einer Zahlungsverpflichtung gegenüber dem Leistungserbringer befreit. Für die Inanspruchnahme der Leistungen wird ihm von der Krankenkasse ein Berechtigungsschein ausgestellt, die Krankenversicherungschipkarte (der frühere „Krankenschein"), die dem Leistungserbringer im Behandlungsfall präsentiert wird. Der Leistungserbringer rechnet die von ihm erbrachten Leistungen mit der Krankenkasse ab. Eingelöst werden kann dieser Anspruch im Krankheitsfall nur bei denjenigen Ärzten, die zur vertragsärztlichen Versorgung zugelassen sind (Kassenärzte).

Der Arzt seinerseits gibt den Leistungsanspruch nach Eintragung der von ihm erbrachten Einzelleistungen in Form von Gebührenziffern an die kassenärztliche Vereinigung weiter, die dann eine Abrechnung mit dem jeweiligen Versicherungsträger der GKV vornimmt.

Dieses Verfahren setzt voraus, dass der Versicherungsträger umfangreiche vertragliche Beziehungen mit den Leistungsanbietern unterhält, in denen Art, Inhalt, Qualität und Vergütung für die erbrachten Leistungen geregelt sind. Durch dieses Geflecht von Verträgen zwischen der GKV und den verschiedenen Gruppen von Leistungserbringern ist die GKV daher an der Struktur und Entwicklung des gesamten Gesundheitssystems maßgeblich beteiligt. Man stelle sich vor, die Kfz-Haftpflichtversicherer würden Schäden generell in Form des Sachleistungsprinzips regulieren. Unvermeidbares Ergebnis wäre ein zentraler Einfluss der Versicherer auf das gesamte Geschehen in der Automobilindustrie wie auf Hersteller und Reparaturwerkstätten. Dort wo dies tatsächlich geschieht, bei der Bereitstellung eines Ersatzfahrzeugs nach einem Unfall, ist der Einfluss der Versicherer auf die Leistungsanbieter, in diesem Fall die Branche der Autovermieter, enorm.

Systeme privater Krankenversicherungen können zwar auch Elemente des Sachleistungsprinzips integrieren, beispielsweise durch vertragliche Beziehungen mit speziellen Leistungserbringern, deren Leistungsinanspruchnahme für die Versicherten zunächst verbindlich ist (als Beispiel können etwa **Managed-Care-Strukturen** dienen). Gleichwohl finden die traditionellen Formen der privaten Krankenversicherung ihre Ausprägung in Form des **Kostenerstattungsprinzips**: Der Versicherte tritt hierbei meist in Vorleistung, indem er die an ihn gerichtete Rechnung des Leistungserbringers bezahlt und sie anschließend zur Kostenerstattung bei seinem Versicherer einreicht. Dieser erstattet den ausgelegten Betrag vollständig oder teilweise, je nach zugrundeliegendem Versicherungsvertrag.

Da zwischen der privaten Versicherung und den Leistungsanbietern bei Gültigkeit des Kostenerstattungsprinzips dementsprechend auch keine vertraglichen Beziehungen bestehen müssen, ist der Einfluss der Privatversicherer auf die Leistungsanbieter eher als gering einzustufen. Dieses Prinzip der Leistungsregulierung gilt auch in bestimmten Fällen für freiwillige Mitglieder der GKV. Es wird dort jedoch eher als Fremdkörper angesehen und entsprechend diskriminiert.

Der einzelne Versicherte der GKV besitzt – wie bereits erwähnt - im Krankheitsfall eine **Kostenvolldeckung**. In der Regel wird aus gesundheits- und sozialpolitischen Gründen die individuelle Nachfrage nach Gesundheitsleistungen bewusst nicht durch das **Preisausschlussverfahren** begrenzt. Eine Lenkung der Nachfrage mit Hilfe einer Preissteuerung für die nachgefragten Gesundheitsleistungen findet nicht statt. Es entsteht dadurch ein **Verantwortungsvakuum**, weil individuelles Handeln ohne entsprechende direkte finanzielle Verantwortung stattfindet. Dies hat zur Konsequenz, dass sich die

Gesundheitsnachfrage ganz losgelöst vom Preis bildet. In der Ökonomie spricht man von einer starren, völlig preisunabhängigen Nachfrage, mit der Folge, dass die Leistungen oft über Gebühr in Anspruch genommen werden (vgl. Oberender/Ecker/Zerth 2005, S. 22 ff.).

III.2 Struktur der Sicherung

III.2.1 Versicherten- und Mitgliederstruktur

Anfgang des Jahres 2005 waren 70,4 Millionen Personen in Deutschland in der Gesetzlichen Krankenversicherung (GKV) versichert. Der Anteil der gesetzlich Krankenversicherten an der deutschen Gesamtbevölkerung betrug demnach 2005 85,3 %. Innerhalb der Versichertengemeinschaft der GKV kann zwischen freiwilligen und Pflichtmitgliedern sowie mitversicherten Familienangehörigen unterschieden werden.

Pflichtmitglieder der GKV sind jene Arbeitnehmer und Angestellte, deren Einkommen die Versicherungspflichtgrenze nicht übersteigt. Die **Versicherungspflichtgrenze** lag zum 1. Januar 2006 bei 47.250 € jährlich. Die **Beitragsbemessungsgrenze** gibt im Unterschied zur Versicherungspflichtgrenze an, bis zu welcher Einkommenshöhe die Beiträge berechnet werden. Die Beitragsbemessungsgrenze lag zu Beginn des Jahres 2005 bei 42.300 €. Pflichtmitglieder der GKV sind jene Arbeitnehmer und Angestellte, deren regelmäßiges Brutto-Jahresentgelt 75 % der Beitragsbemessungsgrenze in der Gesetzlichen Rentenversicherung nicht übersteigt. Ende des Jahres 2004 lag die Beitragsbemessungsgrenze für die GKV bei einem Jahresbruttoeinkommen von 41.400 €.

Pflichtversichert sind darüber hinaus auch bestimmte nicht erwerbstätige Bevölkerungsgruppen. Hierzu gehören insbesondere Rentner und andere Bezieher von Ruhestandszahlungen, Studenten und Arbeitslose. Rentner sind, falls keine Befreiung vorliegt, insbesondere durch Abschluss eines privaten Vollversicherungsschutzes, in der Krankenversicherung der Rentner (KVdR) versichert, an der als Träger die Krankenkassen aller Kassenarten mitwirken. Die Beiträge

werden in der Regel zu gleichen Teilen vom Versicherten und vom Träger der Rentenversicherung gezahlt.
Personen mit einem regelmäßigen Jahresbruttoentgelt von mehr als der Versicherungspflichtgrenze sowie Landwirte, Künstler und andere Selbständige haben die Möglichkeit, nach ihrem Ausscheiden aus der Krankenversicherungspflicht eine freiwillige Mitgliedschaft in der GKV zu wählen. Sie können aber auch einer privaten Krankenversicherung beitreten oder völlig auf einen Krankenversicherungsschutz verzichten. Dieser Kreis hat dann nur noch einen Anspruch auf Krankenhilfe oder vorbeugende Gesundheitshilfe im Rahmen der Sozialhilfe.
Beitragsfrei mitversichert in der GKV sind Ehegatten und Kinder von Mitgliedern. Grundvoraussetzung hierfür sind ein Wohnsitz in der Bundesrepublik Deutschland und bestimmte Einkommensgrenzen, welche die Familienmitglieder nicht überschreiten dürfen (vgl. Alber 1992, S. 52 f.).
Pflichtversichert waren in Deutschland im Jahr 2005 28,7 Mio. Menschen, freiwillig versichert 4,8 Mio. und als Rentner versichert 16,9 Mio. Personen. Darüber hinaus waren zu diesem Zeitpunkt noch 20,0 Mio. Familienangehörige mitversichert. Von diesen waren mit Abstand die meisten über ein Pflichtmitglied versichert. Die restlichen Mitversicherten genossen Versicherungsschutz über ein freiwilliges Mitglied oder gehörten der Krankenversicherung der Rentner (KVdR) an (vgl. Tab. 2).

Tab. 2: Mitgliederstruktur der GKV 2005

	alte Länder	neue Länder	Gesamt
Pflichtmitglieder	23,4 Mio.	5,3 Mio.	28,7 Mio.
freiwillige Mitglieder	4,4 Mio.	0,4 Mio.	4,8 Mio.
Rentner	13,3 Mio.	3,6 Mio.	16,9 Mio.
mitversicherte Familienangehörige	17,6 Mio.	2,4 Mio.	20,0 Mio.
Gesamt	**58,8 Mio.**	**11,7 Mio.**	**70,4 Mio.**
Gesamtbevölkerung	**69 Mio.**	**13,5 Mio.**	**82,5 Mio.**
Anteil der Gesamtbevölkerung	**85,2%**	**86,7 %**	**85,3 %**

Quelle: auf Grundlage des BMGS, GKV-Statistik KM/1 2005.

Ferner waren im Rahmen einer privaten Krankenversicherung Ende des Jahres 2005 8,26 Mio. Menschen in der Bundesrepublik vollversichert. Dies entsprach 10,0 % der Gesamtbevölkerung. Durch eine engere Form der Kooperation zwischen gesetzlichen Krankenkassen und privaten Krankenversicherungsunternehmen stieg der Anteil der Zusatzversicherungen an. Eine ambulante Zusatzversicherung hatten 6,182 Mio. Personen, eine stationäre Zusatzversicherung für Wahlleistungen im Krankenhaus 4,8 Mio (vgl. PKV-Publik 2005, S. 41). Neben Gesetzlicher und Privater Krankenversicherung wurde die restliche deutsche Bevölkerung durch die freie Heilfürsorge für Beamte abgesichert, oder es bestand ein Anspruch auf Krankenhilfe oder vorbeugende Gesundheitshilfe als Sozialhilfeempfänger, Kriegsschadensrentner oder Empfänger von Unterhalt aus dem Lastenausgleich. Ein verschwindend geringer Teil war nicht krankenversichert.
Die historische Entwicklung der GKV hat zu einer Vielfalt von Trägern geführt. Mitte 2004 entfiel der größte Anteil der Mitglieder auf die Ortskrankenkassen mit 36,6 %, gefolgt von 31,1 % bei den Ersatzkassen der Angestellten. 20,5 % waren 2004 bei einer Betriebskrankenkasse und 6,2 % bei einer Innungskrankenkasse versichert.

Daneben bestehen noch die Bundesknappschaft mit 2,3 %, Ersatzkassen der Arbeiter mit 2,0 %, landwirtschaftliche Krankenkassen mit 1,2 % sowie die See-Krankenkasse mit 0,1 % der GKV-Mitglieder als selbständige Träger der GKV.[18]

III.2.2 Ausgabenstruktur der Gesetzlichen Krankenversicherung - Diagnose: Schieflage

2004 wurden in Deutschland insgesamt ca. 240 Mrd. € für Gesundheit ausgegeben. Wird nach Ausgabenträgern unterschieden, so wird deutlich, dass auf die GKV 2004 mit 140,18 Mrd. € über die Hälfte der Ausgaben entfiel.[19] Die Zunahme des Anteils der GKV gegenüber 1970 von 35,5 % auf über 50 % macht deutlich, wie sehr die GKV durch Leistungsausweitungen zu Lasten der anderen Träger an Bedeutung gewonnen hat. Der Anteil, den die privaten Haushalte tragen, ist im gleichen Zeitraum nur von 8,4 % auf 8,8 % gestiegen.
Im Zeitraum von 1960 bis 2004 stieg das Bruttoinlandsprodukt von 154,92 Mrd. € auf 2.207,2 Mrd. €. Gleichzeitig entwickelten sich die GKV-Ausgaben von ca. 5 Mrd. € (West-Deutschland) im Jahr 1960 auf Gesamtausgaben von 140,18 Mrd. € im Jahr 2004 (vgl. Institut der deutschen Wirtschaft 2005, S. 17). Während also das Bruttoinlandsprodukt lediglich um das 14,2fache zunahm, ist eine Steigerung der GKV-Ausgaben um das 28,9fache zu konstatieren (vgl. Tab.3). Dieser Vergleich zeigt aber noch nicht die tatsächliche Entwicklung der Finanzierungsfähigkeit des sozialen Sicherungssystems an. Relevant dafür ist erst ein Vergleich mit der Einnahmenbezugsgröße der GKV, der Entwicklung der Lohn- und Gehaltssumme der abhängig Beschäftigten. Bezogen auf ein gewähltes Basisjahr 1970 stellt sich die Entwicklung wie folgt dar (vgl. Abb. 3):

---

18 http://pdf.bmgs.comspace.de/bmgs/temp/downloads2f20045fKM62. Abfrage vom 20. August 2005.

19 Inklusive Verwaltungsausgaben. Die reinen Leistungsausgaben belaufen sich auf 136,2 Mrd. €. Vgl. BMGS, Tabelle KF05 Bund, Juli 2005. Vgl. OECD 2004, S. 8.

Tab. 3: Ausgabenstruktur der Gesetzlichen Krankenversicherung; alte Bundesländer 1960 und Deutschland 2004

	1960		2004		
	€	relativ	€	relativ	
Gesamtausgaben	**4,9**	**100,0%**	**140,18**	**100%**	28,9 fache
darunter: Verwaltungskosten	**0,3**	**6,3%**	**8,1**	**5,8%**	26,4 fache
Leistungsausgaben	**4,6**	**100,0%**	**131,16**	**100,0%**	28,5 fache
darunter:					
ärztliche Behandlung	**1,0**	**21,1%**	**21,43**	**16,3%**	22,1 fache
zahnärztliche Behandlung / Zahnersatz	**0,4**	**8,9%**	**11,26**	**8,6%**	27,5 fache
Arzneimittel	**0,6**	**12,2%**	**21,43**	**16,3%**	38,1 fache
Heil- und Hilfsmittel	**0,1**	**2,2%**	**8,18**	**6,2%**	80,0 fache
Krankenhaus	**0,8**	**17,8%**	**47,59**	**36,3%**	58,2 fache
Krankengeld	**1,4**	**30,0%**	**6,37**	**4,9%**	4,6 fache

Hinweis: Die relativen Ausgaben der Verwaltungskosten beziehen sich auf die Gesamtausgaben, alle anderen relativen Ausgaben auf die Leistungsausgaben.

Quelle: Eigene Darstellung auf Grundlage BMGS, Tabelle KF05 Bund, Juli 2005

Wird auf die Ausgabenentwicklung der GKV nach Leistungsarten abgestellt, so lässt sich ein Anstieg der Leistungsausgaben insgesamt von 1960 bis 2004 auf das 28,5fache, nämlich von 4,6 Mrd. € DM auf 131,16 Mrd. € nachweisen. Gleichzeitig wird deutlich, dass 2004 über 36,3 % der gesamten Ausgaben der GKV auf den Krankenhausbereich entfallen. Gleich danach rangieren die ärztliche Behandlung sowie die Arzneimittelausgaben. Auch wenn der statistische Vergleich dahingehend „hinkt", dass 1960 nur die alten Bundesländer berücksichtigt wurden, kann trotzdem die Trendentwicklung abgelesen werden. Überdurchschnittlich nahmen hierbei die Ausgaben für Heil- und Hilfsmittel (80fache), für das Krankenhaus (58,2fache) sowie für zahnärztliche Behandlung/Zahnersatz (27,5fache) zu.

Wie Abb. 3 zeigt, stiegen die Beitragsbemessungsgrenze und damit das Einnahmenvolumen der GKV von 1970 bis 2003 um das 5,6fache. Gleichzeitig nahmen die Leistungsausgaben pro Mitglied jedoch um das 6,9fache zu. Als Referenz stieg das Bruttosozialprodukt pro Einwohner um das 3,4fache an.

Abb. 4: Entwicklung wichtiger Indikatoren der GKV im Vergleich (Basisjahr 1970)

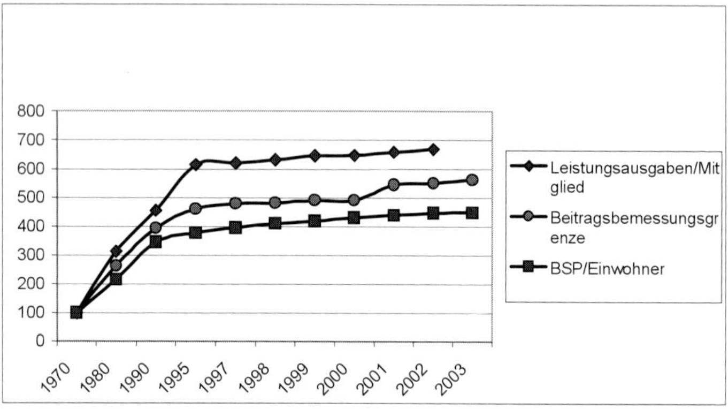

Quelle: Eigene Darstellung nach BMGS Tabelle KF03 Bund 2003

Um den fortwährenden Anstieg der Gesamtausgaben zu decken, wurden sowohl die **Beitragsbemessungsgrenze** als auch der **Beitragssatz** kontinuierlich angehoben.

Da sich die **Grundlohnsumme je Mitglied** der Allgemeinen Krankenversicherung (AKV), die das beitragspflichtige Jahresarbeitsentgelt bildet und damit die Basis für die Beiträge zur Sozialversicherung ist, nur unterproportional entwickelt hat, ist im System der Gesetzlichen Krankenversicherung ein kontinuierliches Erodieren der Finanzierungsgrundlage und damit ein inhärentes Einnahmenproblem bei wachsenden Ausgaben zu konstatieren.

Es entstand eine Schere zwischen Einkommens- und GKV-Ausgabenentwicklung. Vor allem die bereits erwähnten Umstände, wie die permanente Ausdehnung des Leistungskatalogs in der ersten Hälfte der siebziger Jahre, sind für den enormen Zuwachs auf der Ausgabenseite verantwortlich. Neben der ständigen Fortentwicklung auf dem Gebiet der Medizintechnik und einer veränderten Alters-

struktur trugen maßgeblich die Erweiterung des Mitgliederkreises, die geänderte Finanzierung der Krankenhäuser und auch die Rechtsprechung der Sozialgerichte ihren Teil dazu bei.
Der auf gesetzlich begründeter Leistungsausweitung basierende Ausgabenanstieg der GKV belegt eindrucksvoll, wie es sich auswirkt, wenn soziale Leistungen zu **politischen Gütern** werden. So wurde der Mitgliederkreis der GKV um Behinderte (Gesetz über die Sozialversicherung Behinderter in geschützten Einrichtungen vom 7. Mai 1975), Rehabilitanden und Studenten (Gesetz über die Krankenversicherung der Studenten [KVSG] vom 24. Juni 1975) erweitert.
Neben der quantitativen Ausdehnung des Leistungskataloges um Leistungen wie Vorsorge- und Früherkennungsprogramme (2. Krankenversicherungsänderungsgesetz vom 21. Dezember 1970) und Rehabilitationsmaßnahmen war auch qualitativ eine Aufwertung zu verzeichnen, insbesondere bei der Krankenhauspflege durch das Gesetz zur Verbesserung von Leistungen in der Gesetzlichen Krankenversicherung vom 19. Dezember 1973 (KLVG).
Wesentlich zu einer Ausdehnung der Ausgaben für die stationäre Versorgung trug die Einführung des **Selbstkostendeckungsprinzips** für die laufenden Kosten der Krankenhäuser durch das Krankenhausfinanzierungsgesetz (KHG) vom 29. Juni 1972 und die Bundespflegesatzverordnung (BPflV) vom 25. April 1973 bei.
Über die Sozialrechtsprechung gelangten die Kieferorthopädie und später auch der Zahnersatz (Urteil des Bundessozialgerichtes vom 24. Januar 1974) umfassend in den Leistungskatalog der GKV.
Es wurde immer deutlicher, dass sich eine Deckung der wachsenden Ausgaben nicht allein durch die Anhebung der Beitragssätze oder die Anbindung der Beitragsbemessungsgrenze an die Lohn- und Gehaltsentwicklung erreichen ließ. Es erfolgte ein Paradigmenwechsel zum Leitbild einer **einnahmenorientierten Ausgabenpolitik**, nachdem vorher eine **ausgabenorientierte Einnahmenpolitik** politische Grundlage war.

III.3 Das Dilemma eines Wachstumsmarktes

Die Gesundheitswirtschaft in Deutschland steht vor einem besonderen Dilemma. Einerseits versucht die Politik seit Mitte der siebziger Jahre, durch unzählige „Kostendämpfungsgesetze" die Ausgabenentwicklung im Gesundheitswesen einzudämmen, andererseits kann der Anstieg der Gesundheitsausgaben und der damit korrespondierenden Versorgungskennzahlen sowohl auf einer höheren Wertschätzung als auch auf Preiseffekten beruhen.
Wie *Knappe* und auch *Pimpertz* herausarbeiten, bleibt die Analyse der einfachen empirischen Daten ambivalent. Es sind sicherlich Preiseffekte zu konstatieren, die aber auch auf das politische Regulierungshandeln zurückgeführt werden müssen; andererseits sind auch deutlich Bereiche der Versorgung zu erkennen, die auf Mengensteigerungen beruhen und damit auch Ausdruck von Nachfragepräferenzen sind (vgl. Knappe 2001, S. 139 f.; vgl. auch Pimpertz 2002, S. 11 ff.). So kann der Gesundheitsmarkt durchaus als volkswirtschaftlicher **Wachstumsmarkt** verstanden werden. In diesem Sinne schätzte bereits 1996 der Sachverständigenrat für die Konzertierte Aktion im Gesundheitswesen einen positiven Netto-Beschäftigungseffekt von ca. 6000 Beschäftigten bei Erhöhung der Gesundheitsausgaben um eine Mrd. DM[20] ein. Unter Berücksichtigung der arbeitsmarktpolitischen Situation mutet daher die Politik der Kostendämpfung als sonderbar an.
Die Ausgaben im Gesundheitswesen und die Veränderung der Ausgaben sind aus volkswirtschaftlicher Perspektive zunächst Ausdruck des normalen Strukturwandels einer Wirtschaft. Die Bedeutung der

---

20 Im Sondergutachten 1996 wurde bei einer Erhöhung der Gesundheitsausgaben um 1 Mrd. DM ein Beschäftigungseffekt im Gesundheitssektor von 9.212 Erwerbstätigen erwartet, reduziert um den negativen Effekt in anderen Wirtschaftszweigen von 3.676 bleibt ein positiver Saldo von 5.536 (Sachverständigenrat 1996, S. 244). Hierbei würde besonders der nachfragewirksame Effekt von Gesundheitsausgaben berücksichtigt, der im Zusammenhang mit hoher Arbeitsintensität im Gesundheitswesen beispielsweise in der Pflege zu einer Mehrnachfrage nach Beschäftigten führen kann.

Ausgabenproblematik in der Gesundheitswirtschaft entsteht erst durch die Koppelung der Krankenkassenbeiträge an die Lohnkosten, was unter Berücksichtigung schwach steigender Produktivität Auswirkungen auf die Wettbewerbsfähigkeit mit sich bringen kann und letztlich muss. Das **Prinzip der Beitragssatzstabilität**, das daraus abgeleitet ist, ist jedoch rein sozial- oder wirtschaftspolitisch begründet und hat mit der Gesundheitsversorgung per se nichts zu tun (vgl. Oberender/Zerth 2002, S. 47). Damit wird aber unmittelbar die Bedeutung der Steuerungsprinzipien des Gesundheitswesens deutlich.

III.3.1 Zielsetzungen der Gesundheitspolitik

Bei Betrachtung der Steuerungsprinzipien der deutschen Gesundheitsversorgung lassen sich durch einen Blick in die wesentliche Rechtsvorschrift des SGB V drei Grundziele der deutschen Gesundheitspolitik identifizieren:

- **Beitragssatz**stabilität (§ 71 SGB V),
- ausreichende, zweckmäßige und wirtschaftliche **Versorgung** (§ 72 SGB V) und
- angemessene **Honorierung** der Leistungserbringer (§ 72 SGB V)

Diese Grundziele können als Versuch der „Außensteuerung" verstanden werden, anhand derer versucht wird, die politische Zukunftsfähigkeit der Gesundheitspolitik zu sichern und weiterzuentwickeln.[21] Dabei ist jedoch zu berücksichtigen, dass jede Außensteuerung auf die Innensteuerung des Gesundheitssystems Rücksicht nehmen muss. Es ist also gerade die Aufgabe einer ökonomischen Analyse, die Kompatibilität zwischen Außensteuerungszielen und den entsprechenden Anreizsystemen auf der Mikroebene zu untersuchen.

Die Überprüfung der genannten Ziele bedarf aber zunächst einer Analyse der konstituierenden Steuerungsprinzipien im Gesundheits-

21 Okruch (2001, S. 122 f.) stellt sehr ausführlich die Defizite der Innensteuerung und die Versuche gesundheitspolitischer Außensteuerung dar.

wesen (immanente Steuerung). Dabei ist zu überprüfen, ob die Zielsetzungen der Makroebene – Sicherstellung einer ausreichenden, notwendigen Versorgung der Patienten bei gleichzeitiger Sicherstellung des Prinzips der Beitragsatzstabilität – durch das System überhaupt erfüllbar ist.

Im Gesundheitswesen liegt ein System unterschiedlicher **Prinzipal-Agenten-Beziehungen** vor. Prinzipal und Agent haben nicht zwangsläufig die gleiche Interessenlage, u. U. liegt beim Agenten (Arzt) ein Informationsvorsprung vor, und es existieren noch Kontrollkosten (vgl. Sauerland 1999, S. 281 f.). Während der Patient (Prinzipal) vor allem die Zielgröße Qualität anstrebt, ist für den Kostenträger die Effizienz der Behandlung relevant. Gleichzeitig ist für den Arzt (Agent) tendenziell die Zielgröße Qualität und angemessene Honorierung entscheidend, wohingegen die Versicherung wiederum die Zielgröße Effizienz anstrebt.

Ein derartigcs Auseinanderfallen unterschiedlicher Zielgrößen ist Grundlage vieler Austausch- und Wettbewerbsbeziehungen und grundsätzlich nicht problematisch, solange es institutionelle Vorkehrungen gibt, die einen Ausgleich der gegenläufigen Interessen erlauben.

Durch die Finanzierung über das **Umlageverfahren** müssen – wie bereits erwähnt – steigende Ausgaben durch steigende Einnahmen (Produkt aus durchschnittlichem Beitragssatz und Grundlohnsumme der gesetzlich Versicherten) gedeckt werden. Wächst die Grundlohnsumme nicht im gleichen Maße wie die Ausgaben, so müssen unter Beachtung der weiteren Nebenbedingungen die Beitragssätze erhöht werden. Durch diesen inhärenten Zielkonflikt ist die politische Diskussion ständig von neuen Gesundheitsreformdebatten geprägt, die letztendlich immer wieder am Solidarprinzip und an der Finanzierung der Krankenversicherung ausgerichtet sind.

III.3.2 Immanente Steuerungsmängel im GKV-System

III.3.2.1 Versicherungsinduzierte Nachfrage nach Gesundheitsgütern

Die **Eintrittswahrscheinlichkeit** von Schadensfällen ist nicht unabhängig von der Existenz eines Versicherungsschutzes. Es lässt sich beobachten, dass Versicherte Gesundheitsgüter nachfragen, die sie ohne Versicherungsschutz nicht nachgefragt hätten. Dieses Phänomen wird als **versicherungsinduzierte Nachfrage** nach Gesundheitsgütern bezeichnet. Die versicherungsinduzierte Nachfrage nach Gesundheitsgütern setzt sich aus zwei Effekten zusammen: dem **Freifahrereffekt** und dem **Moral-Hazard-Effekt**.
Erfolgt eine Vollversicherung gegen das Krankheitskostenrisiko, dann muss der Versicherte für entstandene Krankheitskosten nichts selbst bezahlen. Der von ihm wahrgenommene Kaufpreis beträgt also null. Die Differenz zwischen dem Preis für die Versicherten und dem Preis, den der Anbieter für ein Gesundheitsgut fordert, wird von der Krankenversicherung bezahlt. Solange die Versicherung die entstandenen Kosten der Nachfrage trägt, ist es für den Versicherten rational, Gesundheitsgüter bis zu einem **Grenznutzen** (= Nutzen der zuletzt verbrauchten Einheit) von Null (Sättigungsmenge) nachzufragen, da mit der Nachfrage kein Verzicht auf andere Güter verbunden ist – unabhängig vom Preis. Sein Nachfrageverhalten ist also vollkommen **preisunelastisch**. Dieses Phänomen wird als "**Freifahrerverhalten**" bezeichnet.
Erschwert wird die Prämienkalkulation aber auch durch das Problem des **unvollständigen Information** Einerseits haben die Versicherungsunternehmen nur begrenze Information über die Risikogüte der Versicherten, was zur Folge hat, dass eine Durchschnittsprämie ermittelt wird und gute Risiken einen höheren Anreiz haben, nur eine Teilversicherung zu wählen (adverse Selektion). Andererseits sind Verhaltensänderungen nach Versicherungsabschluss zu berücksichtigen (Moral-Hazard). Damit werden Verhaltensänderungen von Versicherten bezeichnet, die nach dem Abschluss eines Krankenversicherungsvertrages auftreten. Verfügt der Versicherte über einen

Versicherungsschutz, so ist es für ihn rational, bestimmte bisher durchgeführte Maßnahmen zur Schadensvermeidung (Risikominderung und Risikovorsorge) zukünftig zu unterlassen.

Aus ökonomischer Sicht ist es wichtig, zwei Erscheinungsformen von Moral-Hazard zu unterscheiden. Es ist nämlich ökonomisch durchaus rational, Maßnahmen zur Schadensverhütung zu unterlassen, wenn die Versicherung das effizientere Verfahren zur Sicherheitsschaffung darstellt. Hierin liegt gerade das Motiv zum Abschluss eines Krankenversicherungsvertrages.

Bei der anderen Erscheinungsform von Moral-Hazard handelt es sich um absichtlich gefahrgeneigtes und damit gesundheitsgefährdendes Verhalten. In diesem Fall zielen die Versicherten darauf ab, mittels einer Verhaltensänderung den Versicherungsfall eintreten zu lassen, weil sie aus dem Versicherungsfall einen Nutzenzuwachs erwarten. Dieses Problem stellt sich besonders bei Versicherungsleistungen in Geldform.

Als Folge des Moral-Hazard steigen die **Schadenswahrscheinlichkeit** und die **Schadenshöhe** an. Dies führt zu einem zusätzlichen Bedarf an Gesundheitsgütern. Hierdurch nimmt die Sättigungsmenge der Nachfrage nach Gesundheitsgütern zu.

Darüber hinaus kann in vielen Leistungsbereichen das Phänomen der sogenannten **angebotsinduzierten Nachfrage** konstatiert werden. Häufig ist es den Anbietern von Gesundheitsleistungen (Ärzte, Krankenhäuser) nämlich möglich, die nachgefragte Menge über das medizinisch notwendige Maß hinaus zu erhöhen. Die Leistungsanbieter verhalten sich hierbei rational, weil für sie durch ein Mehr an Gesundheitsleistungen der Umsatz und damit in aller Regel auch der Gewinn wächst, ohne dass dies für sie – innerhalb bestimmter Grenzen – mit negativen Sanktionen verbunden wäre.

Eigentlich wäre zu erwarten gewesen, dass die sogenannte **„Ärzteschwemme"** zu einer Aufteilung der Nachfrage auf eine größere Zahl der Leistungsanbieter führt und aufgrund der **preisunabhängigen Nachfrage** der Umsatz des einzelnen Anbieters reduziert wird. Dies ist jedoch nicht der Fall. Aufgrund der bestehenden Anreizstruktur findet eine Ausdehnung der Nachfrage statt.

Noch Ende der neunziger Jahre zeigte sich ein direkter Zusammenhang zwischen Arztdichte und Ausgaben der GKV: Je höher die Arztdichte ist, desto höher sind auch die Krankheitsausgaben. Im Vergleich der Zahlen von 1998 zu 1997 war ein Anstieg aller abgerechneten Fälle in der ambulanten Versorgung zu verzeichnen. Die im Jahre 1998 abgerechneten Krankenbehandlungen (Fallzahlen insgesamt) waren im Vergleich zu 1997 um 3,3 % gestiegen. Der Anstieg aller abgerechneten Fälle war in erster Linie bedingt durch die steigende Fallzahlenentwicklung bei den Fachärzten. Betrachtet man die Veränderung der Fallzahlen pro Arzt, so zeigte sich eine differenzierte Entwicklung in den einzelnen Facharztgruppen. Es kam fast bei allen Arztgruppen zu einer Erhöhung der Fallzahlen je Arzt. Ausnahmen bildeten lediglich die Kinderärzte (-0,1%). Die höchsten Steigerungsraten fanden sich bei Laborärzten (+4,9%) und Urologen (+4,0%) (vgl. Zentralinstitut für die vertragsärztliche Versorgung 2000, S. 78 ff.).

Die im Jahre 2004 rückläufigen Fallzahlen, die u. U. auch Ausfluss der Einführung der Praxisgebühr durch das Gesundheitsmodernisierungsgesetz (GMG) sind, traten dieser Entwicklung zunächst entgegen. Es bleibt abzuwarten, ob diese Entwicklung als Trendumkehr verstanden werden kann oder nur eine zeitwillige Erscheinung darstellt.

Zudem trägt die steigende Zahl der Leistungserbringer zu einer Ausgabensteigerung bei, weil deren Leistungen in Form der **Einzelleistungshonorierung** abgerechnet werden. Dieses Verfahren birgt für Ärzte den Anreiz, immer mehr Leistungen zu verordnen und zu erbringen. Der Arzt wird zwar versuchen, die einzelnen Leistungen möglichst effizient zu erbringen, an einem günstigen Kosten-Leistungs-Verhältnis der Gesamttherapie eines Krankheitsbildes ist er hingegen wegen fehlender Anreize nicht unbedingt interessiert.

Auch durch die Vorgabe einer maximalen Steigerungsrate für die Vergütung der Leistungserbringer, wie sie im § 71 Abs. 3 SGB i. d. F. des GKV-Reformgesetzes 2000 vorgesehen war, konnte diesen Verhaltensanreiz nicht wesentlich entschärfen. Im sogenannten **Einheitlichen Bewertungsmaßstab (EBM)** sind die abrechnungsfähigen Leistungen und ihr wertmäßiges, in Punkten ausgedrücktes Verhältnis zueinander festgelegt. Der Geldwert eines Punktes (Punktwert) wird ebenfalls zwischen Kassen und Ärzten ausgehandelt, kann aber von den Ärzten nur vorläufig in ihre individuelle Umsatzplanung einbezogen werden. Erst am Ende eines Abrechnungszeitraums, nach Division des Gesamtbudgets durch die insgesamt von allen Ärzten abgerechnete Gesamtpunktzahl, steht der Punktwert fest (**floatender Punktwert**). Da der einzelne Anbieter durch die Steuerung seiner Leistungsmenge den Punktwert nur unwesentlich beeinflussen kann (dieser wird aus der Leistungsmenge aller Ärzte ermittelt), verhält er sich rational, wenn er versucht, ein Maximum an Punkten zu erbringen. Auch wenn der Arzt daran interessiert ist, die abrechenbaren Einzelleistungen effizient zu erbringen, so fehlt ihm nahezu jeglicher Anreiz zur effizienten Gesamttherapie einer Krankheit. Es bleibt abzuwarten, ob die im Gesundheitsmodernisierungsgesetz (GMG) vorgesehene Einführung von **morbiditätsorientierten Regelleistungsvolumina** dieser Entwicklung nachhaltig entgegenwirken kann (vgl. zum GMG insbesondere Kapitel IV).

Den Anbietern im Gesundheitswesen ist eine derartige Ausweitung der Nachfrage primär durch ihren **Informationsvorsprung** gegenüber dem Patienten (Informationsasymmetrie) möglich. Der Patient merkt nur sehr selten, wann der Leistungsumfang das erforderliche Maß übersteigt. Für den Patienten besteht unter den gegenwärtigen Rahmenbedingungen auch kein Anreiz, sich die fehlenden Informationen zu beschaffen, empfindet er doch die Inanspruchnahme ärztlicher Leistungen bei häufig vollständiger Kostenübernahme durch die Krankenkassen als kostenlos.

III.3.2.2 Synthese: Der Teufelskreis im Gesundheitswesen

Die bisherige Analyse hat gezeigt, dass sowohl angebots- als auch nachfrageseitig ein Steuerungsproblem im Gesundheitswesen zu konstatieren ist. So stellt lediglich die zur Inanspruchnahme der Gesundheitsleistungen erforderliche Zeit ein Begrenzungskriterium für die nachgefragte Menge dar, nicht aber die individuelle Zahlungsbereitschaft der Patienten. Ganz generell entsteht bei allen Beteiligten der falsche Eindruck, die Gesundheitsleistungen würden zum Nulltarif zur Verfügung gestellt, und bei diesen handele es sich nicht um knappe, sondern um **freie Güter und Dienste.** Da der Zusammenhang zwischen ihrer Leistungsinanspruchnahme und der Steigerung der GKV-Gesamtausgaben für die Versicherten nicht fühlbar ist, ja sie noch nicht einmal die Kosten der von ihnen in Anspruch genommenen Gesundheitsleistungen kennen, entsteht ein **Verantwortungsvakuum**, was ein Fehlverhalten aller Beteiligten im Gesundheitswesen begünstigt oder sogar fördert.

Dieses Verhalten wird häufig noch dadurch verstärkt, dass bei den meisten Menschen die Vorstellung besteht, je teurer eine Gesundheitsleistung ist, um so effektiver sei sie auch. Dadurch werden häufig sowohl zu viele als auch zu teure Gesundheitsleistungen nachgefragt. Es besteht eine **Rationalitätenfalle**: Der Einzelne handelt aufgrund der vorhandenen Rahmenbedingungen aus seiner Sicht rational, indem er möglichst viele und teure Gesundheitsleistungen in Anspruch nimmt. Gesamtwirtschaftlich aber liegt eine Verschwendung vor, weil weniger und günstigere Gesundheitsleistungen für eine erfolgreiche Therapie ausreichen würden. Insoweit besteht eine Diskrepanz zwischen individueller und gesellschaftlicher Rationalität.

Ein wesentlicher Anteil an der Ausgabenentwicklung ist auf die besondere Dynamik des **Fortschritts** in der Medizin zurückzuführen. In diesem Fall kann tatsächlich von einer **Besonderheit** des medizinisch-technischen Fortschritts gesprochen werden, die wesentlich auf die Anreizwirkungen, die von den Einrichtungen des Gesundheitswesens ausgehen, zurückzuführen ist. Durch die konsequente **Entökonomisierung** des Gesundheitswesens ist der technische Fortschritt dort in der Regel dadurch gekennzeichnet, dass bei immer mehr Patienten zunehmend neue Krankheiten diagnostiziert und therapiert werden können. Diese sogenannten **Add-On-Technologien** sind daher fast immer mit Kostensteigerungen verbunden. Klassische **Prozessinnovationen**, mit deren Hilfe der für ein gegebenes Ziel erforderliche Faktoreinsatz gesenkt werden kann, findet man im Gesundheitswesen nur selten, da sie bisher von der medizintechnischen Industrie als nicht lukrativ genug erachtet werden.

Das Sachleistungsprinzip und die vollständige Kollektivierung der durch individuelle Nachfrageentscheidungen verursachten Kosten

lassen den **Kosten-Nutzen-Kalkülen**, die in anderen Bereichen typischerweise der Anwendung neuen Wissens vorausgehen, keinen Raum mit dem Resultat eines ständig **steigenden Anspruchsniveaus** (vgl. Prosi 1988, S. 68). Da vor allem auf Seiten der Anwender der neuen Technologien kein Zwang zu einem Wettbewerb über Kostensenkungen besteht, sondern komparative Vorteile scheinbar nur über eine Steigerung des quantitativen und qualitativen Behandlungsinputs aufgebaut werden können, haben sich kostensenkende Prozessinnovationen bislang kaum durchsetzen können.
Die zuvor beschriebenen Rahmenbedingungen lassen jenes Verantwortungsvakuum entstehen, welches zu einem für das Gesamtsystem fatalen Verhalten aller Beteiligten führen muss. Die Schuld hierfür darf nicht den beteiligten Leistungserbringern und Patienten angelastet werden, denn sowohl die Ärzte, die auf eine maximale Sicherheit und maximale Versorgung ihrer Patienten bedacht sind, als auch die Patienten, die möglichst viele medizinische Leistungen nachfragen, verhalten sich aus ihrer subjektiven Perspektive rational. Die Ursachen für diese gesamtgesellschaftlich unerwünschten Erscheinungen liegen vielmehr in den staatlich festgesetzten Rahmenbedingungen begründet. Aus gesamtwirtschaftlicher Perspektive sind die **Verhaltensanreizstrukturen** für die Beteiligten des Gesundheitswesens als **kontraproduktiv** zu werten, weil sie eine Verschwendung knapper Mittel fördern. Unter den gegenwärtigen Rahmenbedingungen funktioniert das von dem Moralphilosophen und Nationalökonomen *Adam Smith* (1723-1790) beschriebene **Prinzip der unsichtbaren Hand** im Gesundheitswesen anscheinend nicht. Hierunter verstand er das Phänomen, dass in einem wettbewerblich organisierten Markt das individuelle Vorteilsstreben des einzelnen das Wohl der Allgemeinheit steigert.
Zusammenfassend lässt sich die Situation im Gesundheitswesen als **Teufelskreis** bezeichnen (vgl. Abb. 5). Das **Sachleistungsprinzip** und das **Solidaritätsprinzip** verleiten Versicherte und Leistungserbringer dazu, sich nicht mehr mit den monetären Konsequenzen ihres Handelns auseinander zu setzen. Der **Nutzen** der Gesundheitsleistungen ist **individualisiert,** die **Kosten** werden **kollektiviert.**

Dieses **Verantwortungsvakuum**, die resultierende **Freifahrermentalität**, das versicherungstypische **Moral-Hazard-Phänomen**, der mangelnde Widerstand seitens der Leistungsanbieter und auch deren Anreize zur Leistungsausweitung induzieren ein ständig **steigendes Anspruchsdenken**. Individuelle Kosten-Nutzen-Abwägungen, die dieser Entwicklung Einhalt gebieten könnten, sind aufgrund der Rahmenbedingungen nicht möglich. Die **Rationalitätenfalle** führt zu gravierenden Folgen für das finanzielle Gebaren der GKV. Ständig steigende Leistungsausgaben führen zu permanenten **Ausgabenunterdeckungen,** denen mit einer ständigen **Ausweitung der Mitgliedschaftspflicht** sowie **Erhöhungen der Beitragssätze** begegnet wird. Steigende Beitragssätze, die **Zwangsabgaben** darstellen, verstärken wiederum das Bestreben der Versicherten, hierfür einen möglichst hohen Gegenwert in Form von Sachleistungen für sich in Anspruch zu nehmen. Letztlich findet auf diese Weise eine **„Ausbeutung aller durch alle"** statt, verbunden mit einem zunehmenden Missbrauch und zunehmender **Aushöhlung des Solidarprinzips**.

Abb. 5: Teufelskreis der GKV

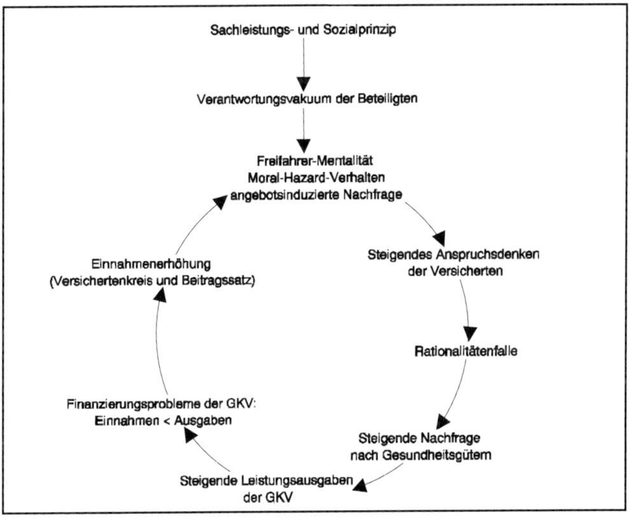

Quelle: Eigene Darstellung

Es stellt sich also die Frage nach den Mitteln, mit denen den aus bestimmten Strukturelementen resultierenden Mängeln der GKV begegnet werden kann und wie ihre Ursachen bekämpft werden können. Wie kann die Nachfrage nach kostensenkenden Behandlungsmethoden wirksam gestärkt werden? Wie ist eine angebotsinduzierte Nachfrage zu reduzieren? Welche Wege sind einzuschlagen, um individuelle und kollektive Rationalität wieder stärker zusammenzuführen?

III.3.3 Organisationsdefizite der GKV

Aus der vorwiegenden Bemessung des Versicherungsbeitrages an den Einkünften aus nichtselbständiger Arbeit resultieren Verzerrungen, da viele Versicherte weitere Einkünfte aus anderen Quellen beziehen. Die Beschränkung auf eine Einkunftsart als Maßstab für die Leistungsfähigkeit eines Mitglieds ist von daher nicht sachgemäß.

Die Existenz einer Grenze der Versicherungspflicht stellt es den Leistungsfähigeren sogar frei, an der Solidargemeinschaft teilzunehmen oder nicht. Darüber hinaus findet ein Solidarausgleich nur bis zur Beitragsbemessungsgrenze statt, was dazu führen kann, dass Bezieher höherer Einkommen als freiwillige Mitglieder, die in der Regel mehr Familienangehörige mitversichern als Bezieher niedriger Einkommen, von den Versicherungspflichtigen sogar noch subventioniert werden. Im Ergebnis werden die aus Sicht der Solidargemeinschaft „guten Risiken" bestrebt sein, diese zu verlassen. Zugleich werden Personen mit einem Einkommen oberhalb der Versicherungspflichtgrenze, die aber aufgrund ihrer persönlichen Umstände für die Solidargemeinschaft der GKV-Versicherten ein eher „schlechtes Risiko" darstellen, versuchen, als freiwillige Mitglieder in der GKV zu verbleiben bzw. als Mitglieder einer privaten Krankenversicherung wieder zurückzuwechseln. Die Abwanderung der „guten" und der Verbleib und die Rückkehr der „schlechten Risiken" wird als **adverse Selektion** bezeichnet.

Häufig wird übersehen, dass aus einer Mitgliedschaft in der Solidargemeinschaft der Gesetzlichen Krankenversicherung nicht nur Rechte, sondern auch Pflichten erwachsen. Für die Leistungsinanspruchnahme bedeutet dies, dass nur die Lasten unverschuldeter Krankheitsfälle auf die Solidargemeinschaft verteilt werden dürfen. Gegenstand von Versicherungsleistungen der GKV sind aber seit langem nicht nur unverschuldete Krankheitsfälle. Auch Krankheiten, die infolge ungesunder Lebensweise – etwa durch übermäßigen Alkohol- oder Nikotingenuss und Fehlernährung – eingetreten sind, werden auf Kosten der Solidargemeinschaft behandelt. Ebenso für Unfälle, die bei besonders risikoreichen Sportarten eintreten, tritt die Solidargemeinschaft GKV ein.

III.3.4 Probleme der Angebotsstruktur

Gravierende Probleme erwachsen aus dem Prinzip der **gemeinsamen Selbstverwaltung**. Sowohl auf Seiten der Versicherten als auch auf Seiten der Leistungsanbieter besteht die gesetzliche Pflicht zur verbandlichen Selbstorganisation. Diesen, in der Regel mehrgliedrigen Organisationen – auf der Seite der Versicherten die Verbände der Krankenkassen, auf der Seite der Ärzte die Kassenärztlichen Vereinigungen – wird gesetzlich die Aufgabe zugeschrieben, Verhandlungen über den Leistungsumfang und die Leistungsentlohnung durchzuführen. Diese Konstellation stellt ökonomisch ein **bilaterales Monopol** dar.

Da auf Seiten der Ärzte die unterschiedlichsten Interessen vorliegen, besteht das primäre Motiv der Kassenärztlichen Vereinigungen eher in einer Erhöhung der Gesamtausgaben der GKV für die ambulante Versorgung als in einer Veränderung der Honorarstruktur.

Der schwerfällige Verhandlungsapparat führt daher tendenziell zu einer Inflexibilität der Versorgungsstrukturen; eine Anpassung an gewandelte Lebensverhältnisse (z. B. Abnahme häuslicher Pflegekapazität) kann nur schwer stattfinden. Die Anpassung des Leistungsangebots an ein gewandeltes Morbiditätsspektrum gelingt nicht oder nur sehr langsam, da aufgrund der diffizilen Verhandlungskonstellationen Regelungen über die relativen Preise der nachgefragten ärztlichen Leistungen unmöglich werden. So besteht im kurativen Bereich seit langem eine **Überversorgung**, im Bereich der psychischen und psychosozialen Morbidität hingegen eine **Unterversorgung**.

Im Krankenhausbereich treten durch die Verteilung der Investitions- und Betriebskostenverantwortung auf verschiedene Träger Probleme auf. Die Ausgaben für alle in das **Krankenhausinvestitionsprogramm** aufgenommenen **Investitionen** werden gemäß Krankenhausfinanzierungsgesetz von den Bundesländern getragen, die **Betriebskosten** (und anteilig auch bereits kurzfristige Investionsanteile) aber seit 2003 in Form von Diagnosis Related Groups (DRG)-orientierten Fallpauschalen den Krankenkassen angelastet.[22] Diese **duale Finanzierung** im Bereich der stationären Versorgung hat ebenfalls entscheidend zur Entökonomisierung des Gesundheitswesens beigetragen, da sie zu einer politischen und nicht sachlichen Bestimmung der Krankenhausinvestitionsplanung geführt hat. Starre, in langwierigen politischen Auseinandersetzungen festgelegte Planungskonzepte haben eine Versorgungsstruktur befördert, die eher kurzfristigen politischen Kalkülen der verantwortlichen Politiker dient als die Bedürfnisse der Bevölkerung zu befriedigen. Wettbewerbliche Prozesse zwischen Anbietern im Bereich der stationären Versorgung sind aufgrund der hohen Marktzutrittsbarrieren (Aufnahme in das Krankenhausinvestitionsprogramm) kaum oder nur in Randbereichen möglich. Investitionszuweisungen, die mit der Versorgungsstufe[23] steigen, haben zu einer Flucht in höhere Bettenzahlen geführt.

Bereits 1987 stellte der Sachverständigenrat für die Konzertierte Aktion im Gesundheitswesen in seinem Gutachten fest, dass 15 % aller Krankenhausbetten entbehrlich seien, die dauerhaft fehlbelegt

---

22 Die Umstellung von tagesgleichen Pflegesätzen auf Fallpauschalen gemäß DRGs ist mit einer Steuerungswirkung innerhalb des Krankenhauses verbunden. Die Vergütung nach DRGs entspricht einer **Fallpauschalenhonorierung**. Alle Leistungen einer Fallbehandlung, also die einzelnen Tätigkeiten pro Fall und Tag, nehmen so **Kostencharakter** an. Es soll ein Anreiz für die Leistungserbringer bestehen, die Fallkosten zu reduzieren. Darüber hinaus geht das **Morbiditätsrisiko** auf das Krankenhaus über, wenn mit der Fallpauschale die Behandlungskosten nicht gedeckt werden können. Folglich lohnen sich Ansätze zur **Prozess- und Organisationsoptimierung** im Krankenhaus.

23 Es existieren im Bereich der akuten stationären Versorgung verschiedene Versorgungsstufen. Sie reichen von der Grundversorgung (Stufe I) bis zur Maximalversorgung (Stufe IV).

sind (vgl. Sachverständigenrat 1987, S. 102). Nach einer Prognose von *Bruckenberger* müssten unter Berücksichtigung der Fallzahl des Jahres 2001 und einer Verweildauerreduzierung von 20% ab 2005 bundesweit 135.330 Betten abgebaut werden (vgl. Merten 2003, S. 299 ff.).

Ferner führt die **mangelnde Verzahnung** verschiedener Leistungsbereiche zu umfangreichen Doppelleistungen. Bereits im Gesundheitstrukturgesetz (GSG) war eine verbesserte Verzahnung von ambulantem und stationärem Bereich intendiert – eine Forderung, die bereits im Gesundheitsreformgesetz 2000 aufgegriffen wurde mit den Regelungen zur integrierten Versorgung (§§ 140 a ff. SGB V) und im Gesundheitsmodernisierungsgesetz (GMG) eine weitere Präzisierung fand.

IV Lösungsversuche: Anspruch und Wirklichkeit

Die politische Entwicklung im Bereich der GKV lässt sich sehr instruktiv anhand der „Ausgabenfieberkurve" der GKV (alte Bundesländer bis 1990) von 1962 bis 2004 darstellen (vgl. Abb. 6). Es zeigt sich deutlich, dass insbesondere ab 1971 unter der sozialliberalen Koalition der Leistungskatalog der GKV ausgedehnt wurde, was zu einer Zunahme der Gesamtausgaben von 25 Mrd. DM 1970 auf 61 Mrd. DM 1975 geführt hat. Dies entspricht einer Zunahme um 144 %. Angesichts dieser rasanten Entwicklung der Ausgaben der GKV sowie konjunkturbedingter Einnahmeausfälle geriet das Gesundheitswesen immer stärker in den Mittelpunkt der politischen und wissenschaftlichen Diskussion.

Abb. 6: Fieberkurve

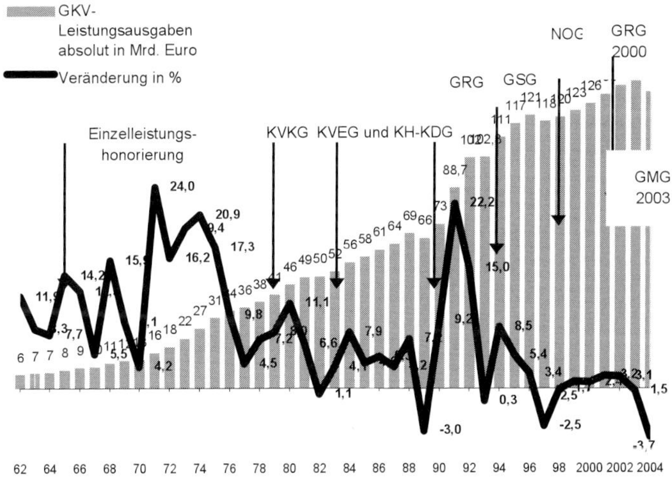

Quelle: Eigene Darstellung nach BMGS (2005)

Die in dieser Zeit aufgekommene und seither nicht mehr abgeflaute Kostendämpfungsdebatte offenbarte das Fehlen einer für die politische Diskussion hilfreichen ökonomischen Fundierung. Die Entstehung einer eigenständigen Forschungsrichtung Gesundheitsökonomie datiert aus dieser Zeit.
Aufgrund der zunehmenden finanziellen Atemnot der GKV, die vor allem durch die vehemente Ausgabenexpansion ausgelöst wurde, griff die Politik seit Mitte der siebziger Jahren verstärkt zu Maßnahmen, die den Ausgabenanstieg bremsen sollten.
Inwieweit diese Kostendämpfungsbemühungen von Erfolg gekrönt waren, soll im Folgenden untersucht werden.

IV.1 Kriterien einer kritischen Würdigung

Sozialpolitische Maßnahmen haben sich, wie bereits weiter oben gezeigt, nach dem **Prinzip der Nichtdiskriminierung** und infolgedessen der **Subsidiarität** auszurichten. Eine Begrenzung erfahren alle sozialpolitischen Maßnahmen in der Tradition *Euckens* durch die notwendige Gewährleistung der Markt- und Wettbewerbswirtschaft in ihrer Gesamtheit (vgl. Eucken 1975, S. 312 f.). Daraus lässt sich als weiteres Kriterium zur Subsidiarität eine Konformitätsprüfung konzipieren. Das Kriterium der Ordnungskonformität bezieht sich auf die Vereinbarkeit mit der ökonomischen und politischen Rahmenordnung. Mit der Unterscheidung zwischen **Ordnungs**- und **Prozesspolitik** werden Anhaltspunkte für staatliche Interventionen geliefert, weil der Eingriff in den Koordinationsprozess des Marktes bzw. den freiwilligen Austauschprozess auf der Mikroebene besonders „verdächtig" oder in hohem Maße legitimationsbedürftig ist.[24]

---

24 Dabei soll nicht unerwähnt bleiben, dass es viele Grauzonen zwischen Ordnungs- und Prozesspolitik gibt und damit im Rahmen der vorliegenden Analyse lediglich eine erste Orientierung vorgenommen werden soll. Wegner (1996, S. 15 ff.) nimmt beispielsweise eine anderweitige Abgrenzung vor, in dem er bei marktwidrigen Interventionen von "Ablaufpolitik" spricht, die "wirtschaftspolitische Ziele verfolgt…und im weitesten Sinne (Sic !) ergebnisorientiert ist".

Ordnungspolitische Maßnhahmen haben allgemeine Rahmenbedingungen zum Ziel, nach deren abstrakten Grundlagen die individuellen Handlungen auf Märkten frei gestaltbar sind. Eine typische Ordnungsregel ist die Formulierung des allgemeinen Eigentumsrechts. Mit prozesspolitischen Maßnahmen greift der Staat direkt in die individuelle Entscheidung des einzelnen Bürgers ein, indem er den Möglichkeitenraum deutlich verengt oder gar nur noch einen Durchführungsweg offen lässt. Hinsichtlich Zielkonformität wird der Zielerreichungsgrad der Maßnahmen hinterfragt, namentlich bei den gesundheitspolitischen Reformen die Minimierung oder gar das Einfrieren des Ausgabenanstiegs (vgl. ausführlich Oberender/Zerth 2005c).

IV.2 Kostendämpfungsgesetze

Angesichts der Ausgabenentwicklung in der GKV fand Mitte der 70er Jahre ein Umdenken in der Gesundheitspolitik statt. An die Stelle einer ausgabenorientierten Einnahmenpolitik trat die **einnahmenorientierte Ausgabenpolitik**. Am 1. Juli 1977 traten das „Krankenversicherungs-Kostendämpfungsgesetz“ (KVKG) und am 1. Januar 1982 das „KostendämpfungsErgänzungsgesetz“ (KVEG) in Kraft. Mit Hilfe dieser Gesetze sollte der für die GKV bedrohlichen Entwicklung der Finanzlage Einhalt geboten werden; insbesondere sollte durch ein preisbewussteres Verhalten von Ärzten und Patienten die weitere Zunahme der Gesundheitsausgaben der GKV gebremst werden.

IV.2.1 Maßnahmen

Das KVKG sah halbjährliche Plenarsitzungen einer **Konzertierten Aktion im Gesundheitswesen** (KAiG) vor. Die der gesamtwirtschaftlich ausgerichteten Konzertierten Aktion des Stabilitätsgesetzes vom 8. Juni 1967, § 3, nachempfundene Einrichtung wurde mit der Rolle bedacht, unter Berücksichtigung einer „bedarfsgerechten Versorgung und einer ausgewogenen Verteilung der Belastungen medizinische und wirtschaftliche Orientierungsdaten sowie Vorschläge zur Erhöhung der Leistungsfähigkeit, Wirksamkeit und Wirtschaftlichkeit im Gesundheitswesen" zu erarbeiten. Dieses Gremium, dessen gesetzliche Basis sich heute in den §§ 141, 142 SGB V findet, ist dem Grundsatz einer einnahmenorientierten Ausgabenpolitik verpflichtet.

Bei der KAiG handelte es sich um einen Versuch der **Globalsteuerung** von volkswirtschaftlich bedeutsamen Aggregaten: Einnahmenentwicklung und Ausgabenentwicklung der GKV (vgl. Deutscher Bundestag 1990, S. 15-88). Auf der Grundlage eines durch die Politik vorgegebenen Paradigmas, der **einnahmenorientierten Ausgabenpolitik**, sollte die Konzertierte Aktion eine Verhaltensabstimmung der beteiligten Gruppen herbeiführen und so die Diskrepanz zwischen individueller und kollektiver **Rationalität** im Gesundheitswesen beseitigen helfen. Konkret sollten Ausgabenspielräume ausgelotet, begrenzt und auf die einzelnen Bereiche des Gesundheitswesens verteilt werden (vgl. grundsätzlich Gitter/Oberender 1987, S. 28 ff.).

Der KAiG konnte somit eine allokative Funktion zugeschrieben werden, indem sie Empfehlungen für die Ausgabenstruktur sowie für die absolute Höhe der Gesundheitsausgaben abgeben sollte. Daneben hatte sie aber auch eine distributive Aufgabe, indem sie „eine ausgewogene Verteilung der Belastungen" (§ 141 Abs. 1 SGB V) herzustellen hatte. Im Wege einer freiwilligen Verhaltensabstimmung soll die Kostenentwicklung, die maßgeblich auch auf den ungebremsten Verteilungskampf zwischen den Partikularinteressen der einzelnen Leistungserbringer zurückzuführen war, gesteuert werden.

Unter anderem war im Gesetzestext auch vorgesehen, gemeinsam einen **Arzneimittelhöchstbetrag** für die GKV festzulegen. Geschah dies nicht, so sollten die Spitzenorganisationen der Kassenärzte und der Krankenkassen eine solche Empfehlung abgeben. Bei der Festlegung des Höchstbetrags waren die durchschnittliche Grundlohnsumme der beteiligten Krankenkassen, die Entwicklung der Arzneimittelpreise und die Zahl der Behandlungsfälle zu berücksichtigen.

Daneben verlangte das KVKG die Erstellung von **Transparenz-** und **Preisvergleichslisten** für Arzneimittel. Mit Hilfe von Transparenzlisten der Transparenzkommission „Arzneimittel" beim Bundesgesundheitsamt sowie durch die Preisvergleichsliste des Bundesaus-

schusses der Ärzte und Krankenkassen sollte die Preistransparenz bei Arzneimitteln für die Ärzte erhöht werden. Durch Preisinformationen sollten die Ärzte zu einem unter Kostengesichtspunkten effizienteren Verschreibungsverhalten bewegt werden.
Die **Preisvergleichsliste** enthielt – von wenigen Ausnahmen abgesehen – nur Monopräparate. Sie sollte zu einer verbindlichen Informationsquelle für Ärzte werden. Bei der Erstellung dieser Liste galt es, gravierende methodische Hindernisse zu überwinden. So mussten möglichst allgemeingültige Kennzahlen für eine rationelle Arzneimitteltherapie gefunden werden. Gelöst wurden diese methodischen Probleme mit der Definition einer durchschnittlichen mittleren Tagesdosis. Darüber hinaus wurden Kombinationspräparate vernachlässigt, da nur Monopräparate erfasst und empfohlen wurden. Kombinationspräparate gelten – fälschlicherweise – nach wie vor als unwirtschaftlich und tauchen daher in großem Umfang auf der später eingeführten Negativliste auf.
Die **Transparenzliste** enthielt neben den Preisen auch Informationen über therapeutische, pharmakologische und pharmazeutische Merkmale der Arzneimittel.

IV.2.2 Ergebnisse und Bewertung

Die Wirksamkeit der KAiG war bereits von Anfang an eingeschränkt. Wegen der Unverbindlichkeit der KAiG-Vorschläge entstand bei den Adressaten ein **Verantwortungsvakuum**; sie fühlten sich in ihrem Handeln nicht an diese Empfehlungen gebunden. In den bilateralen Verhandlungen zwischen den Krankenkassen und den Leistungsanbietern gelang es den Vertragspartnern bisher immer, eigene Verbandsinteressen unabhängig von den Beschlüssen der KAiG zu verfolgen und durchzusetzen.
Da die eigentlichen Ursachen der von allen Seiten konstatierten Probleme des Gesundheitswesens aber nicht aus der dezentralen Planerstellung der Individuen, sondern vielmehr aus den Schwächen der zu ihrer Koordinierung vorgesehenen Regulierungen und Instanzen resultierten, hat die Konzertierte Aktion bis heute keinen grundlegenden Wandel der Situation herbeiführen können, eher hat sie den Blick auf die wirklichen Ursachen weiter verstellt.

Daneben stellt eine derartige Instanz in einer freiheitlich demokratischen Ordnung eine höchst fragwürdige Einrichtung dar: Entscheidungsbefugnisse werden demokratisch nur unzureichend legitimierten Verbandsfunktionären zugeordnet, deren Beschlüsse letztlich jeden einzelnen Zwangsversicherten treffen. Folglich ist weder das Subsidiaritätsprinzip gewahrt, noch sind die Maßnahmen grundsätzlich ordnungskonform (vgl. Gitter/Oberender 1987, S. 28).
Durch den **Arzneimittelhöchstbetrag** sollte eine Parallelentwicklung von Einkommen und Gesundheitsausgaben festgeschrieben werden. Die zu erwartende Verbrauchsentwicklung bei Arzneimitteln sah jedoch anders aus. Die demographische Entwicklung, die Veränderung des Morbiditätsspektrums und die Verbesserungen der medikamentösen Therapie selbst ließen eher eine Zunahme des Arzneimittelkonsums erwarten, die über einem erzwungenen paritätischen Anstieg von durchschnittlicher Grundlohnsumme und Arzneimittelausgaben liegt. Unwirtschaftlichkeit wäre die Konsequenz einer strikten Durchsetzung dieser Form der Budgetierung gewesen, wenn eine medikamentöse Therapie durch eine teurere operative Therapie substituiert werden muss. Wie die weitere Ausgabenentwicklung zeigt, hat sich dieses Instrument jedoch nicht bewährt, so dass sich in der Realität sehr wohl Strukturveränderungen ergaben.
Die ebenfalls vorgesehenen **Transparenz- und Preisvergleichslisten** fanden nur sehr zögernd Eingang in die ärztliche Verschreibungspraxis. Als Steuerungsinstrumente vermochten es weder Preisvergleichs- noch Transparenzliste, wesentlichen Einfluss auf das Verschreibungsverhalten der Ärzte von Arzneimitteln zu nehmen. Es zeigte sich, dass ohne pekuniäre Anreize ein Preis- und Kostenbewusstsein auf Seiten der Nachfrage nicht erzeugt werden kann.
Im Rahmen des KVEG reagierte der Gesetzgeber nicht mit einem verstärkten Einsatz pekuniärer Anreize, sondern mit einem Verbot der Kostenerstattung durch die GKV. Die Kosten sogenannter **Bagatellarzneimittel** zur Behandlung „geringfügiger“ Gesundheitsstörungen wurden ab sofort nicht mehr oder nur noch in begründeten Ausnahmefällen von der GKV erstattet (§ 34 SGB V). Mit dem Gesundheitsmodernisierungsgesetz (GMG) wurden mit Wirkung zum 1. Januar 2004 die bislang noch erstattungsfähigen nicht verschrei-

bungspflichtigen Medikamente endgültig aus der Übernahme durch die Gesetzliche Krankenversicherung herausgenommen.

IV.3 Gesundheits-Reformgesetz

Auch die in den Folgejahren weiter steigenden Beitragssätze (1988 betrug der durchschnittliche Beitragssatz der GKV 12,9 % des Bruttoeinkommens) sowie die permanente Anhebung der Beitragsbemessungsgrenze vermochten es nicht, die Finanzierungsprobleme der GKV dauerhaft zu lösen. Die Defizite der GKV der Jahre 1984 bis 1988 addierten sich zu über 8 Mrd. DM, so dass einschneidende Maßnahmen unabdingbar wurden.

Mit Hilfe des am 20. Dezember 1988 verabschiedeten Gesundheits-Reformgesetzes (GRG) wurde der Versuch unternommen, die unbefriedigende Situation der GKV grundlegend zu verbessern. Daneben wurde das gesamte Recht der Krankenversicherung neu kodifiziert und mit Ausnahme der Leistungsbereiche „sonstige Hilfen" und der Leistungen bei Schwangerschaft und Mutterschaft, die ihre Rechtsgrundlage auch nach dem 31. Dezember 1988 in der Reichsversicherungsordnung haben, als Fünftes Buch in das Sozialgesetzbuch (SGB) eingefügt (Art. 1 GRG).

IV.3.1 Zielvorstellungen und Maßnahmen

Im Zentrum des GRG standen die bereits erwähnten drei Grundsätze (§§ 70 ff. SGB V):

- Beitragssatzstabilität,
- Sicherung einer notwendigen medizinischen Versorgung,
- Angemessene Vergütung ärztlicher Leistungen.

Die politische Priorität lag auf der **Beitragssatzstabilität**. Da es sich bei den vorgestellten Grundsätzen um konfligierende Zielvorstellungen handelt, konnte diese Prioritätssetzung nicht ohne Konsequenzen für die „notwendige" medizinische Versorgung sowie für die „angemessene" Vergütung der ärztlichen Leistung bleiben. Entweder musste, sollte Beitragssatzstabilität erreicht werden, der Leistungsumfang der GKV beträchtlich reduziert werden, und/oder es mussten die ärztlichen Honorare merklich beschnitten werden.
Das GRG war mit einer Reihe von Instrumenten ausgestattet worden, die primär auf eine Reduktion des Leistungskataloges und eine Einschränkung der Diagnose- und Therapiehoheit des Arztes hinausliefen. Das **Sachleistungsprinzip** wurde grundsätzlich festgeschrieben, damit war eine Kostenerstattung nur ausnahmsweise möglich. Bei der zahnmedizinischen Versorgung waren hingegen Zuzahlungsregelungen in Verbindung mit einer Stärkung der Individualprophylaxe vom Gesetzgeber aufgenommen worden. Zur Zielerreichung der Beitragssatzstabilität wurden hauptsächlich Maßnahmen im Bereich der Arzneimittel eingeführt.
So wurde die Erstellung einer **Negativliste** gesetzlich vorgeschrieben, die alle Medikamente enthalten sollte, die Ärzte nicht mehr zu Lasten der GKV verschreiben dürften. In eine solche Negativliste sollten gemäß § 34 Abs. 3 Satz 2 SGB V gemäß des GRG insbesondere Arzneimittel aufgenommen werden,

- „die für das Therapieziel oder zur Minderung von Risiken nicht erforderliche Bestandteile enthalten; oder

- deren Wirkungen wegen der Vielzahl der enthaltenen Wirkstoffe nicht mit ausreichender Sicherheit beurteilt werden können; oder
- deren therapeutischer Nutzen nicht nachgewiesen ist."

Objektive Kriterien für die Festlegung der auszugrenzenden Präparate existierten jedoch nicht und konnten von daher auch nicht gesetzlich kodifiziert werden, infolgedessen bestanden große Ermessensspielräume der Verantwortlichen.
Neben diesen Arzneimitteln, die aufgrund ihrer Wirkstoffzusammensetzung von einer Erstattung ausgeschlossen wurden, wurden auch die medikamentösen Therapien ganzer Indikationsgebiete aus der Erstattungspflicht genommen (§ 34 SGB V). Hiervon betroffen waren die sogenannten Bagatellarzneien.
Ferner wurde eine **Festbetragsregelung** eingeführt, mit der ebenfalls beträchtliche Einsparungen bei der Arzneimittelversorgung erzielt werden sollten. Die Festbetragsregelung sollte zugleich die als zu gering erachtete Wettbewerbsintensität auf dem Pharmamarkt spürbar erhöhen (§ 35 Abs. 5 Satz 1 SGB V). Bei Festbeträgen handelt es sich um eine besondere Form der Selbstbeteiligung, bei der für bestimmte GKV-Leistungen Höchstbeträge der Erstattung festgelegt werden.
Nach § 35 SGB V hatte der Bundesausschuss der Ärzte und Krankenkassen in Richtlinien vorzugeben, für welche **Arzneimittelgruppen** Festbeträge festzusetzen sind. Diese Arzneimittelgruppen bestehen jeweils aus Arzneimitteln, die gegeneinander ohne Therapiebeeinträchtigung austauschbar sein sollen. Das GRG sah Maßnahmen vor, die das Verschreibungsverhalten der Ärzte im Sinne einer umfassenden Senkung der Arzneimittelausgaben beeinflussen sollten. So sollten nach § 84 SGB V gemäß des GRG zwischen den Partnern der Gesamtverträge, also den Krankenkassen und den Kassenärztlichen Vereinigungen, **Richtgrößen** vereinbart werden. Diese stellten arztgruppen- und patientengruppenspezifische Vorgaben für eine mengenmäßig zurückhaltende ärztliche Verschreibungspraxis dar. Das Verschreibungsvolumen wurde zwar nicht für jeden Arzt individuell festgelegt, dennoch bestand die Möglichkeit der **Wirtschaftlichkeitsprüfung** nach § 106 Abs. 2 Nr. 2 SGB V gemäß des GRG bei

Richtgrößenüberschreitungen. Die Richtgrößen sollten Ärzte nicht nur veranlassen, sich auf die Verordnung von Festbetragspräparaten zu konzentrieren, sondern auch durch eine reduzierte Verschreibungsmenge Einsparpotentiale zu erschließen. Richtgrößen stellten daher ein zentrales Instrument zur Unterstützung der Ziele des Festbetragskonzepts dar (vgl. Vogelbruch 1992, S. 27).

Neben der gesetzlichen Verankerung verschiedenster Kostendämpfungsmaßnahmen wurden aber auch neue Leistungskomplexe aufgenommen, so die **ambulante häusliche Pflege**. Ab dem 1. Januar 1989 wurde langjährig Versicherten ein Anspruch auf eine maximal vierwöchige professionelle pflegerische Versorgung (Urlaubspflege) zuerkannt. Voraussetzung hierfür war, dass bereits mindestens zwölf Monate lang Schwerpflegebedürftigkeit bestand. Ab dem 1. Januar 1991 wurde den Versicherten ein Anspruch auf Dauerpflege (25 Pflegeeinsätze pro Monat mit Maximalkosten in Höhe von 750 DM je Versicherungsfall) eingeräumt.

Darüber hinaus hat das Gesetz Änderungen in der Abgrenzung des versicherten Personenkreises beinhaltet, wie z. B. die **Gleichstellung** von Angestellten und Arbeitern durch Wegfall der Versicherungspflicht für Arbeiter mit einem Einkommen oberhalb der Beitragsbemessungsgrenze.

IV.3.2 Bewertung

Die Einführung der **Negativliste** hat dazu geführt, dass Ärzte, denen es aufgrund des mit der zunehmenden Ärztedichte verbundenen härter werdenden Wettbewerbs immer schwerer fiel, Patientenwünsche für die Verschreibung von Medikamenten zurückzuweisen, sich „gezwungen“ sahen, teure, dafür aber als wirksam erachtete Arzneimittel, die nicht Bestandteil der Negativliste sind, zu verschreiben. Das Auftreten derartiger Substitutionsvorgänge macht klar, dass es sich bei „Unwirtschaftlichkeit“, dem Attribut, mit dem die Präparate der Negativliste abqualifiziert werden sollen, um ein Kriterium handelt, das sich nicht allein aus der isolierten Bewertung eines Medikamentes ergibt. Erforderlich sind vielmehr Ziel-Mittel-Betrachtungen.

Der **Festbetrag** „spaltet“ den Arzneimittelpreis in einen „Krankenkassenpreis“ und einen „Patientenpreis“. Damit ist nicht zwangsläu-

fig ein Höchstpreis de jure intendiert, aber in der Regel de facto, insbesondere wenn die Marktsituation derart ausgestaltet ist, dass der größte kumulative Nachfrager, die Kassen der GKV für die gesetzlich Versicherten, nur noch den Festbetrag übernehmen. Sobald Generikanbieter im Markt sind oder die Möglichkeit zu günstigeren Re-Importen besteht, zeigte die bisherige Entwicklung eine generelle Entwicklung zur Preisanpassung auf die Höhe der Festbeträge an.[25]
Hersteller von Generika, deren Preise unterhalb des einzuführenden Festbetrags liegen und deren vornehmliches Verkaufsargument bisher der niedrige Preis war, werden vermutlich ihre Preise langfristig in Richtung des Festbetrags erhöhen. Das Ergebnis der Festbetragsregelung ist also keine Intensivierung des Wettbewerbs bezüglich des Aktionsparameters Preis, sondern vielmehr eine Reduzierung des Preiswettbewerbs.

Ordnungspolitisch ist zu beanstanden, dass die Festbeträge von den Spitzenverbänden der Krankenkassen und Ärzte **zentral** festgelegt werden und so einem in der Wirkung an die pharmazeutische Industrie gerichteten Preisdiktat nahe kommen. Neben großen Spielräumen bei der Einordnung von Medikamenten in Festbetragsgruppen bestehen erhebliche Differenzen zwischen Krankenkassen und Herstellern aufgrund zahlreicher unbestimmter Rechtsbegriffe.

Für die Patienten wurde durch die Einführung des Festbetragskonzepts eine umfassende Versorgung ohne jede **Zuzahlung** verankert. Aus wahltaktischen Gründen ist dies eine verständliche Zielvorstellung, die aber mit dem grundsätzlichen Reformziel einer erhöhten Eigenverantwortung nichts mehr gemein hat. Aus der Regelung resultierte daher auch nur ein kurzfristiger Preissenkungseffekt, wogegen eine effizientere Durchführung medikamentöser Therapien, bezogen auf die Gesamtkosten und nicht nur auf den Packungspreis, nicht erzielt werden konnte.

Das **Pflegekonzept** des GRG muss als gescheitert angesehen werden, da es an den Bedürfnissen der Betroffenen vorbeizielt. So hatte

---

25 Als Beispiels sei das Präparat „Adalat" genannt. Durch die verzögerte Anpassung des Herstellers an die Festbetragshöhe waren deutliche Umsatzeinbußen feststellbar. Hauptprofiteur in diesem Fall war ein Re Importeur von Adalat (vgl. ausführlich Litsch et al. 1990, S. 126 f.).

das Bundesarbeitsministerium für das Jahr 1992 hierfür zwar 6,4 Mrd. DM eingeplant, in Anspruch genommen wurden jedoch nur 1,2 bis 1,3 Mrd. DM. Die Gründe für diese Nichtbeanspruchung sind vielfältig: Ein großer Teil der Pflegebedürftigen konnte die Leistung gar nicht in Anspruch nehmen, weil der Gesetzgeber **lange Vorversicherungszeiten** zur Bedingung gemacht hatte. Die Schwerpflegebedürftigkeit wurde vom Bundesausschuss Ärzte/Krankenkassen unter medizinischen Gesichtspunkten sehr restriktiv definiert, vor allem mit dem Ziel, eine mögliche Überinanspruchnahme von vornherein auszuschließen. Darüber hinaus musste die Schwerpflegebedürftigkeit vorab vom Hausarzt und vom Medizinischen Dienst (MDK) der Krankenkassen in einem komplizierten und zeitraubenden Antragsverfahren bescheinigt werden. Es hat sich herausgestellt, dass die Anspruchsberechtigten Geldleistungen den Sachleistungen vorzogen, welche aber nur in wertmäßig geringerem Umfang gewährt werden konnten. Nahezu alle Kernziele des GRG wurden verfehlt (vgl. Übersicht 1).

Übersicht 1: Blüms Reform: Wunsch und Wirklichkeit

Einsparungen durch	Ziel 1992	erreicht 1992
Festbeträge	1.400 Mio. DM	600 Mio. DM
Struktureffekt durch Transparenz	2.000 Mio. DM	0 Mio. DM
Wirtschaftlichkeit im Krankenhaus	1.570 Mio. DM	0 Mio. DM
Neue Leistungen, häusliche Pflege	6.400 Mio. DM	1.250 Mio. DM
Beitragssatz	12,6 %	12,7 %
Defizit	0 Mio. DM	> 10.000 Mio. DM

Quelle: Oberender, P./Zerth, J. 2001, S. 23.

Erreicht wurden zwar jene Sparziele, die durch Leistungsabbau (Sterbegeld und Selbstbeteiligung der Patienten, z. B. Zahnersatz) bewirkt werden sollten, hingegen wurden die auf strukturelle Wirkungen ausgerichteten Kostendämpfungsziele völlig verfehlt. Besonders eklatant sind die Defizite zwischen Anspruch und Wirklichkeit bei den Struktureffekten durch eine höhere Transparenz des Arzneimittelmarktes für die Ärzte sowie bei der Festbetragsregelung.

Es muss darauf hingewiesen werden, dass im GRG die **Kostendämpfung** und nicht das Ziel einer bedarfsgerechten Gesundheitsversorgung im Mittelpunkt stand. Die im GRG enthaltenen kostendämpfenden Maßnahmen konzentrierten sich außerdem auf wenige Gesundheitsbereiche, vor allem auf die Versorgung mit Arznei-, Heil- und Hilfsmitteln sowie auf zahnärztliche Leistungen. Keine Berücksichtigung fanden im Rahmen des GRG, wie zum Teil bereits erwähnt, der Krankenhausbereich, die ambulante Versorgung sowie die zukünftigen Herausforderungen, auf die im folgenden noch eingegangen wird.

Zusammenfassend kann das GRG nur als punktuell ansetzende **Symptomtherapie** bezeichnet werden, bei der die kostentreibenden Strukturen im Wesentlichen unbehandelt blieben. Es traten zwar kurzfristige Spareffekte (**„Blüm-Delle“**) als Folge der Vorwegnahme von Leistungen im zahnärztlichen Bereich im Jahre 1988 („**Blüm-Bauch**“) ein, die eigentlichen kostenverursachenden Strukturen blieben hiervon aber unberührt. Die Behauptung, wonach die erzielten Einsparungen als Zeichen eines Umbruchs oder als Beginn eines anhaltenden strukturellen Abschmelzungsprozesses der Gesundheitsausgaben zu deuten seien, mochte zwar wahltaktisch verständlich sein, erwies sich aber sehr bald schon als unhaltbar.

Ordnungspolitisch stellte das GRG das Ergebnis planwirtschaftlichen und dirigistischen Denkens **zentralverwaltungswirtschaftlicher Provenienz** dar. Es ging von einem **kollektivistischen Menschenbild** aus, das beherrscht wurde vom **Glauben der Planbarkeit** und der **Illusion der Machbarkeit**. Der einzelne Bürger, ob Patient oder Leistungserbringer, wurde zunehmend entrechtlicht und bevormundet.

IV.4 Gesundheitsstrukturgesetz

Die nach Inkrafttreten des GRG sich abzeichnende Erholung auf der Ausgabenseite – 1989 ergab sich ein Überschuss der Einnahmen über die Ausgaben in Höhe von fast 10 Mrd. DM – hielt nur kurzzeitig an. Bereits 1990 stiegen die Ausgaben wieder stärker als die Einnahmen. Der Überschuss verringerte sich 1990 auf 6 Mrd. DM, 1991 ergab sich wieder ein Defizit. Aufgrund des Defizits des Jahres 1992 in Höhe von fast 9 Mrd. DM und der Gefahr steigender Beitragssätze sah sich die Bundesregierung zum Handeln gezwungen (vgl. Bundesarbeitsblatt 1993, S. 92 ff.).

Steigende Beitragssätze in der Gesetzlichen Krankenversicherung (GKV) bedeuten nicht nur eine höhere Belastung der Lohneinkommen und hemmen damit die Leistungsbereitschaft der Arbeitnehmer, sondern zugleich nehmen die Lohnnebenkosten für die Arbeitgeber zu, was die Beschäftigungschancen negativ beeinflusst. Dies gilt insbesondere in den Branchen, die in einer wachsenden weltwirtschaftlichen Verflechtung steigende Lohnnebenkosten nur schwer verkraften können, d. h. über Preiserhöhungen überwälzen können.

IV.4.1 Maßnahmen und Ziele

Das Gesundheitsstrukturgesetz (GSG) wurde in einer Rekordzeit von vier Wochen zum 21. Dezember 1992 verabschiedet. Insgesamt sollte mit seiner Hilfe eine Entlastung der Ausgabenseite der GKV von über 10 Mrd. DM erzielt werden.

Das Gesetz folgte in seinen wesentlichen Zügen dem Grundgedanken von der totalen Budgetierung aller Leistungsbereiche und der Verwaltungsausgaben. Die Budgets stellten Obergrenzen dar, Steigerungen sollten nur noch im Rahmen der Steigerung der beitragspflichtigen Einnahmen der Mitglieder zulässig sein, d.h. es wurde eine Bindung an die Grundlohnsumme implementiert. Besondere Schwerpunkte im Rahmen des GSG waren der Krankenhausbereich, die ambulante ärztliche und zahnärztliche Versorgung, die Organisa-

tionsreform der GKV und wiederum die Versorgung mit Arzneimitteln.
Die größten Veränderungen der Krankenkassenlandschaft rief die Organisationsreform der GKV hervor. Die Ungleichbehandlung von Arbeitern und Angestellten bei der Wahl ihrer Gesetzlichen Krankenkasse sowie die berufsbezogenen Gliederungskriterien der GKV hatten in beträchtlichem Umfang zu divergierenden Risikostrukturen, Risikoselektionsmöglichkeiten und Beitragssätzen geführt. Die Regelungen des § 173 SGB V i. d. F. des GSG sahen daher die grundsätzlich freie Wahl einer Krankenkasse, deren Zuständigkeit sich auf den Beschäftigungs- oder Wohnort erstrecken musste, erstmals ab 1. Januar 1997 vor. Mitglieder konnten am 1. Januar 1996 die Mitgliedschaft bei ihrer Krankenkasse mit einjähriger Kündigungsfrist kündigen und einer anderen Kasse beitreten, deren Zuständigkeit sich auf ihren Beschäftigungs- oder Wohnort erstrecken musste. Damit wurde die Wahlfreiheit für Versicherungspflichtige bezüglich der GKV eingeführt.
Die Krankenkassen unterliegen seit dem GRG einem **Kontrahierungszwang**, d. h., sie sind dazu verpflichtet, beitrittswillige Personen in ihren Versichertenkreis aufzunehmen. Zugleich dürfen sie diese nicht diskriminieren (**Diskriminierungsverbot**).
Mit dem Ziel, Wettbewerbsverzerrungen zu neutralisieren, wurde vorgesehen, bereits ab 1. Januar 1994 in der allgemeinen Krankenversicherung und ab 1. Januar 1995 unter Einbeziehung der Krankenversicherung der Rentner (KVdR) einen permanenten, bundesweiten und kassenartenübergreifenden **Risikostrukturausgleich** zu implementieren, der Unterschiede in den beitragspflichtigen Einnahmen (Grundlohn), in der Zahl der kostenfrei mitversicherten Familienangehörigen (Familienlast), von alters- und geschlechtsbedingten Risikofaktoren sowie Invalidität ausgleichen sollte. Einnahmen- und Ausgabenunterschiede, die nicht auf den im Risikostrukturausgleich einbezogenen Faktoren beruhten, sollten nicht ausgeglichen werden. Weitere bestehende Wettbewerbsungleichheiten sollten durch eine Vereinheitlichung des bisher noch unterschiedlichen Vertragsrechts von Ersatz- und Primärkassen erreicht werden, so dass die Sonderstellung der Ersatzkassen entfiel.

Das GSG sah weiterhin vor, die duale Finanzierung der Krankenhäuser, bei der die Investitionskosten von der öffentlichen Hand (§ 2 Abs. 2 KHG), die Betriebskosten hingegen durch tagesgleiche Pflegesätze der Krankenkassen finanziert wurden, schrittweise durch eine Finanzierung rein über **Fallpauschalen**, **Sonderentgelte** und **differenzierte Pflegesätze** abzulösen. Zum 1. Januar 1993 wurde das **Selbstkostendeckungsprinzip** in Form der begleitenden prospektiven Budgetierung auf der Basis tagesgleicher Pflegesätze, das wesentlich zu unwirtschaftlichen Verhaltensweisen im Krankenhausbereich beigetragen hatte, durch Gesamtbudgets abgelöst. Das Selbstkostendeckungsprinzip war eine Konsequenz der staatlichen Angebotsplanung durch selektive Investitionsförderung im Krankenhaussektor, in dem die Art der Betriebskosten weitgehend fremdbestimmt wurde.

Neben der Veränderung der Vergütungsform griffen erleichterte **Kündigungsmöglichkeiten** seitens der Krankenkassen in den Fällen, in denen das Krankenhaus nicht mehr den Erfordernissen einer bedarfsgerechten, leistungsfähigen und zugleich wirtschaftlichen Behandlung der Versicherten genügte. Diese grundsätzliche Abkehr von dem bisher vorwiegend angewendeten dirigistischen Instrumentarium wurde allerdings konterkariert durch eindeutig dirigistische Vorschriften, zu denen die Pflegepersonalverordnung und auch die weiter ausgebaute **Großgeräteplanung** gezählt werden mussten (vgl. Neubauer 1993, S. 83).

Auch die Ausgaben für Arzneimittel wurden budgetiert. Dem Budget für 1993 wurden die Ausgaben des Jahres 1991 zugrundegelegt, erhöht um den Anstieg der Vertragsärzte und bereinigt um die finanziellen Auswirkungen der Festbetragsregelung, die Veränderungen der Arzneimittelpreise, die Effekte einer Neuregelung der Zuzahlungen und der Leistungspflicht der Krankenkassen (§ 84 SGB V).

Ein Überschreiten des **Arzneimittelbudgets** von 24 Mrd. DM war mit finanziellen Einbußen der Ärzteschaft verbunden. Für die Deckung eines Defizits bis zu 280 Mio. DM hafteten die Ärzte, bei einer höheren Überschreitung haftete zusätzlich die pharmazeutische Industrie ebenfalls bis zu 280 Mio. DM.

Eine Ausgleichsforderung gegenüber der Industrie wurde durch eine Verlängerung des **Preismoratoriums**, das ebenfalls durch das GSG eingeführt wurde, geschaffen. Hierbei handelte es sich um eine gesetzlich vorgeschriebene Preissenkung von festbetragsfreien Arzneimitteln.

Nach Artikel 30 GSG war beabsichtigt, die Preise festbetragsfreier, verschreibungspflichtiger Medikamente ab 1. Januar 1993 um fünf Prozent und die Preise für festbetragsfreie, aber zu Lasten der GKV verordnungsfähige, nicht verschreibungspflichtige Präparate, die der Apothekenpflicht unterliegen, um zwei Prozent zu senken und bis zum 31. Dezember 1994 im Preis unverändert zu lassen. Ausgenommen von dieser Regelung waren Präparate, die gemäß der Negativliste nach § 34 Abs. 3 SGB V nicht zu Lasten der GKV verordnet werden können.

Nach § 84 Abs. 4 SGB V sollte das Budget frühestens zum 1. Januar 1994 durch eine **indikationsbezogene Richtgrößenvorgabe** abgelöst werden. Hierbei war geplant, die im GRG vorgesehene Einführung von arztgruppenspezifischen Richtgrößen für das Volumen verordneter Leistungen weiter zu differenzieren. Mit Hilfe von indikationsbezogenen Richtgrößen sollte die Verantwortung für eine sparsame Verordnung von Arzneimitteln weg vom Kollektiv auf die Ebene des einzelnen Arztes verlagert werden. Dies ist aber in den meisten Bundesländern nicht geschehen, so dass auch 1994 die Budgetregelung fortgeführt wurde.

Daneben war geplant, eine wirtschaftliche Verschreibungsweise von Arzneimitteln wieder durch die Einführung einer **Positivliste**, die jene Medikamente enthält, die zu Lasten der GKV verordnet werden dürfen, zu fördern (§ 34a i.V.m. § 92a SGB V). Dieses Vorhaben wurde jedoch nicht realisiert und wurde auch – obwohl anders geplant – bei der Gesundheitsreform 2000 sowie dem eigens geplanten Gesetz zur Positivliste nicht umgesetzt.

IV.4.2 Würdigung der Maßnahmen

Durch die Einführung der Kassenartenwahlfreiheit sind erste zentrale reformpolitische Forderungen erfüllt worden. Dennoch sind die Mängel nicht zu übersehen, die auch gegenwärtig noch Bestand haben.

Der **Risikostrukturausgleich** wurde und wird über die Gefahr des Wettbewerbsversagens legitimiert (vgl. Cassel 1993). Die Begründung dafür ist aber im Prinzip der Beitragserhebung zu suchen. Die Beiträge einer einzelnen Kasse werden gemäß dem Solidarprinzip nach einem einheitlichen Beitragssatz erhoben. Dieser Beitragssatz ergibt sich als Quotient aus den Krankheitsausgaben, die eine Krankenkasse zu tragen hat, und den beitragspflichtigen Einkommen ihrer Mitglieder. Wenn der Beitragssatz de facto der wichtigste Aktionsparameter für die Krankenversicherungen im Wettbewerb um Versicherte ist, vor allem dann, wenn die Möglichkeiten zur eigenständigen Leistungserstellung durch einen weitgehend gesetzlich vorgegebenen Leistungskatalog eingeschränkt sind, resultiert zwangsläufig daraus ein Anreiz zur Risikoselektion. Durch den **Risikostrukturausgleich** (RSA) versuchte man nun, die nachfrageseitig gezahlten solidarischen Beiträge aus Anbietersicht in risikoäquivalente Prämien zu transferieren.

Grundsätzlich lässt sich die Idee des Risikostrukturausgleichs mit folgendem Gedankenmodell skizzieren. Alle Versicherten zahlen in eine einheitliche Finanzierungsstelle ein, die Kassen erhalten dann die Zahlungen, die entsprechend das Ausgabenrisiko der Versicherten abbilden. Ziel ist es, damit eine Form der **„Quasi-Risikoäquivalenz“** zu schaffen.[26]

Gelänge es den Kassen, bei einem perfekten Risikostrukturausgleich das Ausgabenrisiko vollständig abzubilden, so wären schlechte Risiken aus Sicht der Krankenkasse gar keine schlechten Risiken mehr, und die Kasse könnte sich lediglich auf das Leistungsmanagement für

---

[26] Die Idee einer „Risikoäquivalenz“ skizziert die Vorstellung, dass über eine Angebotsregulierung ein „als-ob-Risikomarkt“ vorhanden wäre. Vgl. dazu Oberender/Fleischmann 2001, S. 602.

ihre Versicherten konzentrieren. Allerdings funktioniert dieses Modell realiter nur mit erheblichen Schwierigkeiten, die vor allem darin begründet liegen, dass der Risikostrukturausgleich als reguliertes Verfahren zwangsweise ein einheitliches und für alle Kassen geltendes Verfahren der Einnahmen- und Ausgabenzuweisung vorsieht. Darüber hinaus werden bislang weitgehend nur die Faktoren Alter und Geschlecht als Indikator für das Risiko herangezogen. Ansatzpunkte zur Reform wurden mit der Reform des RSA betrieben und sollen daher an späterer Stelle noch einmal aufgegriffen werden.

Der Risikostrukturausgleich setzt grundsätzlich ein einheitliches Basisniveau voraus, das exogen vorgegeben werden muss. Von diesem Niveau aus erfolgt der Ausgleich. Ohne ein einheitliches Basisniveau an Leistungen könnten sich gute Risiken durch Wahl eines niedrigeren Versicherungsniveaus vom Einkommenstransfer an die schlechten Risiken zumindest teilweise befreien.[27] Jegliche Differenzierung des Leistungsangebotes muss sich daher immer dem Vorwurf ausgesetzt sehen, es läge eine versteckte Risikoselektion vor.[28] Das Problem wird beispielsweise bei der Ausgestaltung von Wahlleistungen in Form der freiwilligen Abwahloption deutlich. Solange eine solidarische, risikounabhängige Beitragssatzerhebung erfolgt, wird eine Inanspruchnahme von freiwilligen Abwahloptionen wahrscheinlich tendenziell von jungen, gesünderen Versicherten gewählt werden. Dies führt aber dann zu einem Problem für die Finanzierungsfähigkeit des Krankenversicherungssystems, wenn die durch die Abwahloption resultierende Beitragsreduzierung die Finanzierung derjenigen, die diese Leistung in Anspruch nehmen, in Gefahr gerät. Dies ließe sich nur vermeiden, wenn der Beitrag in einen **Risikoanteil** und einen **Solidaranteil** aufgegliedert werden könnte. Genau dies wird jedoch beim Solidarprinzip nicht intendiert.

---

27 Vgl. dazu Zweifel/Breuer 2003, S. 22; vgl. ähnlich auch Oberender/Ecker 1999, S. 56 f.

28 Knappe (2003, S. 30 ff.) weist auf das Problem einer möglichen „Entsolidarisierung bei Abwahloptionen" hin, wenn es nicht gelingt, Risikoanteil und Solidaranteil im Beitragssatz trennscharf auseinander zu halten.

Wettbewerbliche Prozesse sind jedoch immer mit ungleichen Marktlagen für die Wettbewerber verbunden. Die Aufgabe des Gesetzgebers liegt darin, gleiche rechtliche Rahmenbedingungen für die Wettbewerber zu schaffen sowie den Marktzutritt für neue Krankenversicherungsanbieter, aber auch den Marktaustritt von Krankenkassen zu ermöglichen. Gerade letzteres geschah nicht.
So sah das GSG Erschwernisse bei der Neugründung von Betriebs- und Innungskrankenkassen sowie auch bei deren Schließung vor. Absicht des Gesetzgebers war es, **Entsolidarisierungsprozesse** durch die Neugründung von Betriebs- und Innungskrankenkassen zu vermeiden. Konzentrationsprozesse auf der Seite der Krankenkassen, erstaunlicherweise nicht kassenartenübergreifend, wurden ausdrücklich gefördert. Den Landesregierungen wurde explizit das Recht zugestanden, Krankenkassen zwangsweise zu fusionieren.[29] Aber auch der erschwerte Marktaustritt bei nicht nachfragegerechtem Angebot der Krankenkassen förderte konzentrative Tendenzen.
Eine freiheitlichen, marktwirtschaftlichen Prinzipien genügende Ausgestaltung des Krankenkassenwettbewerbs in der GKV hätte den Kassen weitere Aktionsparameter auf Seiten des Leistungseinkaufs eröffnet. Dies hat der Gesetzgeber im Rahmen des GSG nicht ermöglicht.
Auf die vom jeweiligen **Honorierungssystem** der Leistungsbereiche (Ärzte, Krankenhäuser, Medikamente) ausgehenden Anreize zur unwirtschaftlichen Leistungserbringung und zur Mengenausweitung reagierte der Gesetzgeber bisher (Arzneimittelhöchstbetrag des KVKG) und auch im Rahmen des GSG mit der Vorgabe von festen, an die Grundlohnentwicklung **gebundenen Jahresbudgets**, für deren Einhaltung die Leistungsanbieter haften. Neu war hingegen die vollständige Anbindung der Ausgabenentwicklung aller Leistungsbereiche an die **Grundlohnentwicklung**, wenn auch nur befristet bis einschließlich 1995.
Die Anbindung an den Anstieg der Grundlohnsumme mag dem Anspruch der Beitragssatzstabilität genügen, den Bedürfnissen der

---

[29] Als Beispiel mag die Fusion der Orts-AOKen zu Landesverbänden der AOK dienen.

Versicherten wird mit einer solchen Anbindung aber kaum Rechnung getragen. In vielen Ländern haben empirische Untersuchungen gezeigt, dass, unabhängig von den politischen und sozialen Verhältnissen, die Gesundheitsausgaben mit einem höheren Prozentsatz als das Einkommen ansteigen. Wird eine Anbindung der Gesundheitsausgaben an die Grundlohnentwicklung staatlich verordnet, so kann, jedenfalls sobald die möglichen Rationalisierungspotentiale erschöpft sind, nicht mehr von einer bedarfsgerechten Versorgung gesprochen werden.

Die zentrale Planung und Steuerung des Gesundheitswesens über eine konsequente **Budgetierung** ist daher verfehlt. Die Unmöglichkeit, alle erforderlichen Informationen in die Budgetierung einzubeziehen, da sie nicht zentral vorliegen, kann anhand der vernachlässigten Substitutionsbeziehungen zwischen den Leistungsbereichen verdeutlicht werden.

Wie schon Jahre zuvor beim GRG so waren auch beim GSG kurzfristige Einspareffekte zu verzeichnen, die aber den langfristigen Anstieg der Gesundheitsausgaben nicht aufhalten konnten. So konnten beispielsweise bei den Arzneimitteln Vorzieheffekte beobachtet werden, die ebenfalls partiell der Intention des Gesetzgebers zuwiderliefen (vgl. Abb. 7).

Abb. 7: Vorzieheffekte durch Einführung des Arzneimittelbudgets ab 1. Januar 1993

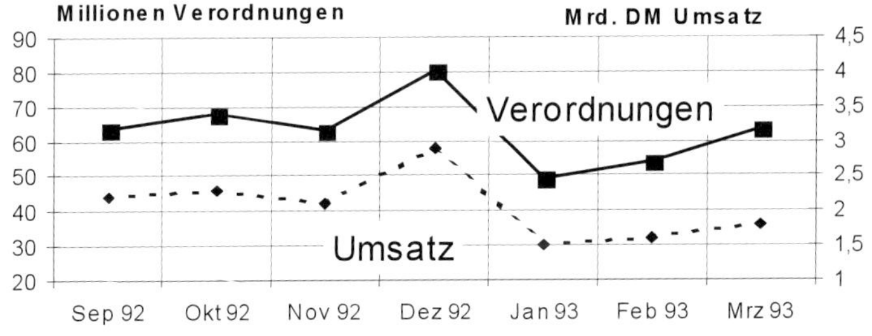

Quelle: Oberender, P./Zerth, J. 2001, S. 31.

Die Budgetierungsnormen des GSG stellten daher lediglich Symptombekämpfungen dar. Maßnahmen, die an den Ursachen ansetzen, sind kaum darin enthalten, sollten jedoch später folgen. Darauf lässt auch die zeitliche Befristung der Budgetierungsregelungen schließen. Einen besonderen Schwerpunkt innerhalb der Bestimmungen des GSG bildete der Arzneimittelbereich. Man schien sich von Regulierungen in diesem Feld besonders rasche Wirkungen zu versprechen, weil angenommen wurde, dass hier die Verschwendung am größten sei und deshalb am ehesten gespart werden könne.

Das **Preismoratorium** stellte einen schwerwiegenden Eingriff in die unternehmerische Handlungsfreiheit dar. Wie schon durch die Einführung der Festbetragsregelung wurden die pharmazeutischen Unternehmen zu Preissenkungen gezwungen, nun allerdings nicht mehr nur faktisch, sondern durch die strikte Vorgabe eines Absenkungsprozentsatzes. Besonderes problematisch erscheint die unsachgemäße Ausgestaltung des Preismoratoriums, die dazu führte, dass nicht nur der GKV-Bereich berührt wurde, sondern auch Absenkungen im Bereich der Selbstmedikation vorgeschrieben wurden.

Das Gesundheitsstrukturgesetz (GSG) war **ordnungspolitisch ambivalent**. Zum einen enthielt es sehr konstruktive Ansätze, die mit einer marktwirtschaftlichen Ordnung vereinbar waren. So waren die Aufhebung des Selbstkostendeckungsprinzips und die schon damals projektierte, aber bis zum Jahr 2004 noch nicht realisierte Abschaffung der dualen Finanzierung der Krankenhäuser, die erhöhte Selbstbeteiligung der Patienten und die Kassenartenwahlfreiheit für die Versicherten wichtige Schritte auf dem richtigen Weg, da sie mit den Grundprinzipien einer sozialen Marktwirtschaft vereinbar sind. Die drastischen Eingriffe in die Entscheidungsfreiheit aller Beteiligten, insbesondere die dirigistisch verfügte Deckelung der GKV-Ausgaben in allen Leistungsbereichen, stellte aber wiederum nur einen Versuch dar, die Symptome zu bekämpfen.

IV.5 Neuordnungsgesetze

Da auch das Gesundheitsstrukturgesetz nur ansatzweise zur Lösung der Ausgabenentwicklung beitrug, versuchte der Gesetzgeber, mit dem Beitragsentlastungsgesetz (1996) und vor allem mit den beiden Neuordnungsgesetzen (1997) eine höhere Effizienzorientierung im deutschen Gesundheitswesen zu erreichen.

Abb. 8: Überschuss-/Defizitentwicklung in der GKV (West) und ergriffene Maßnahmen

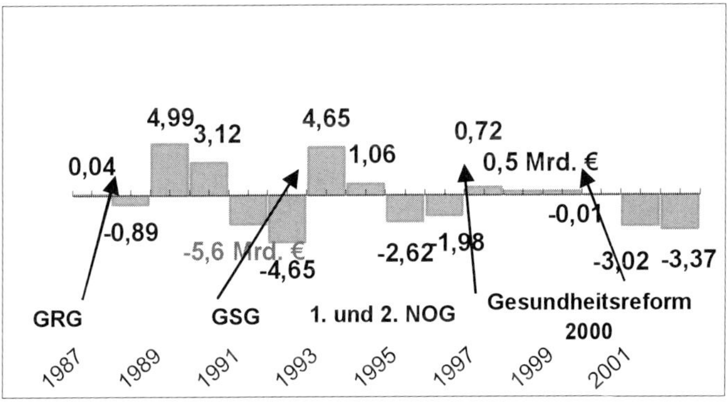

Quelle: eigene Darstellung nach BMGS 2004

IV.5.1 Maßnahmen und Ziele

Die GKV-Neuordnungsgesetze (NOG), die am 1. Juli 1997 in Kraft traten, waren ein Versuch, die **Wirksamkeit des Wettbewerbs** in der GKV zu erhöhen. Eine Stärkung des Wettbewerbs zwischen den Kassen sollte über die Schaffung von Satzungsleistungen angestrebt werden (vgl. Art. 1/15. Abschnitt 2. NOG), was aber in der politischen Diskussion zu umstritten war und deshalb nicht in die Gesetzesrealität überführt wurde. Insbesondere mit der Einführung von **Modellvorhaben** (§§ 63 ff. SGB V) und **Strukturverträgen** (§ 73 a

SGB V) sollten den Krankenkassen Möglichkeiten für effiziente Vertragsstrukturen gegeben werden. Jedoch unterlagen diese Regelungen einer zeitlichen Befristung und waren von der Zustimmung der Kassenärztlichen Vereinigung abhängig — eine Regelung, die auch heute noch weitgehend im SGB V verankert ist.

Ein besonderer Schwerpunkt der Neuordnungsgesetze galt der Stärkung der **Eigenverantwortung** der Versicherten. Insbesondere sollten diese bei Beitragssatzsteigerungen der Krankenkasse überproportional beteiligt werden: Bei jeder Beitragssatzerhöhung um 0,1 % war vorgesehen, die Zuzahlung automatisch um 1 DM bzw. einen Prozentpunkt zu erhöhen. Damit verknüpfte der Gesetzgeber eine Festschreibung der Beitragssätze bis Ende 1996, was der politischen Priorität der **Beitragssatzstabilität** entspricht. Zum 1.1.1997 sollten die Beitragssätze dann einheitlich um 0,4 Prozentpunkte reduziert werden. Mit der Beitragssatzerhebung unmittelbar verbunden wurde auch ein automatisches Kündigungsrecht für den Versicherten, woraus sich der Gesetzgeber ebenfalls einen stärkeren Wettbewerbsdruck auf die Krankenkassen versprach.[30] Darüber hinaus sah das Gesetzesvorhaben ein Wahlrecht auf Kostenerstattung für den Patienten vor, was als erster Schritt zur Flexibilisierung des Solidarprinzips gedacht war.

Insgesamt nahm in beiden NOG die Bedeutung der **Selbstbeteiligung** zu. Es wurden folgende Zuzahlungen angehoben:

- für Arzneimittel um jeweils 5 DM auf 9, 11 und 13 DM, je nach Packungsgröße N1, N2 und N3,
- für Heilmittel um 5 % auf insgesamt 15 %,
- weitere Erhöhungen bei Krankenhausleistungen sowie im Fahrkostenbereich.

Einen besonderen Stellenwert der Reform nahmen die Änderungen in der zahnmedizinischen Versorgung ein. Die bislang prozentualen

30 Bis zum Inkrafttreten des Solidaritätsstärkungsgesetzes nach dem Regierungswechsel Ende 1998 wurde diese Beitragssatzkoppelung jedoch nicht in die Praxis umgesetzt (Änderung durch das GKV-Finanzstärkungsgesetz 1998).

Zuschüsse wurden in einen Indemnitätstarif (Festzuschuss) überführt, verbunden mit einer Aufwertung der Eigenvorsorge durch regelmäßige prophylaktische Leistungen.
In den Neuordnungsgesetzen war weiterhin vorgesehen, die Arznei- und Heilmittelbudgets durch **Richtgrößen** zu ersetzen.

IV.5.2 Würdigung der Maßnahmen

Die mit den NOG erhofften durchgreifenden wettbewerblichen Reformanstrengungen wurden nur teilweise in die Realität umgesetzt. Vor allem die Erprobungsregelungen auf der Vertragsseite mit Modell- und Strukturverträgen waren nur eingeschränkt durchführbar ausgestaltet worden und zudem an den Zustimmungsvorbehalt der Kassenärztlichen Vereinigung geknüpft.
Trotzdem hatte der Gesetzgeber versucht, Elemente einer der individuellen **Eigenverantwortung** und **Handlungsfreiheit** entsprechenden Ordnungspolitik zu implementieren. Dazu gehörten in erster Linie das Wahlrecht zwischen Kosten- und Sachleistung, die angestrebten Wahlmöglichkeiten für die Versicherten und die höheren Selbstbeteiligungsregelungen. Hierdurch wurden das **Versicherungsprinzip** und die **Versichertenpräferenzen** stärker zur Geltung gebracht und namentlich die Eigenverantwortung von Versicherten und Leistungserbringern gestärkt sowie der Wettbewerb zwischen den Kassen intensiviert.
Ordnungspolitisch ambivalent ist jedoch zu vermerken, dass neben den gerade aufgezeigten Elementen auch wiederum dirigistische Eingriffe ausgeweitet wurden. Die Festschreibung der Beitragssätze bis 2006 und vor allem die geplante Koppelung der Zuzahlungen an mögliche Beitragssatzerhöhungen waren mit einer freiheitlichen, marktwirtschaftlichen Ordnung kaum konform. Insbesondere die kartellrechtlichen Strukturen auf der Steuerungsebene zwischen den Krankenkassen und den Kassenärztlichen Vereinigungen waren durch den Zustimmungsvorbehalt bei Erprobungsregelungen sogar noch verstärkt worden. Ob dem Ziel einer Stabilisierung der Beitragssätze und damit der Lohnnebenkosten mit den Gesetzen geholfen wurde, scheint eher zweifelhaft zu sein, wurde doch das Problem

der Beitragsbemessungsgrenze in den NOG weitgehend vernachlässigt.

IV.6 Gesundheitsreform 2000

Nach dem Regierungswechsel im Herbst 1998 waren durch das **Solidaritätsstärkungsgesetz** einige Maßnahmen, insbesondere der Neuordnungsgesetze, wieder zurückgenommen worden. Dieses sogenannte **„Vorschaltgesetz“** sollte nur der erste Schritt einer **„Gesundheitsreform 2000**“ sein, die nach etlichen politischen Auseinandersetzungen Ende Dezember 1999 in sehr reduziertem Umfang in Gesetzesform festgehalten wurde.

Zur Sicherung der finanziellen Stabilität wurden im Solidaritätsstärkungsgesetz folgende Maßnahmen verabschiedet:

- Reduzierung der Zuzahlungen bei Arzneimitteln auf 8, 9 und 10 DM je nach Packungsgröße
- Befreiung chronisch Kranker von den Zuzahlungen
- Aufhebung der Dynamisierung der Zuzahlungen, die ab Juli 1999 zu einer Anhebung von 0,50 bis 1 DM geführt hätte
- Aufhebung der Koppelung der Beitragssatzerhöhung einer Kasse an eine Anhebung der Zuzahlungen
- Aussetzung des Krankenhausnotopfers
- Wiederaufnahme des Zahnersatzes für nach 1978 Geborene in den Leistungskatalog
- Rücknahme der Gestaltungsmöglichkeiten für die Krankenkasse bei der Beitragsgestaltung

Ordnungspolitische Grundentscheidung war die „**Stärkung der Solidarität**“, was in der Abschaffung der erst durch die Neuordnungsgesetze vorgesehenen Gestaltungselemente bei Beiträgen und Leistungen seinen Ausdruck fand.

Das politische Ziel der Beitragsstabilität sollte ausschließlich über die Erschließung von **Effizienzreserven** erreicht werden. Ein Wettbewerb im Austauschprozess zwischen Versicherten und Versicherungsgeber wurde als „unsolidarisch" abgelehnt.
Als grundlegendes Ziel der Gesundheitsreform 2000 konnte „die Sicherung einer zweckmäßigen, ausreichenden, wirtschaftlichen und das Maß des Notwendigen nicht übersteigenden Gesundheitsversorgung innerhalb des solidarischen Krankenversicherungssystems" festgehalten werden (BMG 1999, S. 4).
Ein besonderer Stellenwert sollte der **Verzahnung** zwischen ambulanter und stationärer Pflege zukommen. So war ein **Globalbudget** projektiert. Darüber hinaus sollte in einem neuen Versuch das duale Finanzierungssystem bei der Krankenhausfinanzierung auf ein **monistisches Verfahren** umgestellt werden. Nach der Veränderung der Mehrheitsverhältnisse im Bundesrat und anhaltender Kritik trat Ende des Jahres 1999 nur ein Rumpfpaket des ursprünglichen Gesetzesvorhabens in Kraft.

IV.6.1 Maßnahmen und Ziele

Entgegen dem ursprünglichen Vorhaben eines **Globalbudgets** blieb auch nach dem 1.1.2000 eine **sektorale Budgetierung** bestehen. Die Einzelbudgets für ärztliche Gesamtvergütung, Arznei- und Heilmittel und den stationären Sektor wurden fortgeschrieben. Um die Beitragssatzstabilität zu sichern, sollten sich die Budgets jährlich um die vom Bundesministerium für Gesundheit (BMG) festgestellte bundesdurchschnittliche Veränderungsrate der beitragspflichtigen Einnahmen verändern. Auch wurde die ursprüngliche Planung, die Krankenkassen schrittweise für die gesamte Krankenhausfinanzierung verantwortlich zu machen, nicht realisiert.
Bei den Betriebsausgaben des stationären Sektors sollte ab dem 1. Januar 2003 ein einheitliches leistungsorientiertes und pauschalierendes Vergütungssystem eingeführt werden (§§ 17a, 17b KHG). Diese generelle Einführung einer Finanzierung über Fallpauschalen hatte sich an den **Diagnosis Related Groups** (DRG) zu orientieren.

Ein besonderer Schwerpunkt blieb bei der Förderung der **Integrationsversorgung**. Dabei konnten die Krankenkassen mit einzelnen Vertragsärzten oder mit den Kassenärztlichen Vereinigungen Verträge über integrative Versorgungsformen schließen. Die Kassen mussten mit der Kassenärztlichen Bundesvereinigung eine Rahmenvereinbarung schließen. Modellvorhaben waren möglich zwischen Krankenkassen und einzelnen Vertragsärzten oder einer Kassenärztlichen Vereinigung. Krankenkassen und Kassenärztliche Bundesvereinigung konnten in Bundesmantelverträgen Grundsätze für Modellvorhaben vereinbaren. Die ursprünglich vorgesehene Regelung, dass bei fehlender Involvierung der Kassenärztlichen Vereinigung Verträge nur im Benehmen mit der KV geschlossen werden können, entfiel.

Explizit gefordert wurde durch das Gesetz die Einführung eines umfangreichen **Qualitätsmanagements** für sämtliche Leistungserbringer (§§ 135a ff. SGB V). Das Qualitätsmanagement sollte dabei ein durchgängiges Gestaltungsprinzip werden, um die Patienteninteressen zu wahren und gleichzeitig die Verschwendung solidarisch finanzierter Gelder zu vermeiden.

Einen erheblichen Impuls für eine Wirtschaftlichkeitserhöhung erhoffte sich die Bundesregierung durch die **Positivliste** bei Arzneimitteln. Trotz erheblichen politischen Diskurses wurde diese Regelung schließlich in das Gesetz aufgenommen. Sie blieb jedoch zunächst ohne Wirkung, weil die Umsetzung per Rechtsverordnung im Bundesrat zustimmungspflichtig ist.

Einen persönlichen Schwerpunkt legte die damalige Gesundheitsministerin Andrea Fischer auf die Förderung von Prävention, Selbsthilfe und Patientenberatung. Die Kassen sollten in ihren Satzungen Leistungen zur Prävention anbieten. Dabei durften sie pro Versichertem und Kalenderjahr 5 DM ausgeben. Die Spitzenverbände der Krankenkassen sollten hierbei **gemeinsam und einheitlich** prioritäre Handlungsfelder und Kriterien für Leistungen im Rahmen der Prävention beschließen (§ 20 Abs. 1 SGB V).

IV.6.2 Bewertung der Maßnahmen

Die ursprünglich geplante Gesundheitsreform 2000 konnte aufgrund der politischen Mehrheitsverhältnisse im Bundesrat zwangsläufig nur ein Rumpfgesetz werden. Vor allem die anfänglich projektierten Steuerungsinstrumente sind nicht realisiert worden. Die „Lotsenfunktion" des Hausarztes beschränkt sich auf die Vorschrift, mit Zustimmung des Patienten eine erweiterte Dokumentationskompetenz zu erhalten. Einen neuen Ansatz hat das Hausarztprinzip im Rahmen des Gesundheitsmodernisierungsgesetz (GMG) 2003 erhalten.

Die Beibehaltung der **sektoralen Budgetierung** hat zwangsläufig zu einer neuen Diskussion über die zukünftige Finanzierung der solidarischen Krankenversicherung geführt. Soll das Solidarprinzip erhalten bleiben, so ist die Bemessungsgrundlage für die Beitragskalkulation erheblich auszuweiten, da ein Festhalten am Arbeitseinkommen für die weitere Entwicklung nicht mehr ausreichend ist. Das geplante **Globalbudget** wäre zwar aus ordnungspolitischer Sicht bedenklich gewesen, da das Ausgabenwachstum weiterhin auf zentraler Ebene allgemeingültig vorgeben werden sollte, im Hinblick auf eine integrierte Versorgung wäre es jedoch ein Schritt in die richtige Richtung gewesen. Sind doch im Vergleich zur sektoralen Budgetierung Verschiebungen zwischen den einzelnen Sektoren möglich, was für eine integrierte Versorgung eine notwendige Bedingung darstellt.

Die Gesundheitsreform 2000 bejahte zwar grundsätzlich den Mechanismus des Wettbewerbs unter den Krankenkassen, lehnte aber die Stärkung der finanziellen Eigenverantwortung der Versicherten ab. Die im neuen Abschnitt 11 vorgesehenen Formen der **Integrierten Versorgung** (§§ 140 a - g SGB V) ermöglichten einerseits Verträge zwischen Leistungserbringern, Leistungserbringerverbänden oder Kassenärztlichen Vereinigungen und Krankenkassen im Sinne einer sektorübergreifenden Versorgung, die Reformpolitik blieb aber anderseits weiterhin ambivalent: Einerseits wurde verstärkt auf wettbewerbliche Elemente zur Lösung der vielfältigen Probleme gesetzt, andererseits wurde der Wettbewerb um Mitglieder der Krankenversi-

cherungen untereinander stark beschränkt (vgl. zur Fortentwicklung der „Integrierten Versorgung“ die Ausführungen zum GMG).
Trotz Modellvorhaben und Möglichkeiten zur integrativen Versorgung hat auch die Gesundheitsreform 2000 den Leistungskatalog der GKV weitgehend vorgegeben. Auch der permanente, bundesweite und kassenartenübergreifende **Risikostrukturausgleich** führte zu einer Einebnung der Beitragssatzunterschiede. Im Sinne einer marktorientierten Reform sollte die Ausweitung der Wahlfreiheit der Patienten mit einer Ausweitung der Vertragsfreiheit zwischen Kassen und Leistungserbringern einhergehen (vgl. bereits Wissenschaftliche Arbeitsgruppe Krankenversicherung 1987, S. 12 ff.).
Die Gesundheitsreform betonte vor allem die Bedeutung eines umfassenden **Qualitätsmanagements.** Die Verpflichtung zur Teilnahme an Maßnahmen der Qualitätssicherung, die auch weiterhin gilt, muss allerdings als ein weitgehend dirigistisches Instrument bezeichnet werden, das kaum geeignet ist, die Leistungserbringer zu einer wirklichen Qualitätsverbesserung zu motivieren.
Der Qualitätsbegriff wird in der wissenschaftlichen Diskussion mit unterschiedlichen Inhalten belegt. Grundsätzlich wird zwischen **Struktur-, Prozess- und Ergebnisqualität** unterschieden. Folglich ist bei jeder Art der Qualitätssicherung der eingenommene Blickwinkel zu beachten. Eine **administrierte Qualitätssicherung** würde die Ausgestaltung einzelner Qualitätssicherungsmaßnahmen der freien Disposition der Leistungserbringer entziehen. In einer marktwirtschaftlichen Ordnung erfolgt eine Bewertung der Qualität grundsätzlich auf dezentraler Ebene über Märkte.
Eine Ausnahme und damit eine Legitimation für einen Eingriff in eine dezentrale Koordination liegen nur vor, wenn es einen objektiven Qualitätszusammenhang gibt. Die Qualität einer medizinischen Versorgung hängt jedoch maßgeblich vom zugrunde gelegten Verständnis des Phänomens „Krankheit“ ab. Qualität ist folglich dann erreicht, wenn unterschiedliche Zielvorstellungen über die Realisation von „Gesundheit“ erreicht werden. Jedoch entzieht sich „Gesundheit“ weitgehend der Objektivierung, da sich Kriterien wie Konstitution, Schmerzempfinden, Krankheitsstruktur und Wahrnehmung einer Krankheit individuell sehr stark unterscheiden. Darüber hinaus

lassen sich häufig valide, reliable und sensitive Kriterien auf der Ergebnisebene – wenn überhaupt – nur sehr schwer finden und messen (vgl. dazu Oberender/Daumann 1997). Als Konsequenz einer fehlenden Eindeutigkeit des Qualitätsbegriffes ist einer Vielfalt von Qualitätsangeboten der Vorrang zu geben, unter denen der Patient mit Unterstützung des Mediziners und unter Einbeziehung der Krankenkasse wählen kann. Dies lässt sich aber wiederum im Wettbewerb der Kassen und der Leistungserbringer untereinander am besten erreichen.

Nach dem Gesetzentwurf bildeten die Förderung der Gesundheit und die Verhütung von Krankheit einen unverzichtbaren Bestandteil eines modernen Gesundheitswesens. Aufgrund des vorgesehenen bescheidenen Ausgabenspielraums, insbesondere unter Berücksichtigung der Budgetneutralität, ist die Frage offen geblieben, ob die beabsichtigten Erfolge der verstärkten **Prävention** eingetreten wären.

Dabei darf jedoch die Wirksamkeit präventiver Maßnahmen generell nicht überschätzt werden. Insbesondere vor dem Hintergrund eines freiheitlichen Menschenbildes ist zu berücksichtigen, dass Forderungen nach Maßnahmen der **Verhaltensprävention** immer einen Eingriff in die individuelle Lebensführung bedeuten. Präventionsmaßnahmen können aber bei einem Wettbewerb der Leistungsangebote als Differenzierungsmöglichkeit von Leistungserbringern und Krankenkassen dienen. Folglich hat eine sinnvolle Präventionspolitik an den Freiheitsgraden der Leistungserstellung anzusetzen. Die zwangsweise Homogenisierung durch die vorgesehene Rolle der Spitzenverbände der Krankenkassen, wie im Gesundheitsreformgesetz 2000 vorgesehen, oder die Vorgabe einer staatlich definierten Präventionsstiftung, wie in der Gesundheitspolitik im Jahr 2004 diskutiert, steht einer wettbewerblichen Präventionspolitik jedoch entgegen.

IV.7 Reform des Risikostrukturausgleichs

Nachdem die Anfang des Jahres 2000 in Kraft getretene GKV-Gesundheitsreform 2000 in zentralen Bereichen nicht den erhofften politischen Zielsetzungen entsprach (Integrationsversorgung und Qualitätssicherung), geriet die Weiterentwicklung des Risikostrukturausgleichs (RSA), der mit dem GSG von 1992 eingeführt worden war, wieder in die Diskussion. Vordergründig ging es dabei um eine Reform des Risikostrukturausgleichs, insbesondere um die Frage, ob die gegenwärtige Ausgestaltung des RSA eine Risikoselektion verhindern kann. Letztendlich stand die Frage nach der Zukunft der sogenannten „**solidarischen Wettbewerbsordnung**“ im Vordergrund, die bereits mit dem GSG eingeführt werden sollte.
Zwei Problemfelder haben die Diskussion angefacht: Einmal waren mit der Einführung des Kassenwahlrechts durch das GSG deutliche Veränderungen der Kassenstrukturen eingetreten. So war die Mitgliederzahl der AOK von 22,14 Mio. in 1996 auf 20,08 Mio. Mitglieder im Jahr 2000 gesunken. Gleichzeitig hatten auch die Ersatzkassen leichte Rückgänge zu verzeichnen. Mitgliederzuwächse konnten die Betriebskrankenkassen verzeichnen, die von 5,2 Mio. Mitglieder 1996 auf 7,19 Mio. Mitglieder im Jahr 2000 angewachsen sind. Bis zum Jahr 2004 hat sich die Konsolidierung der Kassenanzahl noch fortgesetzt. Waren im Jahr 2000 noch 420 selbständige gesetzliche Kassen zu verzeichnen, so reduzierte sich die Zahl auf unter 300 Anfang 2004 (vgl. Mühlnickel 2004, S. 16).
Im Jahr 2001 nahm in der Politik und der öffentlichen Meinung die Kritik zu, dass der Risikostrukturausgleich in seiner grundsätzlichen Form, mit den Ausgleichskriterien Alter, Geschlecht, Invalidität und Einkommensunterschiede, die Morbiditätssituation nicht ausreichend genug abbildete und vor allem chronisch Kranke benachteiligte (vgl. vor allem Lauterbach/Wille 2001).

IV.7.1 Maßnahmen und Ziele

Als Sofortmaßnahme wurde der Stichtagstermin 30. September eines Jahres für einen Kassenwechsel aufgehoben (Gesetz zur Neuregelung der Kassenwahlrechte von Juli 2001). Ab 2002 konnte zum Ende des jeweils übernächsten Kalendermonats die Mitgliedschaft in einer Kasse gekündigt werden. Diese Erweiterung des Wahlrechts ist bis heute mit einer Bindungsfrist von mindestens 18 Monaten verbunden. Das Sonderkündigungsrecht bei Beitragssatzerhöhungen, das durch die NOG eingeführt worden war, blieb bestehen. Mit Beginn des Jahres 2002 sollte die Versorgung chronisch Kranker besonders gefördert werden. Zu diesem Zweck wurden den Krankenkassen für diejenigen chronisch kranken Versicherten, die in eigens akkreditierte und evaluierte **Disease-Management-Programme** (DM-Programmen) eingeordnet sind, erhöhte standardisierte Leistungsausgaben zugeschrieben. Darüber hinaus war mittel- und langfristig geplant, einen **morbiditätsorientierten Risikostrukturausgleich** zu entwickeln. Bis zur Einführung im Jahr 2007 sollte ein Risikopool die Kosten von chronisch Erkrankten übernehmen.

IV.7.2 Bewertung der Maßnahmen

Die Implementierung von Disease-Management-Programmen in den RSA, der weiterhin erweitert und ausgebaut wird, stellt grundsätzlich einen eklatanten Bruch mit der Risikostrukturausgleich-Systematik dar, da damit explizit ausgesuchte Ausgabenprogramme vergütet werden (vgl. Wille/Resch 2004, S. 25 f.). Mit der Verbindung von Chroniker-Bonus und Einschreibung in ein akkreditiertes Programm wird der RSA mit gesundheitspolitischen Steuerungsaufgaben belastet, was leicht zu einem Präzedenzfall für andere als förderungswürdig erachtete Versorgungsformen werden kann. Wie bereits bei den Ausführungen zum GSG erwähnt, soll der RSA eine Quasi-Risikoäquivalenz herstellen, so dass eine Kasse nicht mehr Interesse an guten Risiken hat, sondern nur noch an der effizienten Versorgung der Patienten (vgl. Oberender/Zerth 2005a, S. 43). Der Wirtschaftlichkeitsanreiz wird dabei durch eine Orientierung an standardisierten Leistungsausgaben erreicht. Es ist versicherungsökonomisch nachzuvollziehen, dass der RSA bei Berücksichtigungen der Faktoren Alter, Geschlecht, Individualität und Einkommensentwicklung diese Aufgabe nur bedingt erfüllen kann. Unter Beachtung der systemimmanenten Logik des RSA ist eine Hinwendung zur Morbidität, wie sie mit den DM-Programmen vorgezeichnet ist, sinnvoll, jedoch muss beachtet werden, dass gesundheitsökonomisch und gesundheitspolitisch nicht die Morbidität entscheidend ist, sondern die Inanspruchnahme von Gesundheitsleistungen.

Ziel des RSA ist es, eine **Risikoselektion** zu unterbinden. Dies ist aber insofern fragwürdig, als es inzwischen unumstritten ist, dass der RSA Anreize zur Risikoselektion erst schafft — zum Beispiel wenn es Kassen gelingt, eine feinere Risikounterscheidung zu treffen, als es durch die recht groben Ausgleichsparameter des RSA gewährleistet ist. Denn ein Anreiz zur Risikoselektion ist immer dann gegeben, wenn die Vorstellung der Kassen, mit einzelnen Risiken mehr Einnahmen zu erzielen als spätere Leistungsausgaben zu erwarten sind, bestehen bleibt. Unter der Annahme der Komplexität der Realität wird eine derartige Situation in einem Wettbewerbsumfeld immer bestehen bleiben.

Darüber hinaus ist grundsätzlich die Frage zu stellen, in welcher Weise eine Risikoselektion auftreten kann. Im aktuellen System wirken Diskriminierungsverbot und Kontrahierungszwang einer Selektion entgegen. Eine **Selbstselektion** der Versicherten (beispielsweise festgemacht an der Wechslerbereitschaft) muss bei Annahme eines mündigen und eigenverantwortlichen Bürgers dem Verantwortungsbereich des Einzelnen zugeschrieben werden. Der Einwand, Kassen hätten jedoch aufgrund der Problematik der Risikostruktur keinen Anreiz, Versorgungsangebote für chronisch Kranke zu generieren, ist zunächst nicht von der Hand zu weisen. Jedoch gilt insbesondere in diesem Zusammenhang der Hinweis, dass es bislang auf Seiten des Leistungsangebotes kaum Ausdifferenzierungsmöglichkeiten für die einzelne Krankenkasse gibt. Erst wenn die Kassen ausreichend viele Aktionsparameter zur Verfügung haben, werden sie Anreize haben, sich von ihren Wettbewerbern zu unterscheiden und differenzierte Versorgungsangebote zu entwickeln.

Letztendlich ist die Versicherung von Hochrisikopatienten eine Frage der Kalkulation der Risikoäquivalenz und muss zu einer Diskussion über die Ablösung der allokativen Steuerung von der distributiven Ebene führen. Theoretische Modelle einer **Subjektförderung** von Versicherungsnehmern bei Zulassung äquivalenter Beiträge stellen hier einen möglichen Weg dar (vgl. Kapitel VI).

IV.8 Gesundheitsmodernisierungsgesetz (GMG)

Das jüngste Gesetzgebungsverfahren trat am 1.1.2004 mit dem **Gesundheitsmodernisierungsgesetz (GMG)** in Kraft. Nach den Ergebnissen eines Reformkompromisses zwischen der Bundesregierung und dem unions-dominierten Bundesrat im August 2003 wurde ein gemeinsamer Gesetzentwurf verabschiedet, der vor allem dem steigenden Defizit der gesetzlichen Krankenkassen Rechnung tragen sollte. Im Jahr 2003 verbuchten die Kassen der GKV nämlich einen Fehlbetrag von etwa 2,5 Mrd. €, dazu kamen noch die angelaufenen Kassenschulden von ca. 8 Mrd. € (DKG 2004, S. 3).

IV.8.1 Maßnahmen und Ziele

Im Kern des Gesetzentwurfes steht der Umbau der GKV. Als Hauptziel des GMG ist ein bis zum Jahre 2007 determiniertes Einsparziel von insgesamt 23,1 Mrd. € genannt, das vor allem dem Ziel der Beitragssatzstabilität Rechnung tragen soll. Der durchschnittliche Beitragssatz aller Krankenkassen soll von 14,2 % im Jahr 2003 auf deutlich unter 13 % im Jahr 2007 abgesenkt werden. Die politische Vorgabe des GMG besteht einerseits in einer deutlichen Erhöhung der Eigenbeteiligung der Pflichtversicherten und andererseits in einer Veränderung der Organisations- und Leistungsstrukturen.

Abb. 9 : Grundidee des GMG

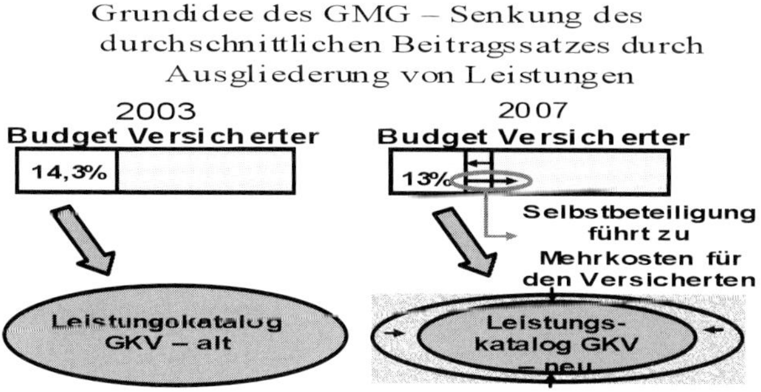

Quelle: Eigene Darstellung

Ein wesentlicher Schwerpunkt des Gesetzes ist die Etablierung der gesetzlichen Grundlage eines **Instituts für Qualität und Wirtschaftlichkeit im Gesundheitswesen** (IQWIG). Zielsetzung dieses Instituts, das dem neu gegründeten **Gemeinsamen Bundesausschuss** zuarbeiten soll, ist es, medizinische Behandlungen oder Operationsverfahren auf ihren Nutzen zu untersuchen und auf der Grundlage aktueller medizinischer Erkenntnisse zu bewerten. Diese Nutzenbewertung soll die Festbetragsregelung für patentgeschützte Arzneimittel zu sehen, die nur einen „geringen therapeutischen Nutzen" vorweisen, verschärfen.

Das Institut reiht sich damit ein in die allgemeine Tendenz des GMG, die Aufgaben der so genannten gemeinsamen Selbstverwaltung zu stärken. Mit der Konstitution des „Gemeinsamen Bundesausschusses" wurde ein einheitliches Organ der gemeinsamen Selbstverwaltung festgelegt, dessen hauptsächliche Aufgabe es ist, Richtlinien für die Inhalte der Versorgung zu geben.

In dem ursprünglichen Entwurf des Gesetzes sollte vor allem das Vertragsrecht in der ambulanten vertragsärztlichen Versorgung flexibilisiert werden. Der parteiübergreifende Kompromiss hat das Primat des Kollektivvertrags noch aufrechterhalten. Gleichwohl wurden die Bedingungen zur **Integrierten Versorgung** nach dem § 140 a-d SGB V im Vergleich zum Gesundheitsreformgesetz 2000 deutlich verändert. Als wesentliche Neuerung kann die Aufnahme der Idee der „**Medizinischen Versorgungszentren**" im § 95 SGB V bezeichnet werden. Darüber hinaus wurde mit § 73 b SGB V ein Modell der **hausarztzentrierten Versorgung** institutionalisiert. Die Integrierte Versorgung (§140 SGB V) ist durch das GMG mit einer Anschubfinanzierung von bis zu 1 % der ambulanten und stationären Versorgung durch Rechnungskürzung bis zum Jahr 2006 ausgestattet worden. Im Gegensatz zur ursprünglichen Fassung im Reformgesetz 2000 sind die Kassenärztlichen Vereinigungen als Vertragspartner ausgeschlossen.

Die Medizinischen Versorgungszentren stellen eine neue organisatorische Form der Leistungserbringung im ambulanten Bereich dar. Gegenüber ambulanten Gemeinschaftspraxen oder Praxisgemeinschaften unterscheiden sich diese durch die Verpflichtung zur fachübergreifenden Versorgung. Gleichzeitig sind die Medizinischen Versorgungszentren in der ambulanten Bedarfsplanung einbezogen und stellen damit eine neue Form der Kassenzulassung dar. Die Förderung von Hausarztmodellen ist vor allem von der politischen Seite massiv eingefordert worden. Als Differenzierungsangebot für Krankenkassen bietet sich die Möglichkeit an, Patienten durch Bonuszahlungen gemäß § 65 SGB V für ein Hausarztmodell zu motivieren.

IV.8.2 Bewertung der Maßnahmen

Die Gründung eines Instituts für Qualität und Wirtschaftlichkeit im Gesundheitswesen ist aus ordnungsökonomischer Sicht unmittelbar mit Skepsis zu betrachten. Einerseits greift ein derartiges Institut zwar die Problematik der fehlenden Transparenz von medizinischen Leistungen und Produkten auf und kann insofern dazu beitragen, Unsicherheiten bei der Leistungsinanspruchnahme und Leistungsdefinition zu reduzieren; andererseits stellt sich die Frage, ob es gleichwohl notwendig ist, ein zentrales Qualitätssicherungsinstitut zu implementieren, und ob die selbstgestellte Aufgabe nicht zu komplex ist.
Bei einer **Nutzenbewertung** durch ein zentrales Qualitätsinstitut ist zu fragen, nach welchen Kriterien eine einheitlich geltende Nutzen- und auch Kostenbewertung vorgenommen werden soll. Bei der Festlegung der Prüfmerkmale ist in der internationalen Qualitätsforschung in erster Linie „clinical performance" gemeint. Jedoch ist eine theoretisch schnelle Erreichbarkeit und Machbarkeit einzelner klinischer Messgrößen nicht einfach auf die Versorgungsrealität zu übertragen (vgl. Geraedts et. al 2002, S. 91 ff.). Dieser Einwand kann auch auf eine zentrale Nutzenbewertung übertragen werden. So kann der Effekt eintreten, dass nur die gemessenen Aspekte der Versorgung bei der offiziellen Betrachtung Beachtung finden, und unter Umständen weitergehende Tatbestände, insbesondere im Hinblick auf subjektive Aspekte der **Lebensqualität** bei vielen chronischen Erkrankungen unberücksichtigt bleiben.
Besonders problematisch ist in diesem Zusammenhang die Tatsache, dass in **Evaluationsstudien** objektivierbare, also zählbare, messbare Größen immer ein stärkeres Gewicht haben werden als nicht mess-

bare und nicht zählbare. Das bedeutet aber auch eine systematische Minderschätzung „weicher“ Größen.
Positive und negative Wirkungen einer Therapie sind oft nur im Zeitraum von Jahren feststellbar. Dabei ist zu berücksichtigen, dass auch eine leitliniengestützte Pharmakotherapie von der Mitwirkung des Patienten abhängig ist. Bei chronischen Erkrankungen gibt es häufig nicht die ursächlich wirkenden Arzneimittel. Gleichwohl gilt es in diesem Zusammenhang so genannte Placeboeffekte oder nicht wissenschaftlich belegte Therapiealternativen wie etwa Naturheilverfahren zu berücksichtigen.
Die Beurteilung der Wirksamkeit und des klinischen Nutzens eines Arzneimittels ist demzufolge nicht ohne weiteres möglich. Es wäre eine entsprechende **Versorgungsforschung** notwendig, die aber gegenwärtig nur sehr rudimentär vorhanden ist. Vor diesem Hintergrund stellt sich die ordnungspolitische Frage, ob eine **zentrale** Nutzenbewertung in Anbetracht der eingeschränkten Zielkonformität ein verhältnismäßiges Instrument ist.
Die Versuche des GMG, die Entflechtung der engen kollektivvertraglichen Regelungen mit den Neuregelungen zur Integrationsversorgung und der Initiierung Medizinischer Versorgungszentren zu lösen, kann als erster Schritt einer Liberalisierung der Vertragsbeziehungen zwischen Kostenträgern und Leistungserbringern bezeichnet werden. Die erweiterten Möglichkeiten in der Vertrags- und Organisationsgestaltung sind grundsätzlich zwar als positive Elemente eines Vertrags- und Qualitätswettbewerbs zu bewerten, gleichwohl machen diese Ansatzpunkt eine Reform der gesamten Wettbewerbsordnung im Gesundheitswesen notwendig.
Sollen die Vertragsärzte mit den Krankenkassen auch nur unter einigermaßen gleichen Bedingungen über selektive Verträge verhandeln können, so müssen die Krankenversicherungen als Unternehmen betrachtet werden, die dem Kartellrecht untergeordnet sind. **Abgestimmte Verhaltensweisen**, wie dies bei einheitlichen und gemeinsamen Verträgen der Verbände der Krankenversicherungen bislang möglich ist, können daher nur als **Zwangskartell** bezeichnet werden.
Eine offene Flanke der Vertragsflexibilisierung liegt auch in der Vergütungsfrage. Da im ambulanten Bereich langfristig morbiditätsorien-

tierte Regelleistungsvolumina gelten, im stationären Sektor die DRG-bezogenen Fallpauschalen aber weiter ausgebaut werden, sind die Sektorenabschottung und damit ein wesentliches Schnittstellenproblem im Endeffekt nur verschoben worden. Eine Budgetverantwortung im Sinne einer ganzheitlichen integrierten Versorgung muss vor allem an der Längsschnittverantwortung des Behandlungsverlaufes ansetzen. Durch die sektorale Budgetierung war es bislang möglich, Patienten aus dem jeweiligen Finanzierungssystem „heraus zu überweisen" und damit die Kosten auf andere Leistungserbringer zu externalisieren. Notwendig sind deshalb **kombinierte Budgets**, die das Morbiditätsrisiko eindeutig einem Versorgungsnetz zuordnen. Konkret bedeutet dies, dass auf dezentraler Ebene zwischen dem einzelnen Netz und einer einzelnen Krankenkasse eine Pauschale für jeden Versicherten ausgehandelt werden müsste, der sich für das Netz entscheidet.

Korrespondierend dazu ist über materielle und/oder immaterielle Anreize für Versicherte nachzudenken, die sich für die integrierte Versorgung entscheiden. Die Ausgestaltung der Patientensouveränität im Gesundheitswesen ist somit unmittelbar mit den Möglichkeiten der integrierten Versorgung verbunden. Die optimale Höhe der Eigenbeteiligung der Versicherten hängt entscheidend sowohl vom individuellen Krankheitsrisiko als auch von den jeweiligen Präferenzen ab. Eine für alle Versicherten einheitlich vorgeschriebene Versicherungsdeckung kann somit nicht zielführend sein. Vielmehr sind auch im Hinblick auf die Effizienz dezentrale Vertragslösungen zu empfehlen, indem der Gesetzgeber lediglich einen Mindestumfang der Versicherungsdeckung (**Regelleistung**) verbindlich vorschreibt.

Die Einführung einer **Praxisgebühr** bei Facharztbesuchen ohne Überweisung des Hausarztes stärkt zwar einerseits das Bewusstsein des Patienten für seine Leistungsinanspruchnahme, gibt aber andererseits einen konkreten Versorgungsweg vor, ohne dabei die Gewissheit zu haben, dass damit Qualität und Wirtschaftlichkeitsanreize zwingend vorhanden sein müssen.

Es muss sich auch für den Leistungserbringer lohnen, sparsam mit Ressourcen umzugehen und Versorgungsstrukturen zu entwickeln, die den Bedürfnissen der Nachfrager (Patienten) entsprechen. Allerdings kann es nicht Aufgabe der Gesundheitsreform sein, Patentlösungen für eine optimale Angebotsstruktur zu präsentieren. Ziel muss es vielmehr sein, Experimente mit neuen Versorgungsformen anzuregen und starre Strukturen aufzubrechen. Es stellt sich insbesondere die Frage, inwiefern das Gesetz nur bestimmte Organisationsformen, wie etwa die Medizinischen Versorgungszentren, oder ausdrücklich definierte Vertragsformen im Sinne der integrierten Versorgung oder der Hausarztmodelle vorgibt. Eine Liberalisierung der Vertragsstrukturen muss sich der Herausforderung stellen, ob es nicht genügt, die Vorgabe von Versorgungszielen als eine gemeinsame Aufgabe des Staates und der Vertragspartner im Gesundheitswesen zu sehen. Die organisatorische und vertragliche Umsetzung muss jedoch allein den Akteuren selbst überlassen werden.

Das GMG setzt daran an, den Charakter der „Krankenversicherung" stärker hervorzuheben. So ist es vor diesem Hintergrund ein konsequenter Schritt, rein umverteilungspolitische Aufgaben wie das Mutterschaftsgeld, Entbindungsgeld und sonstige Leistungen bei Schwangerschaft und Mutterschaft, die in erster Linie zur eigenen Lebensplanung der Versicherten gehören, künftig eigenverantwortlich oder als allgemeine Staatsaufgabe über Steuermittel zu finanzieren. Auch die Herauslösung des Arbeitgeberanteils beim Krankengeld lässt sich in diese Systematik einordnen.

Durch das Festhalten an der Finanzierung über das **Umlageverfahren** werden jedoch auch weiterhin steigende Ausgaben durch steigende Einnahmen (Produkt aus durchschnittlichem Beitragssatz und Grundlohnsumme der gesetzlich Versicherten) gedeckt werden. Wächst die Grundlohnsumme nicht im gleichen Maße wie die Ausgaben, so müssen die Beitragssätze erhöht werden. Durch diesen inhärenten Zielkonflikt ist die politische Diskussion ständig von neuen Gesundheitsreformdebatten geprägt, die letztendlich immer wieder an der Ausrichtung des Gesundheitswesens am Solidarprinzip und an der Finanzierung am Umlageverfahren anknüpfen (vgl. dazu Kapitel VI).. Insofern ist auch im GMG die Saat für künftige Kostendämpfungsdebatten angelegt.

IV.9 Synthese und Zwischenergebnis

Mit den bisherigen Maßnahmen der Gesundheitspolitik in Deutschland wurde versucht, entweder über **ausgabenbeschränkende Eingriffe** (Budgetierung, Richtgrößen usw.) oder über **einnahmenkonsolidierende Politiken** (Erweiterung der Beitragsbemessungsgrenze und des Versichertenkreises) das Dilemma zwischen den Zielsetzungen zu beheben. Eine grundsätzliche Reform der zugrundeliegenden Strukturvariablen wurde jedoch nicht vorgenommen.
Sie sind geprägt von einem Nebeneinander verschiedener Steuerungsformen, von einem kontinuierlichen Anstieg interventionistischer Maßnahmen, die zwangsläufig immer weitere Maßnahmen nach sich ziehen. Die Akteure des Gesundheitswesens versuchen häufig, durch angepasste Verhaltensweisen den vom Gesetzgeber intendierten Wirkungen auszuweichen, und veranlassen diesen so zu immer weiteren Folgeinterventionen. Resultat ist eine sogenannte **Interventionsspirale**.[31]
Die **Zwänge** und die **Entmündigung** aller Beteiligten werden nicht abgebaut, weil die bisherigen Maßnahmen, die nichts anderes sind als eine bloße **Symptombekämpfung**, nicht greifen. Dabei liegt das Problem nicht darin, marktwirtschaftliche Prinzipien mit dem Ziel sozialer Sicherung zu verknüpfen. Es sind durchaus Modelle denkbar, die sowohl den Schutz ökonomisch Schwacher gewährleisten als auch dezentrale Marktlösungen befördern helfen.
Jedoch zeigt die bisherige Vorgehensweise der Gesundheitspolitik, dass die Lösung der Steuerungsprobleme vornehmlich über zentral festgelegte Regulierungen und Reglementierungen gesucht wird, die sowohl die Zielsetzung als auch Vorgehensweise den Akteuren vorgeben. Es wird damit eine **Prozesspolitik** betrieben, die einzelne Anbieter nicht nur entmündigt, sondern zugleich eine „Anmaßung von Wissen" (*von Hayek*) darstellt.
Eine ordnungspolitische Variante würde an der Selbstverantwortung der Individuen ansetzen. Diese marktwirtschaftliche Ordnung ist

31 Zur Interventionsspirale, die vor allem auf *von Mises* zurückgeht, siehe auch Streit (1995).

dabei nicht chaotisch organisiert, sondern der Staat hält sich grundsätzlich aus den Austauschbeziehungen heraus und hat die Aufgabe, die Austauschprozesse auf dezentraler Ebene mit Hilfe **allgemeiner Regeln** (sog. **formaler Institutionen**) zu begleiten.

Sowohl die Einführung des Instituts für Qualität und Wirtschaftlichkeit oder die Verschärfung der Festbetragsregelung können als Beispiele der jüngeren Zeit für interventionistisches Handeln betrachtet werden. Gleichzeitig sind im GMG wiederum Liberalisierungstendenzen, wie etwa die Möglichkeit des Arzneimittelversandhandels oder die Lockerung des Angebotsmonopols der Kassenärztlichen Vereinigungen, vorhanden, die prima facie als wettbewerbliche Maßnahmen interpretiert werden können. Letztendlich sind diese aber auch nur Ausdruck des Steuerungsoptimismus, der wie ein roter Faden den gesamten Gesetzentwurf durchzieht und von der Vorstellung geprägt ist, der Staat könne die richtige Zielsetzung und den richtigen Weg(!) für alle Akteure vorgeben, um den Bedürfnissen des „Gemeinwohls“ zu genügen. Unter evolutorischen Gesichtspunkten ist zu kritisieren, dass staatliche Regulierungsmaßnahmen in aller Regel innovative Kräfte behindern, wenn nicht sogar verhindern (vgl. Hamm 1984, S. 21 ff.). Es ist daher ausgeschlossen, dass die erhofften Effizienzreserven durch die Vorgaben des GMG realisiert werden.

V Herausforderungen für das Gesundheitswesen

Bei den Herausforderungen für ein soziales Sicherungssystem kann idealtypisch zwischen endogenen und exogenen Herausforderungen unterschieden werden. In den vorangegangenen Kapiteln, insbesondere im Kapitel III, wurden die immanenten Steuerungsaspekte beleuchtet. Ziel des folgenden Kapitels ist es, die Auseinandersetzung mit den exogenen Herausforderungen für das Gesundheitssystem zu betrachten, die in sozioökonomische und politisch-rechtliche Aspekte unterteilt werden.

V.1 Sozioökonomische Herausforderungen

V.1.1 Demographische Entwicklung

V.1.1.1 Generationenvertrag noch stabil?

Als erste sozioökonomische Herausforderung soll die demographische Entwicklung betrachtet werden. Dabei ist auf die Finanzierung der Gesetzlichen Krankenversicherung gemäß dem Umlageverfahren Bezug zu nehmen. Eine derartige Finanzierung gründet auf dem **Prinzip des Generationenvertrag**. Die gegenwärtig Erwerbstätigen finanzieren, basierend auf dem Umlageverfahren, im Rahmen des inhärenten Solidarausgleichs einen großen Teil der Ausgaben der Krankenversicherung der Rentner (KVdR) und gehen davon aus, dass auch ihnen im Alter gleiches widerfährt. Die demographische Entwicklung rüttelt bereits seit längerer Zeit am Fortbestand dieses Generationenvertrags.

Für die Entwicklung der Bevölkerung sowie der Alters- und der Geschlechtsstruktur eines Landes sind drei Faktoren maßgebend:

- die Geburtenentwicklung,
- die Sterblichkeit sowie

- die Zu- und Abwanderung über die Landesgrenzen (vgl. Rosenberg 1990, S. 23).

Die **Nettoreproduktionsrate** (der Anteil, zu dem die jeweilige Müttergeneration später durch die Tochtergeneration ersetzt wird) liegt seit Anfang der 90er Jahre in Deutschland bei ca. 0,7 und liegt damit mehr als ein Drittel unter dem Niveau, das zur Bestandserhaltung der Bevölkerung erforderlich wäre. Je Frau wurden in den neunziger Jahren im Durchschnitt 1,39 Kinder geboren, was bei weitem nicht ausreicht, um die Bevölkerung zahlenmäßig auf dem gegenwärtigen Niveau zu halten (vgl. Pötzsch/Sommer 2003). Die seit Mitte des 19. Jahrhunderts feststellbare Verminderung der Sterblichkeit in allen Altersgruppen führte dazu, dass im Laufe der Zeit die **Lebenserwartung** der deutschen Bevölkerung aufgrund des medizinischen und hygienischen Fortschritts beträchtlich anstieg.

Betrug die durchschnittliche Lebenserwartung einer Ende des 19. Jahrhunderts geborenen Frau nur 38,5 Jahre, so stieg dieser Wert Ende der neunziger Jahre des 20. Jahrhunderts bereits auf 80,5 Jahre. In den neuen Bundesländern lag die durchschnittliche Lebenserwartung einer Neugeborenen zu diesem Zeitpunkt mit 79,5 Jahren leicht darunter (vgl. Abb. 10). Gemäß der 10. koordinierten Bevölkerungsvorausberechnung des Statistischen Bundesamtes wird sich die Lebenserwartung eines neugeborenen Mädchens bis zum Jahr 2020 noch auf 83,8 Jahre erhöhen (vgl. Statistisches Bundesamt 2004, S. 17 ff.).

Abb. 10: Lebenserwartung in Jahren bei Geburt im Jahre 1871 - 2003

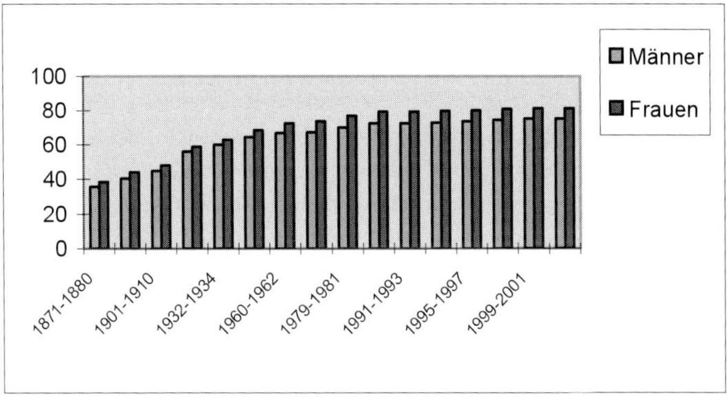

Quelle: Statisches Bundesamt (2004).

V.1.1.2 Wanderungsbewegungen

Seit langem ist Deutschland ein wichtiges Zielland internationaler Wanderungen. Zwischen 1960 und 1973 (Erlass des Anwerbestopps) kamen etwa 3,6 Mio. Menschen nach Westdeutschland. Das entspricht einer durchschnittlichen jährlichen Zuwanderung von etwa 257.000 Personen. Nach Jahren eines eher verhaltenen Zustroms nahmen nach 1986 die Zuwanderungen, bedingt durch die Öffnung der Grenzen und den Umbruch in Osteuropa, wieder zu. Bis 1990 siedelten sich 2,9 Mio. Menschen in Westdeutschland an, was einer durchschnittlichen jährlichen Zuwanderung von 580.000 entspricht (vgl. Knoll/Ochel/Vogler-Ludwig 1993, S. 7 ff.). Im Jahr 1992 zogen per Saldo 782.000 Menschen zu, davon 25 % Deutsche und 75 % Ausländer (Vgl. Hammes/Fleischer 1993, S. 893 ff.). Von 1993 bis 1998 war jedoch wieder eine abnehmende Tendenz zu verzeichnen. Kamen 1993 noch netto 462.000 Personen nach Deutschland, so reduzierte sich dieser Anteil 1998 auf 47.000. Erst im Jahre 1999 stieg die Nettoanzahl der Zuwanderungen wieder stark an und belief sich auf 202.000. Die Indikatoren der Wirtschaftslage im Allgemeinen und der Arbeitsmärkte in den Herkunftsländern im Besonderen, vor allem die mit den **Transformationsprozessen** in Osteuropa verbundenen wirtschaftlichen Probleme, lassen vermuten, dass die Zahl der ökonomisch motivierten Zuwanderungen weiter beträchtlich wachsen wird. Gleiches gilt für politisch bedingte Wanderungsströme.

Da das Zuwanderungspotenzial der kommenden Jahre die Aufnahmefähigkeit und -bereitschaft Deutschlands erheblich übersteigen wird, wird die tatsächliche Zuwanderung entscheidend von der deutschen **Immigrationspolitik** abhängen. Diese wird sich neben anderen Zielgrößen besonders an der langfristigen Entwicklung des Arbeitskräftepotenzials orientieren müssen. Ohne einschneidende strukturelle Änderungen der Konstruktionsprinzipien der sozialen Sicherungssysteme werden auch deren finanzielle Probleme die künftige Immigrationspolitik nachhaltig beeinflussen.

V.1.1.3 Entwicklung der Belastungsquotienten

Der Altersaufbau der Bevölkerung lässt sich grob beschreiben durch die Anzahl bzw. den Anteil der Personen, die zu einem bestimmten Zeitpunkt

- unter 20 Jahre,
- zwischen 20 und 60 Jahren,
- über 60 Jahre alt sind (vgl. Abb. 11).

Vereinfachend wird angenommen, dass es sich bei den unter Zwanzigjährigen und den über Sechzigjährigen um noch nicht oder nicht mehr Erwerbstätige handelt.

Der **Altenquotient** gibt das Verhältnis der Bevölkerung im Alter von 60 und mehr Jahren zur Bevölkerung im Alter von 20 bis unter 60 Jahren an. Der **Jugendquotient** ist definiert als der Anteil der unter 20jährigen an den 20- bis unter 60jährigen. Darüber hinaus wird häufig auch der **Gesamtquotient**, nämlich die Relation der unter 20jährigen und der über 60jährigen in Beziehung zu den Erwerbstätigen der über 20- und unter 60jährigen in Beziehung gesetzt.

Abb. 11: Altersstruktur der deutschen Bevölkerung

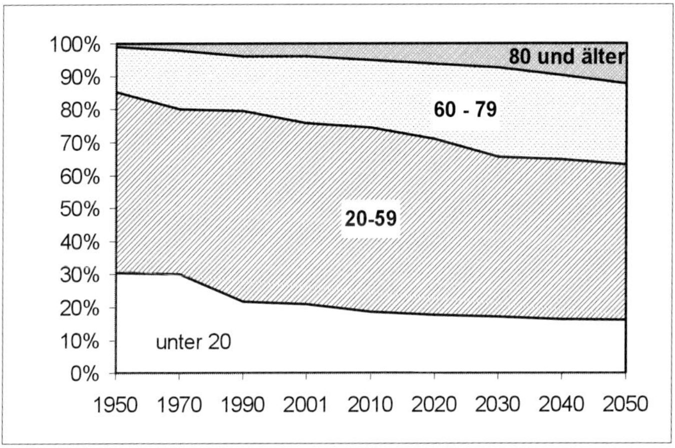

Quelle: eigene Darstellung nach Statisches Bundesamt (2004).

Nach den Ergebnissen der 10. koordinierten Bevölkerungsvorausberechnung wird der **Gesamtlastquotient** in Gesamtdeutschland von 77,6 im Jahre 1997 auf 111,8 im Jahre 2050 steigen. Dies bedeutet, dass im Jahr 2050 auf 100 Personen im Alter von 20 bis 60 Jahren, vereinfacht könnte von Erwerbstätigen gesprochen werden, 111,8 Personen unter 20 oder über 60 Jahren, vereinfacht als nicht oder nicht mehr erwerbstätig betrachtet, entfallen.

Der Altenquotient wird im gleichen Zeitraum von 39,4 auf 78,0 zunehmen. Das bedeutet konkret, dass 1997 100 Erwerbstätige etwa 39 Rentner, 2000 aber bereits annähernd 43 Rentner „ernähren" mussten, während es im Jahre 2050 sogar 78 Rentner sein werden – bei einem als unverändert unterstellten durchschnittlichen Renteneintrittsalter von 60 Jahren.

Hierbei muss berücksichtigt werden, dass aufgrund der steigenden Lebenserwartung die **Multimorbidität** (d. h. die Mehrfacherkrankung), **chronisch-degenerative Krankheiten** sowie die Zahl der

Pflegefälle enorm ansteigen werden. Die typischen Erkrankungen der älteren Patienten über 60 Jahre sind Herzversagen, koronare Herzkrankheiten, akute Herzinfarkte, Hüftgelenkschäden, Schlaganfälle, Krebs und Schenkelhalsfrakturen. Diese Leiden erfordern neben der akuten Behandlung eine intensive rehabilitative Betreuung, um Lebensbedrohung, Schmerz und Funktionsausfall zu überwinden.

Aufgrund der Schwere der Erkrankungen dieser Altersgruppe lassen sich diese oft nicht mehr mit den Mitteln der ambulanten Medizin behandeln. Mit der Intensität der erforderlichen Behandlungen steigen die Inanspruchnahme stationärer Einrichtungen durch die älteren Altersgruppen und damit auch die Ausgaben. Eine Untersuchung in Hamburg hat gezeigt, dass der Anteil der älteren Menschen (über 60) an den Krankenhauspatienten etwa doppelt so hoch ist wie der Anteil dieser Altersklasse an der Gesamtbevölkerung (vgl. Werner/Seidel/Cords 1994, S. 123.).

Aufgrund des sich wandelnden Krankheitsspektrums und der demographischen Entwicklung (**Vergreisung**) der deutschen Bevölkerung ist damit zu rechnen, dass die Gesundheitsausgaben auch weiterhin enorm zunehmen werden. Jedoch muss voneiner formelhaften Formulierung, je älter die Bevölkerung desto höher die Gesundheitsausgaben, Abstand genommen werden. Die grundsätzliche Frage, ob es sich bei den infolge der zunehmenden Lebenserwartung gewonnenen Lebensjahre um Jahre handelt, die behinderungs- und beschwerdefrei verbracht werden können, oder ob diese von Krankheit und Pflegebedürftigkeit gekennzeichnet sind, wird kontrovers diskutiert.

Nach der einen Überlegung wird die nachrückende Altersgeneration aufgrund weniger belastender Arbeitsbedingungen, einer gesünderen Lebens- und Ernährungsweise, eines höheren Aktivitätsgrades sowie der Fortschritte in der Prävention und der Medizintechnologie weniger Funktionseinschränkungen aufweisen als die vorhergehende Altersgeneration (**Morbiditätskompressionsthese**).[32]

Jedoch ist zu berücksichtigen, dass infolge der Entwicklungen der Medizintechnologie die Eintrittswahrscheinlichkeit und die Dauer

32 Vgl. zur Morbiditätskompressionsthese v. a. Fries (1980), S. 130 ff.

medizinischer und pflegerischer Interventionen zurückgehen können, die zunehmende Lebenserwartung jedoch neben der Reduzierung der Mortalitätsrate eine Erhöhung der Morbiditätsrate nach sich zieht. Insbesondere infolge der Funktionseinschränkungen mit zunehmenden Lebensjahren wird eine steigende Nachfrage nach medizinischen und pflegerischen Leistungen zu erwarten sein (**Medikalisierungsthese**).

Die Gültigkeit der Kompressions- und der Medikalisierungsthese wird sehr kontrovers diskutiert. Empirisch konnte bislang keine der beiden Thesen eindeutig bestätigt werden. Insbesondere werden bei Studienansätzen verstärkt sozioökonomische Aspekte berücksichtigt, die zeigen, dass teilweise mit einem höheren Einkommen und einer besseren Bildung stärkere Tendenzen zur Kompressionsthese bestehen. Gleichzeitig sind Elemente der Medikalisierungsthese bei anderen Gesellschaftsschichten zu beobachten. Gerade bei bildungsferneren Gesellschaftsschichten spielen chronische und insbesondere verhaltensbedingte Erkrankungen eine größere Rolle.[33]

Die Zukunft der Gesetzlichen Krankenversicherung (GKV) wird daher durch eine disproportional verlaufende Entwicklung zwischen Bevölkerung und Nachfrage nach Gesundheitsleistungen gekennzeichnet sein: Obwohl die Zahl der Empfänger von Leistungen der GKV auf lange Sicht abnimmt, wird die Nachfrage nach altersgerechten Gesundheitsleistungen aufgrund der zukünftigen Veränderungen innerhalb der Bevölkerungsstruktur und auch im Hinblick auf die höhere Krankheitshäufigkeit älterer Menschen ansteigen. Der Anteil der Rentner an der Gesamtzahl der GKV-Mitglieder wird also in Zukunft weiter steigen. Diese Zunahme der Rentner stellt deshalb ein großes Problem für die GKV dar, weil die Beitragseinnahmen der Krankenversicherung der Rentner, entrichtet durch die Rentenversicherungsträger und durch die Rentner selbst, weniger als die Hälfte der von den Rentnern verursachten Kosten deckt. Im Durchschnitt deckt ein Rentner gegenwärtig nur etwa 43% seiner Leistungsausgaben durch seinen Beitrag ab, während alle anderen

33 Vgl. zur Problematik u. a. Fries (2000), S. 1586. Vgl. auch Vita/Terry/Hubert (1998).

Mitglieder einen Beitrag einzahlen, der ihre Leistungsausgaben um durchschnittlich 46 % übersteigt.
Prognosen über den Fortbestand des **Generationenvertrags** gestalten sich äußerst schwierig, weil sowohl die Ausgabenentwicklung, die auf dem medizintechnischen Fortschritt beruht, als auch die wirtschaftliche Entwicklung Deutschlands zu berücksichtigen sind. Allgemein wird ein Anstieg der durchschnittlichen Lebenserwartung bis zum Jahr 2050 um fast zwei Jahre erwartet. Der Anteil der Rentner an den Leistungsausgaben der GKV beträgt heute rund 44 %. Im Jahre 2030 wird sich der Rentnerquotient etwa verdoppelt haben, wodurch sich der Ausgabenanteil der Rentner auf rund 60 % erhöht. Beide Größen sind jedoch kaum exakt zu prognostizieren.

V.1.2 Technischer Fortschritt – Risiko oder Chance?

In der Vergangenheit fand eine Explosion der Machbarkeit in der Medizin statt. Immer mehr Menschenleben wurden durch Diagnose- und Therapiefortschritte im Gesundheitswesen „gerettet" und verlängert. In der modernen Medizin dominieren so genannte „**halfway-technologies**", Technologien, die zwar das Leben eines Menschen verlängern können, ihn aber nicht wieder vollständig gesunden lassen und vor dem Tod bewahren können. Die moderne Medizin steckt in einer „**Fortschrittsfalle**", da jede neue Diagnosetechnologie die Zahl der als krank diagnostizierten Menschen im Durchschnitt anwachsen lässt. Neue medizinische Möglichkeiten führen somit nicht zu einer Reduzierung des Ausgabenvolumens, sondern verstärken die bedrohliche finanzielle Entwicklung der GKV noch weiter.
Auch in der Medizin finden immer wieder Paradigmen-Wechsel statt. Waren es zu Beginn des zwanzigsten Jahrhunderts vor allem die Erkenntnisse über Hygiene und Asepsis sowie die Entdeckung von Medikamenten zur Bekämpfung von Infektionskrankheiten, so sind es im letzten Jahrzehnt insbesondere die Entwicklungen auf den Gebieten der Transplantation organischer Körperteile, Operationen am offenen Herzen, die Ersetzung von organischen Körperteilen durch anorganische Ersatzteile wie bei Knie- und Hüftgelenken, die teils innere, teils äußere Unterstützung von Körperfunktionen (Herzschrittmacher, künstliche Niere) sowie die teilweise Ersetzung opera-

tiver Techniken durch minimal-invasive und äußerliche Anwendungen (Nierensteinzertrümmerer), die das Bild der Medizin nach außen hin prägen.

Eine Berechnung des englischen *Office of Health Economics (OHE)* hat ergeben, dass im Falle einer Beibehaltung des medizinischen Standes von vor 100 Jahren die Ausgaben für das Gesundheitswesen auf einem Niveau lägen, das nur 1 % des gegenwärtigen ausmacht. Für die restlichen 99 % sei eine auf den medizinischen Fortschritt zurückzuführende Bedarfsexplosion verantwortlich (Krämer 1993, S. 793.).

Darüber hinaus sind auf vielen Gebieten der medizinischen Forschung weitere enorme Fortschritte zu erwarten. Bereits Mitte der 90er Jahre wurde im Rahmen des deutschen **Delphi-Berichts** zur Entwicklung von Wissenschaft und Technik versucht, wichtige Zukunftsprojekte der Medizintechnik zu identifizieren (Bundesministerium für Bildung, Wissenschaft, Forschung und Technologie 1999). Als wichtigstes Einzelthema wurde die Aufklärung der Pathogenese der meisten malignen Tumoren eingeschätzt. An zweiter Stelle der Wichtigkeitsskala stand die Entwicklung eines Impfstoffes gegen HIV, wobei insbesondere die internationale Zusammenarbeit im Bereich der Medizintechnik deutlich wird (vgl. Übersicht 2). Neuere Untersuchungen lassen die Entwicklungsschübe der Medizintechnik vor allem im Kontext mit der Fortentwicklung multimodaler Diagnoseverfahren und der Weiterentwicklung der Biotechnologie erwarten.

Übersicht 2: Potenzielle Entwicklungsschübe der Medizintechnik und Life-Science

Technologie	**Ausprägungen und Anwendungen**
Bildgebende Verfahren	Röntgen, Computertomographie, PET
Neue Werkstoffe	Biologisch abbaubare Implantate, biokompatible Materialien
Telemedizin	Telemedizinische Anwendungen, elektronische Patientenakte
Tissue-Engineering	Extrakorporale Züchtung von Zellen und Gewebe
Genforschung	Entwicklung von Biochips auf DNA-und Proteinbasis

Quelle: Eigene Darstellung in Anlehnung an Bundesministerium für Bildung Wissenschaft (1995).

Durch diese Entwicklung wird die Diskrepanz zwischen dem medizinisch Möglichen und der Begehrlichkeit der Bürger auf der einen Seite und den finanziellen Mitteln, die hierfür zur Verfügung stehen, auf der anderen Seite immer größer.

Im Gegensatz zur Entwicklung in anderen Branchen ist die medizinische Versorgung nicht immer preiswerter, sondern immer teurer geworden. Diese Entwicklung lässt sich auf die Erfindung von immer weiteren zusätzlichen medizinischen Technologien („**Add-On-Technologien**", Zusatztechnologien) zurückführen, die darauf abzielen, bislang Unmögliches möglich zu machen (Organverpflanzungen, Herzoperationen, etc.). Nur in seltenen Fällen hat die medizintechnologische Forschung kostensenkende **Prozessinnovationen** hervorgebracht (Ersatztechnologien) (Krämer 1993, S. 793).

Als wesentliche Ursache kann der beitragsunabhängige Zugang zu den Leistungen im Gesundheitswesen angesehen werden. Den Erfindern neuer medizinischer Technologien fehlt ein wichtiger Orientierungspunkt: eine preisgesteuerte Nachfrage. Den Patienten fehlt jeder Anreiz, den angestrebten Gesundheitszustand möglichst kostengünstig zu erreichen. Schließlich wird er durch seine Inanspruchnahme nicht fühlbar monetär be- oder entlastet.

Ein besonderes Interesse an der Nutzung neuer, besonders kostengünstiger Behandlungsmethoden besteht so für den Patienten nicht. Im Gegenteil: Der Patient wird versucht sein, sich möglichst Zugang zu den besten und neuesten Behandlungstechnologien zu verschaffen (**Freifahrer-Mentalität**).

Auch für die Erbringer dieser Leistungen (Ärzte, Krankenhäuser) bestanden bisher kaum Anreize, kostengünstige Behandlungsmethoden zu verwenden. Die Anbieter hatten sogar die Möglichkeit, sich durch die Verwendung der jeweils neuesten Technologien Wettbewerbsvorteile gegenüber Konkurrenten zu verschaffen. Mit der Abkehr vom Selbstkostendeckungsprinzip und der Einführung von Fallpauschalen im Krankenhaus wurden erste Ansätze zu einem Richtungswechsel eingeführt, da diese Instrumente das Eigeninteresse der Leistungsanbieter an einer kostengünstigen Leistungserstellung wirksam stärken (Meyer 1994, S. 1 ff.).

Anders gewendet heißt dies, dass sich aufgrund des medizinischen und pharmakologischen Fortschritts ungeahnte Möglichkeiten der Diagnose und Therapie eröffnen. Inwieweit dieses Potential auch ökonomisch realisiert wird und der Bevölkerung zur Verfügung steht, hängt neben der Einkommensentwicklung sehr entscheidend auch von den institutionellen und rechtlichen Rahmenbedingungen des Gesundheitswesens ab. Daneben wird künftig die ethische Dimension eine wachsende Bedeutung erlangen, wenn beispielsweise nur die Frage der **Präimplantationsdiagnostik** (PID) oder des **therapeutsichen Klonens** herangezogen wird.[34] Auch für diese Probleme muss die soziale Krankenversicherung in Zukunft eine Lösung finden.

---

34 Das vermeintliche Spannungsverhältnis zwischen Medizin und Ökonomie wird ausführlich problematisiert bei Oberender (2004).

V.2 Politisch-rechtliche Herausforderungen

V.2.1 Europäische Union: Herausforderung und Chance

Neben den vielfältigen systemendogenen Problemstellungen (s. Kap. III) ist das deutsche Gesundheitswesen mit gravierenden exogenen Strukturbrüchen konfrontiert. Gerade auch im Zusammenhang mit der Europäischen Union (EU) ergeben sich vielfältige Herausforderungen mit Chancen und Risiken für das deutsche Gesundheitswesen.

Mit dem Prozess der europäischen **Integration** verbinden sich politische und vor allem auch wirtschaftliche Zielsetzungen. So wachsen durch die Schaffung und Vollendung des Europäischen Binnenmarktes sowie durch die Einführung des Euro als einheitliche Währung die nationalen Märkte zu einem **Gemeinsamen Markt** zusammen. Davon erhofft man sich eine Förderung der politischen Stabilität und der Freiheit, des Wachstums und des Wohlstands in der Gemeinschaft. Die EU ist dem Grundsatz einer offenen Marktwirtschaft mit freiem Wettbewerb verpflichtet und gewährt die **Grundfreiheiten** des freien Personen-, Waren-, Dienstleistungs- und Kapitalverkehrs, um eine internationale Arbeitsteilung zu ermöglichen. Es kann festgehalten werden, dass die europäische Integration einen Einigungsprozess der Mitgliedsländer darstellt, in dessen Mittelpunkt die Beseitigung der Beschränkungen der Handlungsfreiheiten steht, die sich aus den nationalstaatlichen Systemen ergeben.

Es werden zwei Formen der Integration unterschieden: **Integration durch Intervention** und **Integration durch Wettbewerb**. Dabei stellt erstere den Prozess der Integration nach kollektiven Zielen durch zentrale Instanzen dar. Diese Strategie beruht auf dem Verständnis, mit einer gemeinsamen Politik auf europäischer Ebene einheitliche Regelungen zu schaffen. Wurde sie bisher durch die Notwendigkeit des Abbaus von Handelshemmnissen im Binnenmarkt gerechtfertigt, so treten gegenwärtig die Schaffung gleicher wettbewerblicher Ausgangsbedingungen und die Verfolgung besonderer Gemeinschaftsziele als Gründe hinzu.

Im Gegensatz dazu unterstreicht Integration durch Wettbewerb die Vorstellung von den positiven Wirkungen des **regelgebundenen**

Wettbewerbs als Such-, Entdeckungs- und Kontrollverfahren in einer durch konstitutionelle Unsicherheit gekennzeichneten Welt. Aus der Übertragung dieser Sichtweise auf die Gemeinschaft und ihre Institutionen folgt die Bezeichnung des **Wettbewerbs der Systeme**. Hierbei bedarf es keiner zentralen Planung, da die einzelnen Wirtschaftssubjekte ökonomische wie institutionelle Alternativen nach ihren subjektiven Präferenzen auswählen. Als Folge des „Abstimmens mit den Füßen" zwischen Systemen werden die Anbieter (z.B. Regierungen) institutioneller Regeln zur Attraktivitätssteigerung angehalten. Dies kann zur Imitation der sich im Wettbewerb der Systeme als attraktiv erwiesenen Lösungen (ex-post-Harmonisierung) oder aber zu institutionellen Neuerungen (Innovationen) führen (vgl. hierzu Mussler/Streit 1996, S. 265 ff.; Oberender/Zerth 2001, S. 503 ff.).

Diese abstrakten Formen der Integration finden auch auf das Gesundheitswesen Anwendung. So wird immer wieder öffentlich die Forderung nach der sozialen Ausgestaltung des Binnenmarktes erhoben. Grundlage für einen europäischen Sozialraum bildet originär der Vertrag von Amsterdam vom 1. Mai 1999, dessen Text direkt und indirekt auf den wirksamen Abbau der Unterschiede in den sozialpolitisch relevanten Vorschriften der Mitgliedsstaaten abzielt.

In Art. 2 EGV wird die Förderung einer harmonischen, ausgewogenen und nachhaltigen Entwicklung des Wirtschaftslebens, eines hohen Beschäftigungsniveaus und eines großen Maßes an sozialem Schutz, die Gleichstellung von Männern und Frauen, die Konvergenz der Wirtschaftsleistungen, die Steigerung der Lebenshaltung und der Lebensqualität, der wirtschaftliche und soziale Zusammenhalt sowie die Solidarität zwischen den Mitgliedsstaaten zu den Aufgaben der Gemeinschaft erhoben. Trotz der allgemeinen Formulierung ist darin die **Tendenz zur Harmonisierung** der nationalen sozialen Sicherungssysteme unverkennbar, die durch eine gemeinsame Politik auf europäischer Ebene erfolgen soll.

Zugleich entstehen durch die **Integration durch Intervention** auch Probleme und Folgen, die es aufzuzeigen gilt. Grundsätzlich stellt jede **Harmonisierung im Voraus** eine Regulierung und Reglementierung dar. Es ist zu fragen, wer nach welchen Kriterien und in welchem Umfang die Harmonisierungsmaßnahmen bestimmt. Auf die Begründung ist besonders zu achten, da diese Bestrebungen zur Reduktion der nationalen Souveränität der einzelnen EU-Mitgliedsstaaten führen. Aufgaben, die bisher durch die Bundes- und Landesregierungen erfüllt wurden, werden dadurch den europäischen Institutionen zugeordnet. Außerdem ist fraglich, ob die zu schaffenden Normen immer dem subjektiven Willen und den Bedürfnissen der Bürger entsprechen oder nicht eher zu einer Bevormundung führen. Vor den Gefahren einer unnötigen Zentralisierung und bürokratischen Harmonisierung in der EU muss deshalb nur entschieden gewarnt werden.

Die Harmonisierung der nationalen sozialen Sicherungssysteme gestaltet sich ausgesprochen schwierig. Sie wird aus den zu erwartenden Wanderungsbewegungen der Arbeitnehmer und Leistungserbringer abgeleitet, die aus der Gewährung der Freizügigkeit, Niederlassungs- und Dienstleistungsfreiheit rühren. Die Harmonisierungstendenz wird aber durch die gemeinsame europäische Währung verstärkt. Durch den Euro entfällt die aufgrund verschiedener Währungen bestehende preisliche Intransparenz bezüglich der Unterschiede in den Lebensstandards und auch der Unterschiede in der Gesundheitsversorgung, die Ergebnis des Produktivitätsgefälles zwischen den Mitgliedsstaaten und den hieraus resultierenden Unterschieden in den Finanzierungspotenzialen sind. Wanderungsbewegungen, die aus dem unterschiedlichen Niveau der Sozialleistungen resultieren, und auch die verstärkte Forderung nach Ausbau der nationalen Gesundheitssysteme der ärmeren Mitgliedsstaaten könnten die Folge sein.

Angesichts der hohen Leistungsunterschiede der Volkswirtschaften ist eine auf dem „Reißbrett" geplante Angleichung der Systeme aber weder möglich noch sinnvoll. Die Vielfalt der „gewachsenen Sicherungssysteme" entspricht der sozialen und kulturellen Geschichte der EU-Mitgliedsländer. Die Angleichung des Niveaus der sozialen Leistungen muss aufgrund der finanziellen Restriktionen scheitern und ist aus Gründen der Freizügigkeit innerhalb der EU auch gar nicht erforderlich. Hier gehen die Verantwortlichen der Sozialsysteme in den wohlhabenderen Staaten mit den Vertretern der ärmeren Mitgliedsstaaten eine fragwürdige Allianz ein. Eine weitere Harmonisierung der nationalen Standards im Bereich der Gesundheitsversorgung auf dem hohen Niveau der wohlhabenderen Mitgliedsstaaten wird in den ärmeren Mitgliedsstaaten zu einer deutlichen Verteuerung des Produktionsfaktors Arbeit führen, deren Milderung vermutlich durch die gleichzeitige Subventionierung dieses **Liftings** via Sozialtransfers erfolgen würde. Derartige Befürchtungen werden unterstützt durch das im Amsterdamer Vertrag enthaltene originäre Mandat zur Gesundheitspolitik. So ermöglicht Art. 152 EGV, eingeordnet unter dem Titel XIII „Gesundheitswesen", die unmittelbare Einflussnahme der EU auf die Gestaltung der nationalen Gesundheitssysteme.

Der besondere Einfluss der EU leitet sich darüber hinaus aus dem Zusammenhang der Art. 152 (Gesundheitswesen), Art. 153 (Verbraucherschutz) sowie Art. 174 bis 176 EGV (Umwelt) ab. Diese Kodifizierung führt zu einer Ausgliederung aus dem bisherigen Politikfeld „Soziale Dimension des Binnenmarktes" und soll bewirken, auch in allen weiteren Aktionsräumen der EU die aus Art. 152 Abs. 1 EGV („Sicherstellung eines hohen Gesundheitsschutzniveaus") abgeleiteten Erfordernisse konsequent zu beachten. Damit werden der EU Befugnisse zur Verfolgung wichtiger Gemeinschaftsziele erteilt.

Die zunehmende Zentralisierung der Politikfelder auf der europäischen Ebene und die problematische, nicht willkürfreie Festsetzung von Harmonisierungsmaßnahmen widersprechen dem aufgezeigten freiheitlichen Gedanken einer marktwirtschaftlichen Ordnung. Danach müssen allgemeine Regeln geschaffen werden, die einen rechtmäßigen Rahmen für das Handeln der einzelnen Akteure darstellen und die Grundfreiheiten des Binnenmarktes sichern. So ist es unerlässlich, einem EU-Bürger die in einem EU-Mitgliedsstaat erworbenen sozialen Ansprüche grenzüberschreitend anzuerkennen. Dies sehen bereits die existierenden Richtlinien und Verordnungen vor. Es ist somit nicht notwendig, weitere wirtschafts- und sozialpolitische Kompetenzen auf die EU zu übertragen, um den Binnenmarkt zu realisieren. Vielmehr ist es wichtig, die vielfältigen Vorteile einer dezentralen, oft regionalen Entscheidungsfindung zu nutzen.

Eine richtig ausgestaltete dezentrale Sozialpolitik ist bürgernah und erleichtert eine wirksame Kontrolle der Bürokratie.
Wesentliche Probleme bei der Integration der nationalen Märkte für Gesundheitsgüter entspringen den **Handelshemmnissen**, die nach wie vor zwischen den Mitgliedsstaaten bestehen und gepflegt werden. Aus Gründen der „öffentlichen Sittlichkeit, Ordnung und Sicherheit und zum Schutze der Gesundheit und des Lebens von Menschen" ist es den Mitgliedsstaaten nach Art. 30 EGV erlaubt, Beschränkungen des freien Waren- und Dienstleistungsverkehrs zu erlassen. Hierfür hat der Europäische Gerichtshof (EuGH) jedoch restriktive Maßstäbe in einer Reihe von Urteilen entwickelt. So enthält das bekannte Duphar-Urteil des EuGH aus dem Jahr 1984 die Aufforderung an den nationalen Gesetzgeber, sich bei der Auswahl von Produkten, die von der Erstattungspflicht durch das nationale Gesundheitssystem ausgenommen werden sollen, ausschließlich von objektiven und nachprüfbaren Kriterien leiten zu lassen, die durch den Schutz der öffentlichen Gesundheit zu rechtfertigen sind, und eine Diskriminierung aufgrund des Ursprungs der Erzeugnisse zu vermeiden.
Im Jahr 1998 befasste sich der EuGH erneut mit der strikten Abschottung der nationalen Märkte von Gesundheitsleistungen. Dabei war zu klären, ob die territoriale Begrenzung der Dienstleistungsfreiheit im Gesundheitswesen und des Sachleistungsprinzips mit den Grundfreiheiten des europäischen Binnenmarktes vereinbar ist. Bisher war die Möglichkeit, als GKV-Versicherter Leistungen im Ausland in Anspruch zu nehmen, nur in eng begrenzten Ausnahmefällen möglich, darunter Unfälle und plötzliche Erkrankungen. Der Erwerb von ausländischen Hilfs- und Heilmitteln wurde von einer vorhergehenden Genehmigung durch die jeweilige Krankenkasse abhängig gemacht. Bei den Entscheidungen des EuGH in den Fällen Decker und Kohll ging es um die Übernahme von Kosten, die zwei gesetzlich in Luxemburg Krankenversicherten entstanden waren. Im Fall Decker handelte es sich um den Erwerb einer Brille mit Korrekturgläsern bei einem Optiker in Belgien, begründet auf einer Verschreibung eines in Luxemburg niedergelassenen Arztes. Im Fall Kohll war die geplante Zahnregulierung bei einem Zahnarzt in Deutschland strittig. Die Ablehnung der luxemburgischen Krankenkasse, die Kos-

tenerstattung zu übernehmen, ist nach dem Urteil des EuGH als eine Verletzung der Grundfreiheit des Dienstleistungsverkehrs einzuordnen. Beide Entscheidungen begründete der EuGH mit Verstößen gegen die Waren- und Dienstleistungsfreiheit. Ob diese Grundfreiheiten im Rahmen der sozialen Sicherungssysteme anwendbar sind, ist juristisch nicht unumstritten. Selbst der EuGH sieht Rechtfertigungsgründe zur Beschränkung des freien Waren- und Dienstleistungsverkehr im Bereich der sozialen Sicherheit

– bei einer erheblichen **Gefährdung des finanziellen Systems** der sozialen Sicherheit oder
– aus Gründen des **Schutzes der öffentlichen Gesundheit**.

Jedoch wurde mit dieser Rechtsprechung eine grundsätzliche Auseinandersetzung um die weitere strikte Geltung des **Territorialprinzips** begonnen. Bei einer Weiterentwicklung dieser Rechtsprechung ergeben sich auch für das deutsche Gesundheitswesen erhebliche Veränderungen. Somit müssen sich die nationalen sozialrechtlichen Normen generell auch am europäischen Recht messen lassen (vgl. dazu beispielsweise Henke 2004, S. 193 ff.).

Die strenge Geltung der **Grundfreiheiten** des Binnenmarktes auch im Bereich des Gesundheitswesens wird zu einer nachhaltigen Öffnung der nationalen Gesundheitssysteme führen. Damit wird die Integration durch Wettbewerb auch in diesem Bereich ermöglicht. Grundsätzlich erhöhen sich dadurch die Handlungs- und Wahlmöglichkeiten auf den Märkten für Gesundheitsleistungen, der Wettbewerb nimmt zu.

So können Patienten nun auch gezielt medizinische Dienstleistungen im Ausland in Anspruch nehmen oder Medizinprodukte erwerben und sich anschließend die Ausgaben dafür von ihrer Kasse erstatten lassen. Beispielsweise können dann reguläre Arztbesuche während des Urlaubes erfolgen oder Kuren auch im Ausland durchgeführt werden. Bei der Gewährung von Festzuschüssen für Leistungen oder Heilmittel können rational handelnde Patienten bestrebt sein, ihre Zuzahlung durch den günstigeren Kauf im Ausland zu minimieren.

Aufgrund dieser Substitutionsmöglichkeiten wird sich der Wettbewerbsdruck auf die Leistungserbringer nachhaltig erhöhen. Daraus ergeben sich aber auch Chancen, die es zu nutzen gilt. Nicht nur in

Grenzregionen kann durch ein gezieltes Angebot versucht werden, weitere Nachfrage anzuziehen. Gerade in medizinischen Spezialbereichen, zum Beispiel der Herzchirurgie, können durch ein ausgewogenes Preis-Leistungs-Verhältnis zusätzliche Patientengruppen erreicht werden.

Als Folge der Entscheidungen des EuGH sind die Krankenkassen gefordert, organisatorische Defizite zu beseitigen, um die Kostenerstattung ausländischer Leistungen zu ermöglichen. Dabei können sie die Öffnung der Gesundheitssysteme positiv bewerten, ergeben sich doch durch günstigere ausländische Gesundheitsleistungen mögliche Einsparpotenziale. Die Benennung eines Vertragsarztes in belebten Urlaubszentren kann sich in Zeiten des Kassenwettbewerbs für die einzelne Krankenkasse durchaus als Wettbewerbsvorteil und Imagegewinn erweisen.

Zugleich erkennt der EuGH – wie bereits ausgeführt – auch **Zugangsbeschränkungen** zum nationalen Markt für Gesundheitsgüter an, wenn sie dem **Schutz der öffentlichen Gesundheit**, der **Wahrung des finanziellen Gleichgewichts** der nationalen Gesundheitssysteme und der **Erhaltung eines bestimmten Umfangs der medizinischen Versorgung** oder eines **bestimmten Niveaus** der Heilkunde im Inland dienen. Es ist anzunehmen, dass der EuGH zukünftig in der Kontinuität seiner bisherigen Entscheidungen zum Binnenmarkt dazu Maßstäbe entwickeln wird.

Die Schlussfolgerung, dass durch den EuGH die Integration der Sicherungssysteme im Sinne einer Integration durch Wettbewerb vorangetrieben wird, darf jedoch nicht generell gezogen werden (vgl. grundsätzlich dazu Oberender/Fleischmann 2004). Im März 2004 stand die Behandlung der Festbetragsregelung durch die gesetzlichen Krankenversicherungen in Deutschland zur Entscheidung. Es war zu prüfen, ob die gemeinsame und einheitliche Festlegung der Festbeträge ein Verstoß gegen das europäische Wettbewerbsrecht darstellt. Der EuGH hat in seiner Entscheidung die Unternehmenseigenschaften der Krankenkassen verneint und damit die Anwendbarkeit des europäischen Wettbewerbsrechts ausgeschlossen.[35] Die Urteilsbegründung richtete sich nach funktionalen Gegebenheiten. So konzidierte der EuGH, dass die Krankenkassen bezüglich der Festbeträge nur als Interpret der Pflichten auftreten, die ihnen gesetzlich auferlegt wurden. Als ordnungspolitische Schlussfolgerung lässt sich daraus ableiten, dass eine Stärkung der Integration durch Wettbewerb zwar durch Urteile des EuGH vorangetrieben wurde, die Grundsatzentscheidung jedoch eine politische Frage ist. Die Urteile des EuGH werfen aber auch den Blick auf die Notwendigkeit einer konsistenten institutionellen Wettbewerbs- und Ordnungspolitik, die für künftige wettbewerbliche Reformen im Gesundheitswesen notwendig sein wird.

V.2.2 Einfluss des Wählerstimmenmarktes

V.2.2.1 Spannungsfeld zwischen Subsidiarität und Solidarität

Zunehmend geraten der **Gleichheitsgrundsatz** und die **Tendenz zur Gleichstellung** aller Bürger in den Mittelpunkt des politischen Geschehens, Egalisierungstendenzen machen sich breit. Trotz der offenkundigen, sich verstärkenden Finanzierungskrise der GKV wird den Bürgern versprochen, sie alle kämen im Rahmen ihrer Mitgliedschaft in der GKV in den Genuss der modernen Hochleistungsmedizin – zu Lasten der Solidargemeinschaft, versteht sich.
Der Anspruch der Politik, den Bürgern im Rahmen der GKV eine lückenlose, umfassende Krankenversicherung zu offerieren, hat zu unklaren, auslegungsbedürftigen Rechtsbegriffen geführt. Diese Lücken wurden von den Sozialgerichten bereitwillig ausgefüllt. Vorwiegend geschah dies mit dem Argument, auf diesem Wege der Entstehung einer sogenannten Zweiklassenmedizin vorzubeugen. Die

---

35 Vor dem Urteil des EuGH vom 16. März 2004 gab es auch anderweitige Entscheidungen. So hat beispielsweise der Kartellsenat des Düsseldorfer Oberlandesgerichts die einheitliche und gemeinsame Festsetzung der Festbeträge als gesetzeswidrig nach Art. 81, Abs. 1 EGV angesehen. Inwiefern öffentliche Unternehmen der Missbrauchsaufsicht unterliegen, wird weiterhin ein offenes Spannungsfeld der wissenschaftlichen wie politischen Diskussion bleiben.

Referenzbasis für eine solche Aussage bildet die Fiktion einer klassenlosen Gesellschaft, d. h. einer **Gesellschaft der Unterschiedslosigkeit**; damit handelt es sich letztlich um eine **Gesellschaft der Gleichartigen**, nicht nur der Gleichberechtigten.

Die Folge dieser Egalisierungstendenzen in der Sozialpolitik im Allgemeinen und in der GKV im Besonderen ist eine zunehmende Zentralisierung, denn es muss nun zentral festgelegt werden, welche Leistungen die GKV zu übernehmen hat, um weiteren Finanzkrisen vorzubeugen. Auf diese Weise wird zwar eine **Politik der Gleichmacherei** betrieben, allerdings kann auch durch eine noch so gleichmäßige Verteilung der Gesundheitsleistungen kein gleichmäßiger Gesundheitsstatus der Bevölkerung erreicht werden (vgl. Deutscher Bundestag 1990, S. 54 f.).

Es ist deshalb ein Irrglaube anzunehmen, durch die materielle Gleichstellung aller Bürger auch im Gesundheitswesen würde die Lebensqualität für alle erhöht werden. Wenn Individuen zwangsweise in Kollektive eingebunden werden wie etwa in ein System einer Gesetzlichen Krankenversicherung, so sind solche Maßnahmen legitimationsbedürftig. Durch die **Verdünnung** persönlicher Haftung und deren Übertragung auf ein Kollektiv entsteht sehr schnell ein **Verantwortungsvakuum**, das institutionell aufwendig und kostspielig aufgefüllt werden muss. Insbesondere die Folgekosten staatlicher Eingriffe müssen bei einem Vergleich zwischen den Steuerungsebenen Markt und Staat verglichen werden (vgl. Streit 1996). Element dieser Folgen sind auch dynamische Effekte, deren Wirkung unter Umständen erst sehr langfristig sichtbar und nicht immer leicht monetarisierbar ist.

Im Hinblick auf die Systeme sozialer Sicherung muss auch die Frage erlaubt sein, welchen Einfluss die verordnete Solidarität im Makrokollektiv auf die freiwillige Solidarität, auf die **Eigenvorsorge**, hat. Schon *Eucken* (1975) weist darauf hin, dass das Konzept der Sozialen Marktwirtschaft zu seiner Durchsetzung einen von Partikularinteressen und wirtschaftlichen Machtzusammenballungen unabhängigen, „starken“ Staat benötigt. Die kontinuierliche Ausdehnung staatlicher Zuständigkeit und interventionistischer Eingriffe, wie dies auch die Entwicklung seit den Kostendämpfungsgesetzen mit einigen Ausnahmen deutlich macht, lässt erkennen, dass die auch von Eucken geforderten Kriterien der Ordnungskonformität und Subsidiarität nicht ausreichend waren, um diskretionäre politische Entscheidungen einzudämmen.

V.2.2.2 Institutionelles Defizit in der Gesundheitspolitik

Der Anspruch der Sozialen Marktwirtschaft, Elemente des Marktes mit einem garantierten, nach dem Bedarfsprinzip ausgerichteten gleichen Zugang zu Gesundheitsleistungen zu vereinbaren, verleiht dem Konzept der Sozialen Marktwirtschaft eine große politische Attraktivität. Die Frage nach den Ursachen der zunehmenden **Interventionsspirale** im Gesundheitswesen lenkt den Blick auf den politischen Prozess. Die theoretischen Ansätze der Neuen Politischen Ökonomie untersuchen die Maßnahmen des Staates, veranlasst durch die Anreize der Politiker innerhalb eines demokratischen Staates (vgl. etwa Bernholz/Breyer 1994). Wird das Verhalten der politischen Entscheider, die auf einem **Markt für Wählerstimmen** agieren, von der Stimmenmaximierung bestimmt, so wird offensichtlich, welche Seite der Sozialen Marktwirtschaft im politischen Prozess begünstigt wird. Die Sicherung einer marktwirtschaftlichen Ordnung, die allgemeingültigen, möglichst diskriminierungsfreien Regeln folgt, gleicht der Produktion eines **öffentlichen Gutes**, wogegen spezielle sozialpolitische Maßnahmen spürbare Wirkungen für bestimmte Gruppen haben, die als Wähler genau solche Sondervorteile nachfragen. Somit besteht die Tendenz, zum einen ordnungspolitische Maßnahmen zugunsten sozialpolitischer Interventionen zu vernachlässigen und zum anderen mögliche politische Manövriermassen zu vergrößern. Dabei sind die Einflussmöglichkeiten namhafter Interessengruppen nicht zu unterschätzen.

Auch wenn diese Diagnose der Politischen Ökonomie nicht uneingeschränkt zutreffen muss, so sind wichtige Ansatzpunkte für Reformen ableitbar. Insbesondere ist auf eine ständige „Durchmischung der Steuerungsebenen" zu verzichten. Aufgabe des Staates innerhalb einer freiheitlichen marktwirtschaftlichen Ordnung muss es deshalb sein, möglichst gleiche Rahmenbedingungen für alle zu gewährleisten.

Es ist leicht nachzuvollziehen, zu welchen ökonomischen und auch medizinischen Konsequenzen eine solche Entwicklung führen kann. Aufgrund der **Politik der Gleichmacherei** und der weiteren Degradierung des Subsidiaritätsprinzips werden die finanziellen Probleme der sozialen Krankenversicherung in Zukunft sehr wahrscheinlich noch größer werden, als sie es gegenwärtig schon sind.

V.3 Synthese aus Sicht des Sicherungssystems

Die bisherigen Ausführungen haben gezeigt, dass die sozioökonomischen Herausforderungen für das Gesundheitswesen aus dem Zusammenspiel von demographischer Entwicklung und den Potenzialen des medizinisch-technischen Fortschritts hervorgehen. Diese Herausforderungen können aber nicht ohne die Berücksichtigung des politisch-ökonomischen Umfeldes betrachtet werden. Welche Implikationen lassen sich dann für die Zukunftsfähigkeit (Nachhaltigkeit und Generationengerechtigkeit) des Gesundheitswesens ableiten?
Nachhaltigkeit in diesem Kontext heißt, dass jede Generation über ihren Lebenszyklus hinweg die eigenen Gesundheitskosten trägt. In die GKV zahlen sowohl erwerbstätige Mitglieder als auch Rentner Beiträge ein. Der beitragszahlende Erwerbstätige zahlt dabei im Durchschnitt mehr ein, als gegenwärtig zur Finanzierung der Leistungen für ihn und seine mitversicherten Familienangehörigen erforderlich wäre. Der durchschnittliche Beitrag eines Rentners hingegen reicht zur Selbstfinanzierung der Leistungen für ihn und seine mitversicherten Familienangehörigen nicht aus. Im Durchschnitt deckt ein Rentner nur etwa 43% seiner Leistungsausgaben durch seinen Beitrag ab, während alle anderen Mitglieder einen Beitrag einzahlen, der ihre Leistungsausgaben um durchschnittlich 46% übersteigt. Der Überschuss, den die erwerbstätigen Mitglieder netto in die GKV einzahlen, dient der Finanzierung der Nettoauszahlungen, die Rentner für ihre medizinische Versorgung erhalten. Das bedeutet, dass innerhalb der GKV eine **intergenerative Umverteilung** von den Erwerbstätigen zu den Rentnern vorgenommen wird.

In einer alternden und schrumpfenden Bevölkerung nimmt der Anteil der Versicherten im Rentenalter in der GKV zu, während der Anteil der Erwerbstätigen sinkt. Die sich dadurch multiplizierenden Nettoauszahlungen für Rentner müssen durch höhere Beiträge der Erwerbstätigen finanziert werden, so dass das Ausmaß der Umverteilung von Erwerbstätigen zu Rentnern steigen und damit gegen das Prinzip der Nachhaltigkeit zunehmend verstoßen wird. Die Investition in das Gesundheitssystem wird dadurch für die erwerbstätigen Generationen in toto ungünstiger. Der Barwert der Beiträge übersteigt den Barwert der Leistungen, was bedeutet, dass die Erwerbstätigengenerationen einen Lebensnettotransfer an die Überlebenden früherer Kohorten zahlen. Zeichnet man den Lebensweg eines einzelnen Versicherten nach, so kann die Bewertung des Umlageverfahrens im demographischen Wandel positiv ausfallen. Für den Einzelnen besitzt das Umlageverfahren dagegen durchaus Vorteile, da er „heute" zwar intergenerative Transfers leistet, er aber „morgen" durch eine mögliche **Versteilerung der Ausgaben** höhere Transfers erhält.

Um die **intergenerativen Belastungswirkungen** der öffentlichen Finanzen ermitteln zu können, wurde von Auerbach, Gokhale und Kotlikoff (1994) das Konzept des **Generational Accounting** entwickelt. In Deutschland existieren Berechnungen sowohl für die gesamte Fiskalpolitik des Staates als auch für die einzelnen Zweige der sozialen Sicherung.[36] Mit Hilfe so genannter **Generationenkonten** können intergenerative Belastungsrechnungen für einzelne Altersjahrgänge erstellt werden (vgl. idealtypisch in Abbildung 12). Die empirischen Analysen zeigen, dass auf zukünftige Generationen eine deutliche Mehrbelastung zukommt, in der Größenordnung eines Vielfachen des Bruttoinlandsprodukts. Wir leben, fiskalisch gesehen, also deutlich über unsere Verhältnisse und engen den Handlungsspielraum zukünftiger Generationen drastisch ein, soll weiterhin das hohe Versorgungsniveau sichergestellt werden.

---

36 Vgl. hierzu Raffelhüschen (1999) oder Fetzer/Hagist/Raffelhüschen (2004).

Abb. 12: Idealtypisches Generationenmodell

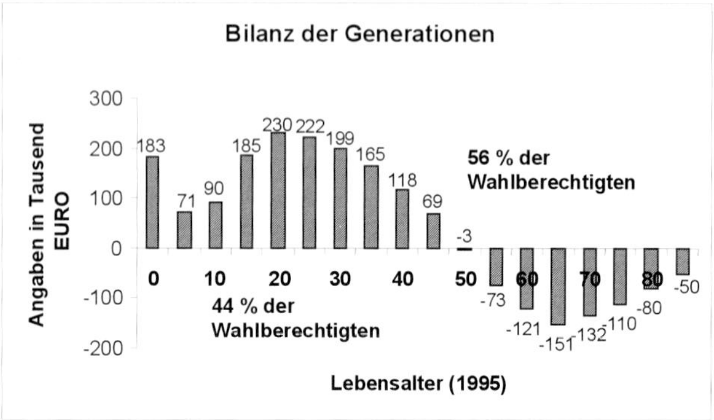

Quelle: Illustriert nach Kotlikoff /Leibfritz (1998).

Man kann die Ergebnisse auch so interpretieren, dass wir uns heute einen Umfang an sozialen Leistungen in der Renten-, Kranken- und Pflegeversicherung gönnen, der für die nachfolgenden Generationen mit den bestehenden Finanzierungssystemen nicht aufrecht zu erhalten ist. Da die Ausgaben der Krankenversicherung in hohem Maße altersabhängig sind, erwachsen aus dem demographischen Wandel in Verbindung mit den Wechselwirkungen des medizinisch-technischen Fortschritts Ausgabensteigerungen, die in einem Umlagesystem zwangsläufig zu Beitragssteigerungen führen (vgl. Zweifel/Felder/Meier 1996; Schmähl/Ulrich 2001). Dies hat bei anhaltender Alterung zunehmende Belastungen zukünftiger Generationen beziehungsweise steigende intergenerative Transfers zur Folge: Ein immer größer werdender Anteil des Beitrags der Jüngeren wird zur Finanzierung der Gesundheitsausgaben für die Älteren aufgewendet. Daraus resultiert die so genannte **Nachhaltigkeitslücke** (vgl. Auerbach et al. 1994).

Die Schließung dieser Lücke setzt voraus, dass jede Generation über ihren Lebenszyklus hinweg ihre eigenen Gesundheitskosten finanziert. Mit der **Kapitaldeckung** können grundsätzlich sowohl die demographischen Belastungen als auch die Ausgabeneffekte des medizinisch-technischen Fortschritts gleichmäßiger über die Zeit verteilt und damit zumindest partiell vorfinanziert werden (vgl. Knappe 2003). Bei einer individuellen Kapitalbildung, etwa in Form von **Altersrückstellungen**, finden keine intergenerativen Transfers mehr statt. Die Belastungen in der Gegenwart fallen dann höher aus, während die zukünftigen Belastungen entsprechend niedriger sind. Der individuelle Belastungspfad lässt sich durch Kapitalbildung glätten. Allerdings erweist sich die Bestimmung des erforderlichen Kapitalbedarfs im Gesundheitswesen im Vergleich zur Rentenversicherung als komplexe Aufgabe, da die zukünftigen Wechselwirkungen zwischen Demographie und medizinischem Fortschritt nur sehr schwer zu quantifizieren sind. Falls der Kapitalbedarf unterschätzt wird, wird trotzdem noch eine entlastende Wirkung erzielt. Lediglich im Falle der Überschätzung des Bedarfs würde der Verschwendung von Ressourcen Vorschub geleistet.

Zum Vergleich sei auf die Situation in der Privaten Krankenversicherung (PKV) verwiesen: Damit die Versicherungsbeiträge nicht mit zunehmendem Alter der Versicherten steigen, führt die PKV aus den Prämieneinnahmen und den Kapitalerträgen umfangreiche Mittel der Alterungsrückstellung zu. In der PKV ist dadurch bis Ende 2003 ein Kapitalstock von rd. 71,4 Mrd. € gebildet worden (vgl. Verband der Privaten Krankenversicherung 2005).

Will man nur die **Kapitaldeckung** stärken, so könnte man im öffentlich-rechtlichen System jeden Versicherten auch zwingen, neben seiner Krankenversicherung einen Sparvertrag abzuschließen, der im Falle eines Versicherungswechsels automatisch portabel ist. Dadurch könnte auch die Teil-Kapitaldeckung in den einzelnen Zweigen der sozialen Sicherung gebündelt werden, bzw. man könnte sie nur in einem Zweig der sozialen Sicherung einführen, etwa der Rentenversicherung, dort allerdings in einem Umfang, der die gewünschte Kapitaldeckung in allen Zweigen der Sozialversicherung berücksichtigt. Diese Lösung besitzt aber den gravierenden Nachteil, dass die Finanzierungs- und Budgetierungsgrenzen für die einzelnen Teilsysteme an Kontur verlieren und deshalb die Akzeptanz für die erforderlichen Reformschritte spürbar nachlassen dürfte. Es dürfte kaum ein Weg daran vorbei führen, jedes Teilsystem der sozialen Sicherung eigenständig nachhaltig zu finanzieren.

Grundsätzlich erscheint es aber auch möglich, die Ausgabeneffekte des demographischen Wandels und des medizinischen Fortschritts im Rahmen des bestehenden Umlageverfahrens abzuschwächen (vgl. SVR 2004). Dazu wäre allerdings eine stärkere Belastung der älteren Versicherten erforderlich, so dass jede Generation deutlicher als im Status quo ihre eigenen Gesundheitskosten finanziert und damit dem Nachhaltigkeitsziel eher entsprochen wird. Die Begrenzung intergenerativer Transfers ist grundsätzlich also auch in einer umlagefinanzierten GKV möglich und erfordert nicht unbedingt Kapitaldeckung. Voraussetzung wäre aber, dass Rentner in der Krankenversicherung adäquate Beiträge zahlen müssten.

Dieser Argumentation lässt sich entgegenhalten, dass eine höhere Belastung für Rentner aus Verteilungsgründen nur sehr eingeschränkt durchsetzbar sein dürfte. Falls eine stärkere Belastung der Rentner ausscheidet, verbleiben im Umlageverfahren letztlich nur ausgabenseitige Reformen, die dafür sorgen, dass der Anstieg der Gesundheitskosten im Alter gebremst wird. Dazu müssten die Reformen aber insgesamt mutiger sein und den eingetretenen Pfad der klassischen Kostendämpfung verlassen. Das könnte insbesondere dadurch erreicht werden, dass deutlich stärkere Anreize als bisher für die **Prävention** im Gesundheitswesen gesetzt werden. Hier bieten die neuen Formen der Integrationsversorgung einen möglichen Ansatzpunkt.

Die Bilanz der bisherigen Kostendämpfungspolitik ist aber nicht so ermutigend, dass man auch bei zukünftigen Gesundheitsreformen wieder alleine auf ausgabenseitige Reformen setzen sollte. Unter diesem Gesichtspunkt erscheinen Modelle, die zu einer Kapitalbildung im Gesundheitswesen beitragen, erfolgversprechender. Die Ergänzung des Umlagesystems durch kapitalgedeckte Elemente erscheint auch unter dem Aspekt der Risikomischung vorteilhaft, da beide Finanzierungssysteme unterschiedlich sensibel auf Risiken reagieren. Da Deutschland bisher stark auf die Umlagefinanzierung gesetzt hat, erscheint der Ausbau kapitalgedeckter Finanzierungsmodelle vorteilhaft. Auf das Problem der Kapitaldeckung soll im Kapitel VI noch einmal vertieft eingegangen werden.

VI Reform des Gesundheitswesen: Szenarien

Angesichts der Vielgestaltigkeit der gegenwärtigen Probleme sowie der zukünftigen Herausforderungen sind Reformen im Gesundheitswesen unumgänglich. Allein schon die begrenzten Finanzierungsmöglichkeiten im Rahmen einer Solidargemeinschaft erzwingen eine Umgestaltung der sozialen Krankenversicherung, die das Problem der **Knappheit der Mittel** und deren **optimale Verwendung** effizient zu lösen verspricht.

Die notwendige Reform des Gesundheitswesens wird auch eine **Neubestimmung des Solidarprinzips** einschließen müssen. So wird eine Reduzierung der Solidarleistungen, also der im Krankheitsfall gewährten und von der Solidargemeinschaft finanzierten Leistungen, nicht zu vermeiden sein.

Das Gesundheitswesen krankt – wie bereits herausgestellt – an **falschen Anreizsystemen,** einem **Verantwortungsvakuum** und einer **ständig wachsenden Reglementierungsflut.** Ziel einer Reform muss es daher sein, die Ursachen von Ineffizienzen zu bekämpfen und systemimmanente **individuelle Anreize** zu schaffen. Gerade unter dem ambivalenten Gesichtspunkt künftiger Wachstumspotenziale im Gesundheitswesen darf Kostendämpfung nicht als Selbstzweck verstanden werden.

Die Eingriffsintensität ist in Anbetracht einer freiheitlichen marktwirtschaftlichen Ordnung bislang in Deutschland zu hoch gewesen. Verteilungs- und beschäftigungspolitische Zielsetzungen dürfen als Begründung für eine weitere Beschränkung der individuellen Freiheit nicht herangezogen werden, es sei denn, es wird im Sinne eines expliziten gesellschaftlichen Diskurses das Bild eines unmündigen Patienten, der letztendlich auch unmündiger Bürger werden muss, zum Leitbild der Gesundheitspolitik erhoben. Welche Grundfragen stellen sich nun bei der Gestaltung einer ordnungspolitischen Leitlinie der Gesundheitspolitik?

VI.1 Diskussion jeder Reform: Grundfrage des Rationierungsphänomens

Die Grundfrage an ein Sicherungssystem hängt unmittelbar von den Ansprüchen aller Gesellschaftsmitglieder an das Gesundheitswesen ab. Welche Ansprüche lassen sich identifizieren?
Grob können zwei Richtungen unterschieden werden. Auf der einen Seite soll durch ein Gesundheitssystem ganz grundsätzlich die **Gesundheit der Bürger** erhalten bzw. wiederhergestellt werden. Das ist die Aufgabe der medizinischen Leistungserbringer. Auf der anderen Seite muss die **finanzielle Absicherung im Krankheitsfall** gewährleistet sein und dafür Sorge getragen werden, dass diese Mittel an die Leistungserbringer so verteilt werden, dass sie ihre Aufgaben erfüllen können. Jedes Gesundheitssystem muss aber das Spannungsverhältnis lösen, wie einerseits eine **ausreichende medizinische Versorgung** gewährleistet werden soll, ohne aber andererseits die Volkswirtschaft mit den **Ansprüchen** an das **medizinisch Mögliche** zu überfordern.
Jede mit der medizinischen Leistungsausweitung verbundene Ausdehnung der Gesundheitsausgaben führt aber – wegen der Knappheit der Mittel – dazu, dass immer weniger finanzielle Mittel anderen, gesellschaftlich ebenfalls wünschenswerten Bereichen, wie Bildung, Kultur, innere und äußere Sicherheit, zur Verfügung stehen. Nach wie vor ist eine Gesellschaft auch bereit, Produktionsprozesse zu akzeptieren, die Unfälle mit Todes- und Krankheitsfolge nach sich ziehen. Aus ökonomischer Sicht ist deshalb nicht der Gesamtnutzen relevant, sondern die Abwägung des Nutzenzuwachses gegenüber dem Kostenzuwachs (vgl. Oberender 1998, S. 10 ff.).
Das ökonomische Entscheidungskalkül jedes Individuums zeigt diese Ambivalenz deutlich auf. Nach diesem Kalkül sind auch bei Gesundheitsleistungen der zusätzliche Gewinn an Lebensqualität den zusätzlichen damit verbundenen Kosten gegenüber zu stellen. So lässt sich beispielsweise das individuelle Verhalten erklären, dass trotz Kenntnis der gesundheitsschädigenden Wirkungen des Rauchens oder auch bestimmter Sportarten viele Menschen rauchen oder gefahrgeneigte Freizeitbeschäftigungen ausüben.

Das **strategische Problem der Medizin** und damit des gesamten Gesundheitswesens ist die **Knappheit der Ressourcen.** Das **taktische Problem**, das es zu lösen gilt, ist die **bestmögliche Verwendung** dieser knappen Ressourcen der Gesundheitsversorgung. Dies führt neben **Rationalisierungsanstrengungen**, d. h. dem Verzicht auf überflüssige Maßnahmen, zwangsläufig zu Effekten der **Rationierung**. Mit Rationierung wird der Verzicht auf grundsätzlich wirksame und medizinisch sinnvolle Maßnahmen beschrieben.

Aufgrund der **Preislosigkeit** eines individuellen Menschenlebens ist eine Rationierung im Gesundheitswesen nur als Entscheidung über **Menschenleben im statistischen Sinne**, d. h. durch Festlegung der Wahrscheinlichkeit, mangels geeigneter oder in ausreichendem Umfang vorhandener medizinischer Ressourcen früher zu sterben, gesellschaftlich akzeptabel.

Die gesellschaftliche Frage ist nun, nach welchen Kriterien Rationierungsentscheidungen durchgeführt werden sollten. Wenn berücksichtigt wird, dass die möglichen Ausgaben für medizinische Leistungen infolge der im Vorkapitel herausgearbeiteten Herausforderungen weiterhin stark ansteigen werden, kann die Rationierungsfrage, die immer auch mit dem Gleichheitspostulat verknüpft ist, nur noch absolut zu einem zu erreichenden Niveau betrachtet werden und nicht mehr relativ zum Status anderer Gesellschaftsmitglieder (vgl. Leist 2002, S. 175). Mit anderen Worten wird der medizinische-technische Fortschritt es erforderlich machen, explizit im gesellschaftlichen Kontext zu erklären, welche Gesundheitsleistungen für alle als Mindestleistungen zur Verfügung stehen. Von diesem Mindeststandard aus werden individuelle Erweiterungen und Ergänzungen der Gesundheitsversorgung die Folge sein.

Die Festlegung gesundheitspolitischer Zielsetzungen für den Bereich der Versorgung, der außerhalb der Allokation über das Preissystem, d. h. kollektiv erfolgen soll, muss jedoch der Pluralität der freiheitlichen Gesellschaftsordnung entsprechen. Im Zweifel werden verschiedene Personen den Inhalt und vor allem den Umfang und die Ausgestaltung der Gesundheitsversorgung unterschiedlich gewichten. Der Ausdruck unterschiedlicher Gewichtungen von Solidarität und

Eigenverantwortung kommt nun in der Darlegung von Reformalternativen zum Tragen.

VI.2 Zur Reformdiskussion im deutschen Gesundheitswesen

Angefacht durch die Rürup-[37] und die Herzog-[38]Kommission, liegen Vorschläge vor, die eine grundsätzliche Neuorientierung des Gesundheitswesen fördern helfen wollen, obwohl diese Konzeptionen im Detail auf bereits bestehende Reformkonzeptionen zurückgreifen. Es fehlt jedoch eine systematische Auseinandersetzung mit den relevanten Kernbestandteilen. Bei den Vorschlägen der Rürup-Kommission ist dabei zwischen dem **Bürgerversicherungsmodell** und dem **Gesundheitsprämienmodell** zu unterscheiden. Letzteres wurde ähnlich auch von der Herzog-Kommission propagiert. Der Sachverständigenrat zur Begutachtung der gesamtwirtschaftlichen Entwicklung hat in seinem Jahresgutachten 2004 ebenfalls ein Modell einer „**Bürgerpauschale**“ konzipiert, das sich in das Gesundheitsprämienmodell einfügen lassen würde.

Für die weitere Betrachtung kann nun die Abgrenzung Bürgerversicherung vs. Gesundheitsprämie als erstes Abgrenzungskriterium dienen, ohne dabei schon eine inhaltliche Auseinandersetzung vorgenommen zu haben. Es soll aber schon als Vorbedingung eingefügt werden, dass für den weiteren Verlauf nur die Grundzüge der jeweiligen Konzepte dargelegt werden können, soweit überhaupt eine Kongruenz der Problemstellungen in den jeweiligen Konzepten abgebildet worden ist.[39]

---

37 Kommission „Nachhaltigkeit in der Finanzierung der Sozialen Sicherungssysteme“ (eingesetzt durch Bundesministerium für Gesundheit und Soziale Sicherheit).

38 Kommission „Soziale Sicherheit“ zur Reform der Sozialen Sicherungssysteme (eingesetzt durch Beschluss des CDU-Bundesvorstandes).

39 Vgl. zu den Modellen einer „Bürgerversicherung“ beispielsweise Bundesministerium für Gesundheit und Soziale Sicherung 2003 oder Lauterbach 2004; zum Gesundheitsprämienmodell etwa Gerken/Raddatz 2003; Rürup/Wille 2004.

Bei der Diskussion um Bürgerversicherung und Gesundheitsprämie lassen sich als Kernelemente der Ausgestaltung des sozialen Sicherungssystems folgende Positionen herausarbeiten:

- Abgrenzung der **Solidarität** und Ausmaß der **Eigenverantwortung**,
- Ausgestaltung der **Finanzierung**,
- Ausgestaltung der **Leistungsgestaltung**.

Es muss jedoch festgehalten werden, dass sowohl die bisherigen Modelle der Bürgerversicherung als auch die Modelle mit Gesundheitsprämien primär die beiden ersten Kernelemente diskutieren. Darüber hinaus können die verschiedenen Modelle Bürgerversicherung und Gesundheitsprämie nicht unmittelbar miteinander verglichen werden, da die ordnungspolitischen Zielsetzungen teilweise unterschiedlich abgrenzt sind. Modelle der Gesundheits- oder Kopfprämie setzen zunächst nur an der Gestaltung einer einkommensunabhängigen Prämie an, der Kreis der Pflichtversicherten ist damit noch nicht endgültig umrissen. Im Gegensatz dazu lassen sich Modelle einer Bürgerversicherung sowohl mit einkommensabhängigen Beiträgen als auch pauschalen oder gar risikoorientierten Prämien untersuchen (vgl. Abbildung 13).

Abb. 13: Reformalternativen im Überblick

Pflicht-versicherte / Bemessungs-grundlage	Arbeitnehmer	Alle Bürger
Lohnabhängige Beiträge	GKV (Status quo)	
Einkommensabhängige Beiträge		Bürgerversicherung (Lauterbach u. a.)
Pauschale Prämie	Herzog-Kommission	Pauschale Bürger-versicherung (Knappe u. a.)
Risikoorientierte Prämie		Bayreuther Versichertenmodell, Züricher Modell[40]

Quelle: eigene Darstellung in Anlehnung an Gerken/Raddatz (2003), S. 5.

VI.3 Reformoption I: Weiterentwicklung des Solidarprinzips

Nachfolgend sollen anhand der Kriterien "Mitgliedschaft und Versicherungspflicht" sowie „Gestaltung des Versicherungsverhältnisses" die aktuellen Reformansätze im Spannungsfeld Bürgerversicherung und Gesundheitsprämie grundlegend eingeordnet und jeweils mit einer Synthese abgeschlossen werden.

VI.3.1 Mitgliedschaft und Versicherungspflicht

Die Diskussion um eine Reform der Gesundheitsversorgung muss die Frage beantworten, für wen die Pflicht zur Solidarität innerhalb einer Gesellschaft letztendlich gilt.

40 Vgl. zum „Bayreuther Manifest" Oberender/Zerth (2003) sowie zum Bayreuther Versichertenmodell Oberender et. al. (2006). Das „Züricher Modell" findet sich bei Zweifel/Breuer (2002).

VI.3.1.1 Bürgerversicherungsmodelle

Grundlage der Bürgerversicherungsmodelle ist die Ausweitung der Versicherungspflicht auf alle Bürger. Die Versicherungspflichtgrenze entfällt dadurch. Gleichzeitig soll die Beitragsbemessungsgrenze angehoben werden und grundlegend möglichst alle Einkunftsarten des Einkommenssteuergesetzes Berücksichtigung finden. Private Krankenversicherungen sollen mit risikoäquivalenten Prämien lediglich den Bereich der Zusatzversicherungen abdecken können. Andere Ansätze sehen eine Art „Wettbewerbsgleichheit" zwischen gesetzlichen Krankenversicherungen und privaten Krankenversicherungen dergestalt vor, dass auch private Krankenversicherungen nach den einheitlichen Bedingungen, d. h. einkommensabhängiger Beiträge, Vollversicherungsverträge anbieten können.[41]

VI.3.1.2 Gesundheitsprämienmodelle

Beim Gesundheitsprämienmodell bleibt in den verschiedenen Modellen die Festlegung der **Friedensgrenze** offen. Einerseits wird vorgeschlagen, die bisherige Versicherungspflichtgrenze beizubehalten, lediglich die Wettbewerbsbedingungen innerhalb der privaten Krankenversicherungen, vor allem die Portabilität der Altersrückstellungen, sollten verbessert werden. Anderseits sieht das Modell von Knappe/Arnold (2002) eine Ausweitung der Versicherungspflicht auf alle Bürger vor, was aber unmittelbare Auswirkungen auf den Altversicherungsbestand und die Unternehmensfreiheit der privaten Krankenversicherungen hätte.

VI.3.1.3 Synthese

Die Frage nach der Ausdehnung der Versicherungspflicht ist nur im Hinblick auf die Konstruktionsprinzipien eines sozialen Sicherungssystems zu diskutieren. Es ist ein entscheidender Unterschied, ob bei einem Umlageverfahren oder bei einem kapitalorientierten Verfahren

41 Erweiterung des Bürgerversicherungsmodell nach den Vorstellungen von Bündnis 90/Grünen, zitiert nach Sachverständigenrat für die gesamtwirtschaftliche Entwicklung (2004), S. 412.

eine allgemeine Versicherungspflicht eingeführt wird. Bei einer langfristige Orientierung an immanenten Anreizen ist bei Fortbestand des Solidarprinzips eine allgemeine Versicherungspflicht für alle Staatsbürger sinnvoll, insbesondere dann, wenn die Umverteilungskomponente über allgemeine Steuermittel zu finanzieren ist. Dies wäre bei Gesundheitsprämien oder einer aktuarischen Finanzierung erforderlich.

Als erster Schritt in die Richtung einer allgemeinen Versicherungspflicht ist die Bemessungsgrundlage für die Beitragskalkulation langfristig erheblich auszuweiten, da ein Festhalten am Arbeitseinkommen für die weitere Entwicklung nicht mehr zielführend ist. Wie auch der *Sachverständigenrat für die Konzertierte Aktion im Gesundheitswesen* bereits 1994 ausgeführt hat, sollte das Gesundheitswesen als ein Motor für Wachstum und Beschäftigung unter Aufgabe der Beitragssatzstabilität und Berücksichtigung künftiger Entwicklungschancen betrachtet werden. Die Diskussion um Reichweite und Inhalt der Versicherungspflicht ist ohne die Abgrenzung der Solidarität, die sich in der Garantie eines „Leistungskatalogs“ wiederfindet, nicht zu führen.

VI.3.2 Gestaltung des Versicherungsverhältnisses

Die **Grundfrage** jedes gesundheitspolitischen Reformentwurfs und sozusagen die Klammer um die jeweiligen Ausgestaltungsvorschläge ist die **Konzeption des Versicherungsverhältnisses** zwischen Versicherten und Kostenträger (Krankenversicherung). Die Ausgestaltung der Finanzierungsregelung hat unmittelbaren oder mittelbaren Einfluss auf die Angebots- sowie die Nachfrageseite, was sich am Beispiel des deutschen Solidarprinzips (Beitragssatzstabilität) sowie des Sachleistungsprinzips (Entökonomisierung der Leistungsnachfrage) ableiten lässt.

VI.3.2.1 Bürgerversicherungsmodelle

Ziel der Bürgerversicherungsmodelle ist es, durch die Ausweitung der Versicherungspflichtgrenze in Kombination mit der Anhebung der Beitragsbemessungsgrenze die Lohnabhängigkeit der Finanzierung zu reduzieren und gleichzeitig eine verbesserte horizontale Gerechtigkeit zwischen den Einkunftsarten zu gewährleisten. Die Lohnabhängigkeit soll durch die Berücksichtigung aller Einkunftsarten des Steuerrechts reduziert werden. Durch die Einbeziehung weiterer Einkommensbestandteile ergibt sich das Problem der Verrechnungsfähigkeit von positiven und negativen Einkommen. Dies soll nach dem Konzept der Bürgerversicherung nicht möglich sein. Darüber hinaus macht die Fortführung der paritätischen Finanzierung eine Regelung für die Nichterwerbseinkünfte notwendig. Für Vermögenseinkünfte soll der Versicherte daher den vollen Beitrag bezahlen.
Ziel der Bürgerversicherung ist es, durch eine Ausweitung der Versicherungspflicht bei gleichzeitiger stufenförmiger Anhebung der Versicherungspflichtgrenze mittlere und kleine Einkommenshaushalte langfristig zu entlasten, was bei Annahme eines gleichen Ausgabenverhaltens bei Erhöhung der Einnahmebasis saldentheoretisch zwingend sein muss.

VI.3.2.2 Gesundheitsprämienmodelle

Kernbestandteile der Gesundheitsprämienmodelle sind einkommens- und altersunabhängige Kopfpauschalen mit einem grundsätzlichen Solidarausgleich über das Steuersystem.[42] Jeder (erwachsene) Versicherte zahlt eine Gesundheitsprämie, die innerhalb der Kasse für

42 Es ist bei den verschiedenen Modellen unklar, ob mit einheitlicher Gesundheitsprämie ein für alle Kassen einheitlicher Satz oder lediglich die Vorgabe kassenindividueller Prämien intendiert ist. Während die erste Variante letztendlich wie eine allgemeine Kopfsteuer wirken würde, würde sich die zweite Variante (wie beispielsweise bei Knappe/Arnold 2002 durchaus an Prämienmodellen orientieren, wie sie beispielsweise in amerikanischen HMO-Systemen zu finden sind.

jeden gleich sein muss.[43] Für den Kassenwettbewerb soll weiterhin ein Kontrahierungszwang und ein Diskriminierungsverbot gelten. Durch die Entkoppelung der Krankenversicherungsbeiträge vom Einkommensrisiko soll sich der Risikostrukturausgleich künftig nur auf die ausgabenseitigen Faktoren (Alter, Geschlecht, Morbidität) konzentrieren. Die bisherigen Arbeitgeberbeiträge werden vollständig über den Lohn ausbezahlt und unterliegen daher der Besteuerungspflicht. Die solidarische Absicherung soll über steuerfinanzierte Prämienzuschüsse erfolgen.

VI.3.2.3 Ausgestaltung der Finanzierung: eine Synthese

Eine Beibehaltung der Beitragsfinanzierung gemäß dem Solidarprinzip, wie es die Modelle der Bürgerversicherung intendieren, könnte auf die bisherige Tradition der sozialen Sicherung zurückgreifen und würde vor allem dem politischen Argument der „geteilten Solidarität zwischen Arbeitgebern und Arbeitnehmern" Rechnung tragen, das jedoch übersieht, dass auch der so genannte **Arbeitgeberanteil** Lohnbestandteil ist, der von der Produktivität des einzustellenden Arbeitnehmers erst erwirtschaftet werden muss.
Unter Berücksichtigung der bedeutsamen Nachfragepotenziale (demographische Entwicklung und medizinisch-technischer Fortschritt) muss in Zukunft mit steigenden Ausgaben und damit einer Verschärfung der Beitragssatzentwicklung gerechnet werden, da insbesondere das grundsätzliche Steuerungsproblem im deutschen Gesundheitssystem, d. h. das Auseinanderfallen zwischen im Quellenabzugsverfahren erhobenen Einnahmen und Inanspruchnahme der Leistungen, nicht behoben wird.
Reformvorschläge, die zwar das Umlageverfahren erhalten wollen, gleichzeitig jedoch das Problem der Lohnnebenkosten stärker akzentuieren, plädieren dafür, entweder den Arbeitgeberanteil auf einer gewissen Höhe festzusetzen oder die gesamten Lohnnebenkosten von einem zu definierenden Sockelbetrag einmalig auszuschütten. Im

---

43 Bei den verschiedenen Modellen der Gesundheitsprämie lässt sich keine einheitliche Linie hinsichtlich der Prämienbelastung von Kindern finden.

ersten Fall wären Beitragssatzerhebungen allein dem Arbeitnehmer aufzubürden, wohingegen im zweiten Fall Krankenversicherungsbeiträge den Charakter als Lohnnebenkosten verlieren würden und künftig allein Element der Lohnverhandlungen wären. Dadurch würde zum einen die Transparenz erhöht sowie das Argument der Lohnnebenkosten hinfällig werden.

Vor dem Hintergrund der demographisch zu erwartenden Mehrausgaben wird zukünftig die Deckung der Finanzierungslücke immer relevanter (Verhältnis von zahlenden Erwerbstätigen zu Leistungsbeziehern). Damit nimmt die Bedeutung von **Kapitalrückstellungen** (Kapitaldeckung) zu. Gleichwohl ist eine Kapitaldeckung zur Sicherung des intertemporalen Ausgabenbedarfs immer nur unvollständig konstruiert, da vor allem das Änderungsrisiko und die Einflüsse des medizinisch-technischen Fortschrittes nur teilweise antizipiert werden können.[44] Entscheidend ist in diesem Zusammenhang vor allem, auf welcher gesellschaftlichen Steuerungsebene die Kapitaldeckung eingeführt wird. Bleibt die Kapitaldeckung Element des GKV-Umlagesystems, so ist die Gefährdung durch politische Verschiebebahnhöfe nicht von der Hand zu weisen. Die andere Alternative würde die Kapitalrückstellungen am individuellen Versicherten ansetzen lassen. Entscheidend bleibt nur, dass die Kapitalrückstellungen bei einem möglichen Kassenwechsel transferierbar sind (vgl. VI.3).

Das System der beitragsunabhängigen Leistungen und der einkommensabhängigen Beiträge (Beitragsfinanzierung nach Solidarprinzip) lässt sowohl das versicherungstechnische Prämienrisiko als auch das Umverteilungsrisiko beim Kostenträger. Ein System der Gesundheitsprämien (ähnlich dem Schweizer Modell) würde die Umverteilungskomponente aus dem Leistungsverhältnis Kostenträger–Versicherter ausgliedern und konsequenterweise auf den Staat übertragen. Folglich wären Fehlanreize aus der Umverteilungsanlage aus der Leistungsbeziehung herausgenommen.

---

44 Vgl. zu Umsetzungsproblemen u. a. auch Sachverständigenrat zur Begutachtung der gesamtwirtschaftlichen Entwicklung 2004, S. 399 ff.

Jedoch ist auch bei Gesundheitsprämienmodellen das Problem des mit dem Alter ansteigenden Finanzierungsrisikos bei grundsätzlichem Verzicht auf eine ex-ante-Prämiendifferenzierung (risikoäquivalente Prämien) zu diskutieren. Entweder werden altersorientierte Kopfprämien erhoben oder das Instrument der ex-post-Differenzierung der Beiträge über bestimmte Ausgestaltungsvarianten des Selbstbehaltes gewählt. Der Anreiz zur Risikoselektion und somit die politische Diskussion um eine mögliche Regulierung der Risikostruktur sind bei einem Kopfprämienmodell nicht von der Hand zu weisen.

VI.3.3 Zwischenergebnis

Sowohl gegen die Bürgerversicherungskonzepte als auch gegen die Modelle der Gesundheitsprämien bestehen ernstzunehmende Bedenken. Bei der Bürgerversicherung kommt es zu einer Ausdehnung des Umlageverfahrens, ihre ökonomische Wirkungsweise entspricht derjenigen der Einkommensteuer, sie leistet keinen Beitrag zur Reduktion der gesamtwirtschaftlichen Abgabenquote und ist nicht vereinbar mit dem Ziel der Senkung der Grenzsteuersätze im Rahmen der Einkommensteuerreform. Gegen die Gesundheitsprämienmodelle wird eingewendet, dass sie ebenfalls überwiegend im Umlageverfahren verbleiben (je nach betrachteter Variante), mit sozialen Ungerechtigkeiten einhergehen und außerdem der erforderliche Transferbedarf nicht zu finanzieren sei. Beiden Konzepten ist demnach vorzuhalten, dass sie unter dem Aspekt der Nachhaltigkeit das selbstgesteckte Ziel der langfristigen Sicherung der GKV-Finanzierung verfehlen. Alle genannten Reformvorschläge erweisen sich zwar letztlich als „etwas demographiefester" als das gegenwärtige GKV-System, eine signifikante Reduktion der bestehenden Nachhaltigkeitslücke erreichen sie jedoch nicht.

Sowohl im Modell der Bürgerversicherung als auch bei den Gesundheitsprämienmodellen resultiert die höhere Demographiefestigkeit aus einer stärkeren finanziellen Belastung der älteren Versicherten und damit durch eine Stärkung des Äquivalenzprinzips. Bei der Bürgerversicherung werden die älteren Menschen stärker an der Finanzierung ihrer Gesundheitskosten beteiligt, da neben der Rente weitere Einkunftsarten herangezogen werden.[45]

Insgesamt weisen die Ergebnisse aber auch auf ein zentrales Problem der Reformmodelle hin. Eine **Nachhaltigkeitslücke** besteht immer dann, wenn in der langen Sicht die Schere zwischen den Beiträgen bzw. den Einnahmen und den jeweiligen Leistungsausgaben auseinanderdriftet. Mit Hilfe der Idee so genannter Generationenkonten lässt sich die wachsende Verschuldung künftiger Generationen abbilden, indem für jede Generation der (Netto-)Barwert der Ein- und Auszahlungen in das soziale Sicherungssystem abgebildet wird.

Als Beispiel lässt sich eine Generationsbilanz der GKV anführen, die von Fetzer und Raffelhüschen (2004) erstellt worden ist. Diese haben auf GKV-spezifischen Einnahme- und Ausgabenprofilen des Jahres 2001 basierend die Nettobeitragszahlungen aller gegenwärtig und zukünftig lebenden Generationen ermittelt (s. Abb. 14).

In einem ersten Schritt wird diesbezüglich ein Szenario ohne Kostendruck untersucht. In diesem Fall findet der medizinische Fortschritt noch keine Berücksichtigung. Den Konsequenzen des fortschreitenden Alterungsprozesses wird jedoch Rechnung getragen, indem den Nettozahlungen – analog zum allgemeinen Produktivitätsfortschritt g – eine jährliche Steigerungsrate von 1,5 % zu Grunde gelegt wird.

Dieses Szenario wird in einem zweiten Schritt dahingehend verändert, dass die jährliche Steigerungsrate um 1 %-Punkt auf 2,5 % erhöht wird. Diese Modifikationen stützen sich insbesondere auf Untersuchungen von Ulrich (2003). Seiner Analyse zufolge sind zwischen 1970 und 1995 die Ausgaben der GKV aufgrund der medizintechnischen Entwicklung jährlich um 1 % schneller gestiegen als die realen Einnahmen.[46] Dieses medizinisch-technologisch bedingte Ausgabenwachstum wird im sog. „Kostendruckszenario" durch Anpassung der Wachstumsrate explizit berücksichtigt.

[45] Die gesetzliche Rente beläuft sich gegenwärtig nur noch auf knapp 50 % des Haushaltseinkommens der Rentner.

[46] Vgl. Ulrich, 2003, S. 71: Eine Erhöhung des Anteils der über 65-Jährigen um 1 %-Punkt hätte sogar eine Ausgabensteigerung von 8 % zur Folge.

Aus der Summe der gewichteten Nettobeitragszahlungen heute und in Zukunft lebender Generationen resultiert sowohl für den Fall ohne Kostendruck als auch für den mit Kostendruck ein negativer Wert, der die implizite Verschuldung der GKV abbildet. Werden diese schwebenden, statistisch nicht erfassten Ansprüche an den Staat in Prozent des Bruttoinlandprodukts ausgedrückt, ergibt sich ohne Kostendruck eine implizite Schuld in Höhe von 83,8 % des BIP (1,7 Billionen Euro). Mit Kostendruck steigt die Schuldenquote sogar auf 232,2 % des BIP (4,8 Billionen Euro)(vgl. Fetzer/Raffelhüschen (2004), S. 10 f.).

Abb. 14: Generationenmodell der GKV

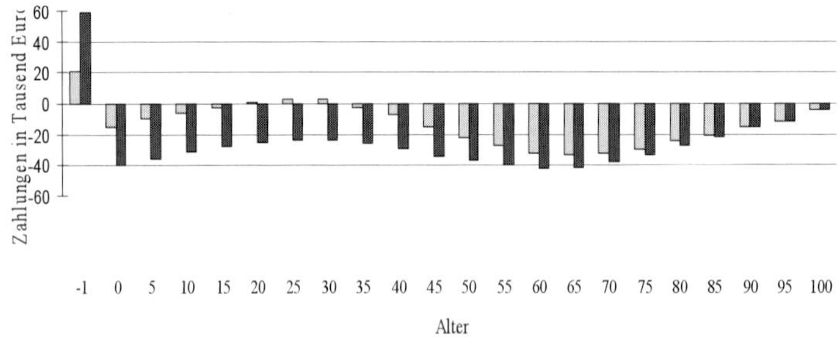

Basisjahr 2001
Realzins= 3 %, Wachstumsrate=1,5 %

Szenario ohne Kostendruck
Szenario mit Kostendruck

Quelle: Angelehnt an Fetzer/Raffelhüschen 2004, S. 10.

Abbildung 14 stellt die **Generationenkonten** aller Jahrgänge sowohl für das optimistische Szenario ohne Kostendruck infolge des medizinisch-technischen Fortschritts als auch für das realistischere Kostendruckszenario dar. Dabei zeigt ein positives Generationenkonto, dass in der Lebenszeitbetrachtung die zukünftigen GKV-Beitragszahlungen eines repräsentativen Individuums eines Jahrganges höher sind als die entsprechenden Transferleistungen und vice versa. Da in den Generationenkonten gegenwärtiger Jahrgänge nur die Nettozahlungen der Restlebenszeit berücksichtigt werden, können diese methodisch nicht unmittelbar miteinander verglichen werden. Sie deuten aber darauf hin, inwiefern die derzeit lebenden Generationen „zur Verschärfung der Nachhaltigkeitslücke“ beitragen. Die **Generationenbilanz** der GKV zum Basiszeitpunkt 2001 liefert diesbezüglich ein alarmierendes Bild. In der Variante ohne Kostendruck werden lediglich die 19 bis 32-Jährigen als wirkliche Beitragszahler identifiziert, alle anderen Kohorten sind Nettoempfänger zu Lasten der quantitativ immer geringer werdenden Zahl künftiger Erwerbstätiger. Alle Reformvorschläge führen zu einem, wenn auch nur mäßigen, Rückgang dieser Lücke, indem sie letztlich neue Einnahmen für die GKV generieren. Die Prämienmodelle erhöhen den Finanzierungsanteil der Rentner, und das Modell der Bürgerversicherung impliziert eine Ausdehnung der Beitragsbemessungsgrundlage sowie eine Ausdehnung des Versichertenkreises. Dies erscheint aber unter dem Aspekt der langfristigen Sicherung der Finanzierbarkeit der GKV nicht ausreichend, da die Notwendigkeit der wettbewerblichen Neuausrichtung durch eine anreizkompatible und präferenzgerechte Ausgestaltung der Finanzierungsseite bestehen bleibt.

Die **Forderungen** an einen Systemwechsel aus ökonomischer Perspektive lassen sich somit wie folgt zusammenfassen:

- Erhöhung der **Transparenz der Finanzierung** durch Trennung von „Versicherung“ und „sozialem Ausgleich“,
- Realisierung der **Wachstums- und Beschäftigungseffekte** des Gesundheitswesens durch Entkopplung der Lohnkosten von den Beitragssätzen,
- Erhöhung der **Demographiefestigkeit** des Gesundheitswesens durch Kapitalbildung,
- Stärkung des **Äquivalenzprinzips** durch risikoorientierte Prämien.

Die Prämie muss ein Preissignal darstellen, da nur dann „ökonomischer Widerstand“ gegen den im System latent vorhandenen Kostendruck entstehen kann.

VI.4 Reformoption II: Neudefinition der Solidarität

Die bisherigen Ausführungen haben noch eine Mindestregulierung auf Angebots- und Nachfrageseite zum Inhalt gehabt und haben vor allem am Charakter eines Umlageverfahrens festgehalten. Es ist aber längerfristig durchaus möglich, die Schutzfunktion für ökonomisch Schwache lediglich durch Arrangements auf der Nachfrageseite zu gestalten und die Daseinsvorsorge tendenziell zu privatisieren.
Bei einer Nicht- oder Unterversorgung aufgrund fehlender finanzieller Leistungsfähigkeit kann die Unterstützung der Betroffenen sowohl durch die Bereitstellung entsprechender Sachleistungen – wie bislang vorhanden – als auch durch Erhöhung ihrer Kaufkraft erfolgen. Bei einer subjektiven Vorstellung über den Wert der Gesundheit genügt demzufolge lediglich die Gewährung nötiger Kaufkraft an die einzelnen Bürger. Die konkrete Ausgestaltung der Gesundheitsleistungen obliegt dann der individuellen Verantwortung des Einzelnen. Als Beispiel für Reformvorschläge in diese Richtung können die Ideen des „**Züricher Modells**" von Zweifel/Breuer (2002) und die Elemente des „**Bayreuther Manifests**" von Oberender/Zerth (2003) genannt werden. Als Fortschreibung und Grundlage der weiteren Argumentation sollen die Grundzüge des „Versichertenmodells" (vgl. ansatzweise Oberender/Zerth 2005c) verwendet werden, das die Ideen des „Bayreuther Manifests" weiterführt.

VI.4.1 Soziale Ordnungspolitik als Grundlage

Grundlage einer marktwirtschaftlichen Ordnung ist die Orientierung am **Individualprinzip.** In der Marktlogik bedeutet dies, dass die Präferenzen, d. h. die Konsuminteressen, der Bürger Vorrang haben. Produzenten müssen sich danach richten, wenn sie auf Märkten erfolgreich sein wollen. Hinter dem Individualprinzip steht das Prinzip des **mündigen Bürgers**, der grundsätzlich in der Lage ist, seine Interessen zu artikulieren, sie zur Geltung zu bringen und sie auf der Basis eigenverantwortlicher Entscheidungen zu verwirklichen. Damit ist nicht gemeint, der Bürger sei allwissend. Das Risiko, Fehlentscheidungen treffen zu können, ist unmittelbar damit verbunden. Es ist nur wichtig, dass dem Einzelnen auch die Verantwortung für sein

Handeln zugeschrieben werden kann (vgl. Oberender/Fleischmann 2002, S. 111 f.). Es gilt das **Haftungsprinzip**. Gleichzeitig bedarf es einer **Wettbewerbsordnung für das Gesundheitswesen**, die der Chance des ungehinderten Markteintritts von Anbietern alternativer Problemlösungen gerecht wird, verbunden mit dem Risiko der Verdrängung für etablierte Marktteilnehmer (vgl. Hamm 1994, S. 307 ff.).

Übertragen auf das Gesundheitswesen bedeutet ein derartiges Steuerungsprinzip die Notwendigkeit **dezentraler Steuerung.** Eine dezentrale Steuerung kann einerseits die Selbstbestimmung der Akteure gewährleisten, andererseits bietet sie ein zweckmäßiges System, unterschiedliches Wissen für Innovation und Organisation zu nutzen (vgl. Okruch 2001, S. 134). Die Gestaltung eines Gesundheitssystems ist aber neben der Frage der Selbstverantwortung unmittelbar mit der Ausgestaltung der Solidarität verbunden.

Solidarität lässt sich einerseits ethisch dadurch rechtfertigen, dass keinem Einzelnen die Mittel vorenthalten werden dürfen, die er benötigt, um seine Existenz aufrecht zu erhalten. In diesem Zusammenhang ist die medizinische Versorgung als notwendig anzusehen. Darüber hinaus beruhen arbeitsteilige Gesellschaften auch auf einer gewissen kollektiven Absicherung extremer Risiken. Die solidarische Absicherung ermöglicht dem Einzelnen die Teilnahme am modernen Leben bzw. stabilisiert die moderne Gesellschaft und insbesondere das Marktgeschehen.[47] Eine solidarische Absicherung muss jedoch nicht zwingend nach dem Grundsatz des in Deutschland realisierten Solidarprinzips „einkommensabhängige Beiträge bei beitragsunabhängigen Leistungen“ erfolgen (vgl. Abbildung 15).

47 Insbesondere Homann/Pies (1996) diskutieren eine „Sozialpolitik für den Markt“, die versucht, gemeinsame Interessenfelder zwischen Freiheit und Sicherheit herauszuarbeiten.

Abb. 15: Ausgestaltung des Sozialprinzips

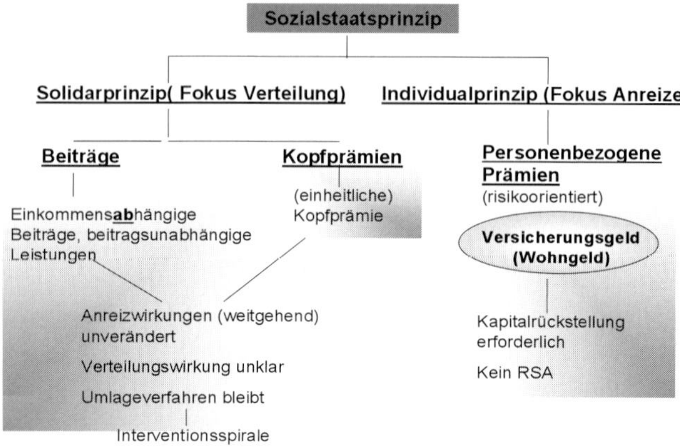

Quelle: Eigene Darstellung

Die Frage nach der Leitidee eines Gesundheitssystems setzt also an der Abgrenzung der Ausgestaltung des Sozialstaatsprinzips an. Auch wenn Klassifizierungen bei allen Wechselwirkungen zu berücksichtigen sind, kann gemäß der Abbildung 15 die langfristige Leitidee im Gesundheitswesen unterschieden werden. Zunächst ist die Frage zu diskutieren, ob die Krankenversicherung als Marktbeziehung konstituiert werden soll, d. h. einer Anreizorientierung folgt, die auch Kapitaldeckungselemente integriert, oder wie bisher gemäß dem Solidarprinzip den Umverteilungsaspekt in den Vordergrund stellt und gemäß dem Umlageprinzip gegenwartsorientiert ist. Als zweite Frage ist zu klären, ob das Umverteilungsprinzip wie bisher Element des Versicherungsverhältnisses bleiben soll oder getrennt in das Steuersystem überführt werden soll, also Versicherungs- und Umverteilungsaufgaben zunächst getrennte Regelungsbereiche sind. Hinter dieser vordergründig technisch klingenden Unterscheidung liegt aber die Systemfrage, wer mit welcher Kompetenz über den Inhalt von Subsidiarität und Solidiarität entscheiden soll.

VI.4.2 Ein alternatives Versicherungssystem

Ein alternatives Versicherungsmodell würde bei einer allgemeinen Versicherungspflicht für eine Regelabsicherung ansetzen, den Versicherungsaspekt vom Umverteilungsaspekt jedoch trennen. Wie die Versicherten dieser Pflicht nachkommen, ist ihren eigenen Vorstellungen zu überlassen. Eine allgemeine Versicherungspflicht lässt sich als grundsätzlicher Risikoausgleich zwischen allen Individuen eines Gesellschaftssystems interpretieren und ist vor diesem Hintergrund noch keine Umverteilung.[48] Im Gegensatz zum gegenwärtigen System muss jedoch nicht vorgeschrieben werden, wie der Versicherungsvertrag auszugestalten ist. Mit anderen Worten ist es nicht erforderlich, zwingend eine gesetzliche Krankenversicherung als Organisation vorzuhalten. Vielmehr kann dieser Markt für verschiedene Versicherungsanbieter geöffnet werden.

Konstitutives Element eines marktwirtschaftlichen Modells für den Versicherungsbereich ist die Möglichkeit, **risikoorientierte Prämien** zu erheben, d. h. die Beiträge entsprechend dem individuellen Risiko zu gestalten.

Zunächst muss festgehalten werden, dass bei Gültigkeit einer **allgemeinen Versicherungspflicht** jeder Bürger von Geburt an der Versicherungspflicht unterliegt. Die Prämien werden sich zum Zeitpunkt der Geburt am erwarteten Schadensverlauf eines Mannes oder einer Frau orientieren, und damit wird die Risikoorientierung tendenziell am Durchschnittswert des Versicherungskollektivs angenähert. Da zu diesem Zeitpunkt außer dem biologischen Geschlecht wesentliche Merkmale, die den späteren Lebensweg beeinflussen und zugleich auch von der Person beeinflusst werden können wie etwa durch Lebensstil, Ausbildungsstand, Berufswahl u. ä., noch nicht bekannt sind, kann wie bereits mehrmals erwähnt statt von risiko-

48 Bei Berücksichtigung einer vertragstheoretischen Interpretation, wie es beispielsweise Wagner (1998, S. 32 ff.) im Sinn hat, sind Sozialversicherungssysteme, die ab Geburt für alle Bewohner eine Versicherungspflicht vorsehen, als gesellschaftliche Risikoumverteilung vor dem „Schleier der Unwissenheit“ zu betrachten, die für alle ex ante zustimmungsfähig sind.

äquivalenten von risikoorientierten Prämien gesprochen werden. Eine Individualisierung der Prämien tritt demzufolge erst zu einem späteren Zeitpunkt auf. Wie noch zu zeigen sein wird, stellt sich die Frage der individualisierten Risikoorientierung insbesondere beim Versicherungswechsel. Wie lässt sich ein derartiger Versicherungswettbewerb mit der Zielsetzung eines ausreichenden solidarischen Schutzes kombinieren?

VI.4.3 Konzeption eines sozialen Schutzes

Im Zusammenhang mit der Einführung risikoorientierter Prämien wird der Aspekt der Nichtversicherbarkeit schlechter Risiken und die Gefährdung des Solidarprinzips problematisiert.[49] Damit sind zwei Grundziele eines sozialen Krankenversicherungssystems angesprochen: Niemand soll einerseits aufgrund der Annahme einer möglichen Unterschätzung zukünftiger Bedürfnisse unversichert bleiben, und andererseits soll jeder Bürger nicht aufgrund mangelnder Kaufkraft von der Nachfrage nach Versicherungsleistungen faktisch ausgeschlossen werden.

Zunächst ist darauf hinzuweisen, dass der individuelle Anreiz zur Nutzung des opportunistischen Spielraums aus der Diskrepanz von Versicherungsprämie und dem – dem Versicherungsnehmer, nicht aber der Versicherung bekannten – individuellen Erwartungsschaden resultiert. Dabei ist auf die Grundfunktionen eines Versicherungswettbewerbs einzugehen. Jede Versicherung hat zunächst zum Ziel, einen ex post-Ausgleich von Schadensfällen zwischen ex ante nicht unterscheidbaren Risiken, die sich während der Vertragsdauer als relativ schlechtes oder gutes Risiko herausgestellt haben, zu erreichen. Die Höhe des Versicherungsschadens resultiert dabei einerseits aus den aus einer Behandlung resultierenden Kosten. Zur Prognose derartiger Kosten werden Risikoprofile gebildet, die grundsätzlich einen mit dem Lebensalter ansteigenden Verlauf aufweisen. Unter den Bedingungen dieser risikoorientierten Prämiensetzung wird jedem Versicherungsnehmer für die Versicherungsperiode soviel an

---

49 Vgl. zur grundsätzlichen Diskussion und theoretischen Einordnung Neudeck/Podczeck 1996, S. 387 ff.

Prämie abverlangt, wie er wahrscheinlich innerhalb dieser Versicherungsperiode an Leistungen in Anspruch nehmen wird. In dieser Hinsicht sind allokativ keine Anreize zur Risikoselektion zu erwarten, und daher wäre ein Risikostrukturausgleich (RSA) nicht notwendig.

Von der vorangehenden Argumentationsfolge ist jedoch das **distributive Problem** zu trennen. Die Krankenversicherungen sind im Modell eines liberalen Gesundheitswesens nicht mit Umverteilungsaufgaben belastet. Umverteilung ist in diesem Sinne klassisch dem staatlichen Bereich, d. h. dem Steuer- und Transfersystem, zuzuordnen. Gleichwohl bedarf es zur ordnungspolitischen Stabilität eines entsprechenden Rechtsinstituts, das die solidarische Absicherung auch glaubhaft vermittelt. Ein Vorschlag dazu ist das „**Versicherungsgeld**".[50] Soweit die risikoorientierte Prämie einen zu definierenden Eigenanteil übersteigt, hat jeder Versicherte Anspruch auf die Zahlung eines Versicherungsgeldes. Ihm wird die Differenz von zumutbarem Eigenanteil und durchschnittlicher risikoorientierter Prämie bis zur Höhe einer Kappungsgrenze erstattet.

Das Versicherungsgeld dient dazu, die Überforderung der individuellen finanziellen Leistungsfähigkeit durch die geforderten risikoorientierten Prämien zu vermeiden. Zur Operationalisierung dieser Überforderung muss einerseits der anspruchberechtigte Personenkreis, andererseits der Umfang der abgesicherten Regelversorgung definiert werden. Dazu ist, auch aufgrund des Fehlens objektiver wissenschaftlicher Kriterien, eine normative, d. h. eine politische Entscheidung zu treffen.[51] Rationierungskriterien wie etwa die Vorhersehbarkeit einer Erkrankung oder die Definition von so genannten „Großrisiken" sind einem rationalen Diskurs zuzuführen. Ordnungspolitisch muss jedoch der Grundsatz gelten, dass eine Rationierungsentscheidung vom konkreten Krankheitsfall fernzuhalten und auf möglichst allgemeingültige Weise auf der Makroebene anzusiedeln ist (**indirekte Rationierung**).

---

50 Vgl. Ruckdäschel 2000, S. 181 ff.; vgl. auch Oberender 1996, S. 95 f.

51 Grundsätzlich ist hierbei die Definition eines Grundleistungskatalogs impliziert, der Grundlage für die Konstruktion eines Versicherungsgeldmodells sein muss.

Bei der sozialen Absicherung durch ein Versicherungsgeldmodell dürfen die Vorteile einer risikoorientierten Beitragssatzfinanzierung jedoch nicht durch die Ausgestaltung des Versicherungsgeldes ausgehebelt werden. Der Ausgleichsanspruch muss daher so bemessen sein, dass keine Externalisierung höherer Versicherungsprämien auf die Solidargemeinschaft möglich ist. Würde der gesamte Überschussbeitrag durch ein Transfersystem ausgeglichen, so wäre die durch die risikoorientierten Prämien gewonnene Preissensitivität wiederum aufgehoben.[52] Als adäquater Ansatzpunkt können Erstattungsbeiträge festgelegt werden, die sich am durchschnittlichen Versicherungsrisiko festmachen lassen. Um gerade die ökonomisch schwachen Menschen zu unterstützen und bei den anderen die Eigenverantwortlichkeit zu erhöhen, sind Bezieher niedriger Einkommen stärker zu unterstützen als Personen mit höheren Einkommen. Aus diesem Grund würde sich ein degressiver Tarif anbieten, d. h. mit steigendem Einkommen sinkt der Subventionssatz.

VI.4.4 Zur nachhaltigen Finanzierung des Gesundheitswesens

Als Kernelemente des Versichertenmodells lassen sich der **Übergang zum Kapitaldeckungsverfahren** durch risikoorientierte Prämien mit individueller Altersrückstellung sowie die Einführung eines Versichertengeldes, das den Solidarausgleich gewährt,[53] kennzeichnen. Da die Versicherungsprämie grundsätzlich mit dem Alter ansteigt, dienen die Altersrückstellungen der Prämienglättung über den Lebenszyklus hinweg. Die Rückstellungen werden im Alter aufgelöst, um die anfallenden höheren Gesundheitsausgaben finanzieren zu können.

Bei dieser Form der Kapitaldeckung handelt es sich um eine **kohortenspezifische Kapitaldeckung** innerhalb des Krankenversiche-

---

52 Eine ähnliche Kritik äußern Wasem et. al. (2003, S. 30 f.) am „Züricher Modell". Insbesondere verweisen sie darauf, dass in der Versorgungsrealität die Fälle chronischer Erkrankungen in diese Kategorien eingeordnet werden dürften.

53 Ähnlich vgl. Zweifel/ Breuer 2002; Oberender/Zerth 2003.

rungssystems, da alle Versicherten einer Alterskohorte über den Risikopool der Versicherung Kapital ansparen. Intergenerative Transfers treten dabei grundsätzlich nicht auf. Eine Glättung der Prämienbelastung findet über den Lebenszyklus nur für die einzelnen Kohorten statt. Im Grundsatz entspricht dieses Vorgehen dem gegenwärtigen PKV-System. „Gedanklich könnte man eine PKV-Prämie deshalb aufteilen in einen Umlageanteil und einen Sparanteil beziehungsweise die Versicherung aufteilen in eine umlagefinanzierte Krankenkasse und eine, bezogen auf eine Alterskohorte, kapitalgedeckte Versicherung gegen Beitragssteigerungen“ (SVR 2004, S. 522). Die Vorgehensweise bei der Prämienberechnung erfordert eine Anpassung der Alterungsrückstellungen, wenn sich das Ausgabenprofil für den Durchschnitt der Versicherten einer Kohorte verändert. Solche kollektiven Änderungsrisiken ergeben sich zum Beispiel aus einer Erhöhung der durchschnittlichen Lebenserwartung und auch durch die Auswirkungen des medizinisch-technischen Fortschritts.

Neben den kollektiven Änderungsrisiken bestehen allerdings auch individuelle Änderungsrisiken, die darin liegen können, dass die erwartete Ausgabenentwicklung für ein Individuum vom Durchschnitt seiner Alterskohorte abweicht, wenn zum Beispiel bei einem Versicherten eine chronische Krankheit auftritt (vgl. Abschnitt III.1.1.). Die individuellen Änderungsrisiken stellen für das Versicherungsunternehmen grundsätzlich kein zentrales Problem dar, da es zum Wesen der Krankenversicherung zählt, unkalkulierbare Einzelrisiken durch das Poolen vieler ähnlicher Fälle in ein kalkulierbares Risiko umzuwandeln (vgl. Kortendieck 1993, S. 192). Sie stellen aber eine hohe Hürde dar mit Blick auf einen angestrebten Versicherungswechsel, der unbedingt ermöglicht werden muss, wenn man einen stärkeren Wettbewerb auf dem Versicherungsmarkt als bisher anstrebt.

Da die privaten Krankenversicherungen bisher bei einem Versicherungswechsel keine, auch keine durchschnittlichen, Altersrückstellungen mitgeben, findet ein Wechsel von Bestands- bzw. Altkunden innerhalb der PKV nicht statt, und der Wettbewerb zwischen den einzelnen Versicherungsunternehmen konzentriert sich auf die Gewinnung von Neukunden (vgl. Meyer 2002). Um Wettbewerb zu

ermöglichen, wäre es erforderlich, für die Versicherten individuelle prospektive Altersrückstellungen zu kalkulieren, die ihnen bei einem Wechsel der Versicherung mitgegeben werden und die eine Risikoselektion verhindern. Solche individuellen prospektiven Altersrückstellungen sind genau dann richtig bemessen, wenn diese der Differenz zwischen dem Barwert der Versicherungsleistungen und dem Barwert der erwarteten Prämienzahlung entsprechen, da dann ein potenzieller Wechsler keine höheren bzw. niedrigeren Rückstellungen in das aufnehmende Versicherungsunternehmen mitbringt, als für die Deckung seines Versicherungsrisikos erforderlich wären.
Damit ein solches „**Versichertenmodell**" (Oberender et al. 2006) funktioniert, ist es erforderlich, entweder die Alterungsrückstellungen zu individualisieren oder letztlich zumindest die durchschnittlichen Alterungsrückstellungen mitzugeben und die dann aber bestehende Gefahr der Risikoselektion durch einen morbiditätsorientierten Risikostrukturausgleich zu unterbinden. Dieser hätte allerdings wenig mit dem gegenwärtigen Risikostrukturausgleich in der GKV gemein, da der bisher dominierende Einkommensausgleich entfallen könnte. Mit der Einführung eines so genannten Basistarifs mit portablen durchschnittlichen Alterungsrückstellungen hat die private Krankenversicherung aktuell einen ersten Schritt unternommen, um den privat Krankenversicherten Wechseloptionen zu ermöglichen.

VI.5 Zusammenfassung: Die Frage nach der nachhaltigen Leitidee

Die bisherige Analyse hat verschiedene Leitideen für die langfristige Entwicklung des deutschen Gesundheitssystems markiert. Damit sind aber drei entscheidende Fragestellungen noch ausgeblendet worden. Erstens muss problematisiert werden, welchen **Anreiz** die betroffenen Akteure – Patienten, Leistungserbringer, Politiker, Kostenträger – haben sollen, einen langfristigen Reformvorschlag auch durchzusetzen. Die Neue Politische Ökonomie kann hierzu einige Ansatzpunkte liefern. Zweitens muss im Rahmen einer normativen Theorie der Weg vom Status quo zum Reformmodell beschrieben werden. Dabei ist sowohl auf das **Timing** (den Zeitpunkt) und das **Sequenzing** (den Umsetzungsprozess) der Reformschritte einzugehen als auch die Frage zu problematisieren, wie mögliche Umverteilungslasten möglichst belastungsneutral auf gesamtwirtschaftlicher Ebene angesetzt werden können.[54] Drittens sind die **Auswirkungen** der verschiedenen Reformkonzepte auf die Ausgestaltung und Organisation der Leistungsgestaltung bislang unberücksichtigt geblieben. Insbesondere bei der Einführung risikoorientierter Prämien werden sich die Bedingungen im Vertragsgeschäft zwischen Krankenversicherungen und Leistungserbringern zwangsläufig zu dezentralen Vertrags- und Organisationsprozessen hin entwickeln. Eine Auseinandersetzung mit den Veränderungen des Leistungsprozesses soll aber explizit im folgenden Kapitel erfolgen.

Alle aufgezeigten Problemfelder haben verschiedenartige Rückwirkungen auf die Individuen, die am Gesundheitswesen beteiligt sind. Sie haben sich in Lern- und Erfahrungsprozessen auf die bestehenden Strukturen eingestellt und können mit ihnen umgehen. Diese in Lern- und Erfahrungsprozessen erworbenen Fähigkeiten – sie können als eine Art spezifische Investition angesehen werden, die nur im aktuell bestehenden Gesundheitswesen sinnvoll ist und ihren Nutzen entfalten kann – werden aber bedeutungslos, wenn ein vollständig andersartiges System implementiert wird. Aus diesem Grund werden viele Beteiligte – sowohl Patienten und Anbieter als auch Verbandsvertreter und Politiker – durch eine solche Reform ihre persönliche Einkommens- und Nutzenposition erheblich bedroht sehen. Sie werden daher versuchen, eine solche Reform nach besten Kräften zu blockieren und werden ihr jeden möglichen Widerstand entgegensetzen. Der politische Prozess bietet vielfältige Wirkungskanäle, um einen solchen Willen zum Verharren im Status quo zu befördern.

---

54 Eine Aufarbeitung der Transformationsproblematik findet sich grundsätzlich bei Herrmann-Pillath 1997. Vgl. auch Oberender/Fleischmann/Reiß 2003. Im vorliegenden Fall werden die Implikationen der Transformation von Wirtschaftssystemen auf den Umbau von Sicherungssystemen übertragen, was jedoch nur mit Einschränkungen möglich sein kann.

Die Implementierung einer grundlegenden Reform erfordert ein erhebliches Maß an Mut und Durchsetzungskraft auf Seiten der Politik – Faktoren, die in der Regel nicht gegeben sein dürften, bedenkt man die Interessenlage der Politiker (Wählerstimmenmarkt). Aus diesem Grund ist es kaum wahrscheinlich, dass ein solches Vorhaben unter "normalen" Umständen umgesetzt werden wird (eine Ausnahme wäre eine besondere Krisensituation, die zu drastischem Handeln zwingt).

Eine **graduale** Herangehensweise vermeidet hingegen prohibitiv hohe Anpassungslasten. In kleinen Schritten können Reformelemente im Sinne einer **Stückwerkssozialtechnik** ausprobiert werden (vgl. hierzu Popper 1975, S. 213 f.). Korrekturen bei offenkundigen Fehlentwicklungen sind dann leichter möglich als im Falle der **Schocktherapie**. Somit dürfte es wesentlich leichter sein, politische Zustimmung zu solchen schrittweisen Weiterentwicklungen des Gesundheitswesens zu erreichen (wenngleich es weiterhin prinzipielle Reformgegner geben wird). Nur darf eines nicht vergessen werden: Insbesondere die grundlegende Reform im Sinne des liberalen Versichertenmodells wirkt im Prinzip nur dann, wenn alle Elemente in ihrer Gesamtheit implementiert werden. Setzt man hingegen nur einzelne Bestandteile um, führt also nur partiell marktwirtschaftliche Steuerungselemente ins Gesundheitswesen ein, so löst dies systeminhärente Spannungszustände zwischen marktwirtschaftlichen und nicht-marktwirtschaftlichen Bestandteilen des Gesundheitswesens aus. Daraus resultierende Fehlentwicklungen werden aber häufig von Reformgegnern in (bewusster) Verkennung der Gesamtzusammenhänge den marktwirtschaftlichen Systemelementen einseitig angelastet. Es ist dann häufig ein Leichtes, politische Stimmungen gegen Marktwirtschaft im Gesundheitswesen zu erzeugen.

Ein weiterer Faktor spielt Reformgegnern dabei in die Hände: Kleine Schritte lassen sich leichter wieder rückgängig machen als der große Schnitt, den eine Schocktherapie bedeuten würde. Zudem erlahmt nach einiger Zeit der Reformbemühungen häufig der Reformwille von Regierungen (Wählerstimmenmarkt). Einzelne Maßnahmen werden dann zwar eingeführt, mit der Zeit wird aber das Gesamtkonzept verwässert und bleibt schließlich ganz auf der Strecke. Die gradualistische Strategie beinhaltet damit zwar grundsätzlich geringere Anpassungslasten, erkauft wird dies jedoch mit der Gefahr, dass das Gesamtkonzept am Ende aus den Augen verloren wird und die Reform bei Einzelschritten stehen bleibt. Auch eine solche Strategie ist nur dann durchsetzbar, wenn eine hohe Langfristorientierung der Politik gegeben ist.

VII Wachstumsbranche Gesundheit: Perspektive und einzelwirtschaftlicher Ausblick

VII.1 Langfristige Perspektive: Ein nachfragegesteuertes Gesundheitswesen

VII.1.1 Liberalisierung der Versorgungsstrukturen

Mit der Liberalisierung der Vertragsbeziehungen sind zwangsläufig Auswirkungen auf die organisatorische Gestaltung des Versorgungsvertrags verbunden (vgl. Oberender/Zerth 2003, S. 45 ff.). Bei der Annahme risikoorientierter Prämien und der Ausübung der Wahlfreiheit durch die Versicherten wird eine Sensibilisierung der Versicherten für die Opportunitätskosten ihrer Leistungsinanspruchnahme steigen. Zur Garantie des **Regelleistungskatalogs** ist es dabei nicht notwendig, Verträge zu Einheitskonditionen zu fordern. Damit ein Vertrag eine Regelsicherungsfunktion erfüllt – worauf die Existenz eines Regelleistungskatalogs hinausläuft –, muss lediglich gewährleistet sein, dass dem jeweiligen Versicherten Leistungen aus dem Regelleistungskatalog bei Bedarf finanziert werden.

Beispielsweise muss ein Regelsicherungsvertrag nicht notwendigerweise zum Inhalt haben, dass die Leistungen von jedem beliebigen Arzt erbracht werden. Damit wird deutlich, dass eine Beschränkung der Wahlfreiheit zwar in der statischen Betrachtung als wettbewerbs- und wohlfahrtsbeschränkend betrachtet werden kann. Wenn durch dezentrale Versorgungsarrangements beispielsweise zwischen Krankenversicherungen und Leistungserbringern Spezialisierungsvorteile entstehen, die gleichzeitig aber die regionalen Wahlmöglichkeiten für Versicherte reduzieren, steht dieser statischen Einschränkung der Handlungsmöglichkeiten ein perspektivischer Wohlfahrtsgewinn in dynamischer Hinsicht gegenüber, falls es gelingt, durch regionale und dezentrale Modelle neue, verbesserte Versorgungsstrukturen zu befördern. Voraussetzung ist jedoch, dass der Wettbewerbsprozess zwischen den Krankenversicherungen und den Leistungserbringern durch eine einheitliche Wettbewerbsordnung bestimmt ist. Die Versicherungen können in einem derartigen Wettbewerb mit dem Versicherungsangebot ein bestimmtes Leistungsangebot koppeln und dadurch versuchen, ihre Aktionsparameter im Wettbewerb zwischen den Versicherungen zu erweitern.

Die besten Chancen in einem Modell eines liberalisierten Wettbewerbs um Versicherte haben einerseits diejenigen Versicherungen, die ihren Versicherten über gezielte Vertragsvereinbarungen ein besonders attraktives Versorgungsangebot unterbreiten, und andererseits diejenigen Leistungserbringer, die sich im Hinblick auf Qualität und Wirtschaftlichkeit gegenüber Versicherten und Versicherungen gut positionieren. Ein derartiger **Vertragswettbewerb** macht aber mehrere grundsätzliche Voraussetzungen erforderlich. Zunächst ist die Möglichkeit, im Versorgungsvertrag **selektive Verträge** schließen zu können, zwingend erforderlich. Demnach können einzelne Krankenversicherungen gezielt mit einzelnen Leistungserbringern oder einzelnen Organisationen von Leistungserbringern Vertragsbeziehungen abschließen (vgl. Sauerland 1999, S. 286 ff.).

Vor diesem Hintergrund kann ein Wettbewerb zwischen den Krankenversicherungen nur dann nicht zur Einengung von Aktionsparametern und damit zur Einengung der Wahlfreiheit für die Versicherten/Patienten führen, wenn der Krankenkassenwettbewerb dem **allgemeinen Wettbewerbsrecht** unterliegt. Um ein Machtgleichgewicht zwischen Versicherungen und Leistungserbringern herzustellen, müssen beide Seiten gleichzeitig dem allgemeinen Wettbewerbsrecht unterliegen. Dies hat vor allem zur Folge, dass Absprachen zwischen Versicherungen und Kooperationen zwischen Leistungserbringern den Anforderungen der Missbrauchskontrolle und der Kartellüberprüfungen unterzogen sind. Die Leistungserbringer beispielsweise konkurrieren auf dezentraler Ebene miteinander. Dabei müssen verschiedene Formen der **Vertrags- und Kooperationsbeziehungen** zur Wahl stehen. Es ist also durchaus möglich, dass sich Ärzte zu gemeinsamen Organisationen zusammenschließen und mit einzelnen oder mehreren Kassen kontrahieren.

In einem vertragsorientierten Versicherungssystem werden die Versicherten eine zentrale Rolle der Steuerung der Versorgungsstrukturen einnehmen. Damit diese Rolle auch wahrgenommen werden kann und vor allem nicht die Probleme der asymmetrischen Informationsverteilung bei der Gesundheitsproduktion eine zu große Rolle spielt, müssen die Versicherten und ihr Agent, die Krankenversicherungen, die Leistungserbringer im Hinblick auf Qualität und Wirtschaftlichkeit auch ausreichend beurteilen können. Der Anreiz für Qualitätssteigerungen auf Seiten der Leistungserbringer dürfte unmittelbar von der Transparenz der Qualität für Krankenkassen und Versicherte abhängen.

In dieser Hinsicht sind **Werbeverbote** und **Datenschutzbestimmungen** nicht mehr adäquat, die einem derartigen Qualitätswettbewerb entgegenstehen. Darüber hinaus werden insbesondere für den Bereich der Regelleistungen national festgelegte Basisindikatoren zu erwarten sein, was nicht mit einer Vorgabe eines Mindestniveaus im Hinblick auf die Leistungserstellung verwechselt werden darf. Gleichwohl macht die für die solidarische Absicherung notwendige Regelsicherungsfunktion, wie bereits oben diskutiert, die Definition bestimmter Mindestkriterien erforderlich. Vor allem ist die Frage zu klären, wie und in welchen Abständen der Regelleistungskatalog angepasst wird. Mit den institutionellen Vorgaben zum Regelleistungskatalog erfolgt jedoch keine Festlegung, wie das daraus resultierende Versorgungsangebot von den Vertragspartnern ausgestaltet werden wird. Dieses ist Gegenstand des Wettbewerbs im Versorgungsvertrag.

In einem liberalisierten Gesundheitswesen ist die **Sicherstellung** einer ausreichenden Versorgung für alle Versicherten zunächst Aufgabe der Vertragsparteien. Zwangsläufig besteht in einem System wettbewerblicher Nachfragesteuerung die Chance, mit neuen Vertrags- und Vergütungsstrukturen zu experimentieren und damit dem Innovationsaspekt des Wettbewerbs Rechnung zu tragen. Gleichwohl hat dies – auch bei Annahme eines Mindestleistungskatalogs – eine Heterogenisierung der Leistungsstrukturen zur Folge, was sich in der regionalen Leistungsstruktur widerspiegeln dürfte.

Bei Gültigkeit des gesellschaftlichen Zieles „**flächendeckende Versorgung**“ muss daher weiterhin die allgemeine Regel gelten, nach der jeder Bürger neben der inhaltlichen Zugangsmöglichkeit zu einer notwendigen Versorgung auch einen **räumlich/zeitlichen Anspruch** haben muss. Der Staat muss, um das Vertragsgeschehen nicht über Gebühr zu konterkarieren, den dezentralen Verträgen zunächst Vorrang gewähren. Gleichwohl hat der Staat bzw. eine regionale Körperschaft Überwachungsaufgaben zu erfüllen, um festzustellen, ob beispielsweise das Ziel der flächendeckenden Versorgung in einer Region erfüllt ist. Als wettbewerbskonformes Instrumentarium könnten sich Sicherstellungsvorgaben in Form von Ausschreibungsmodellen anbieten.[55]

VII.1.2 Die Problematik der Nutzenbewertung

Die konsequente Neuordnung des Gesundheitswesens in der zuvor beschriebenen Form eröffnet neue Perspektiven für alle Beteiligten. Stärker als bisher wird sich das Geschehen auf den verschiedenen Teilmärkten an den Präferenzen der Konsumenten ausrichten. Die Anbieter von Gesundheitsleistungen werden stärker aktiv agieren müssen.

Grundlage einer stärkeren **Nachfrageorientierung** des Gesundheitswesens ist die Bewertung der **Notwendigkeit** und **Zweckmäßigkeit** von Leistungen bei zunehmender Knappheit der Ressourcen. Die Erfolgsbewertung von Gesundheitsleistungen innerhalb des Gesundheitswesens wird gegenwärtig von der Akutmedizin dominierend problematisiert. Vor allem die wachsenden chronischen Erkrankungen machen eine stärkere Berücksichtigung patientenbezogener Elemente der Krankheitsbilder notwendig. Das methodische Problem von Behandlungsergebnissen oder des „Outcomes“ besteht in der Aggregation objektiver und subjektiver Indikatoren. Davon zu trennen ist jedoch die Bewertung eines derartigen Behandlungsergebnisses. Aus gesundheitspolitischer Perspektive ergeben sich nun zwei Fragestellungen:

---

55 Vgl. zur Ausgestaltung eines derartigen Sicherungsziels Zerth 2004, S. 86 ff.

Wenn der **Nutzen** für den Patienten nicht nachweisbar ist, beispielsweise über Methoden der Lebensqualitätsforschung, eine Wirksamkeit einer medizinischen Innovation aber vorhanden ist, so liegt grundsätzlich eine problematische Situation vor. Bei vielen Medikamenten beispielsweise, die schon länger eingeführt sind, würde eine nachträgliche Nutzenbewertung zu einer unethisch empfundenen Situation führen, wenn das Medikament vorab schon verabreicht wurde und nach Nutzenbewertung nicht mehr erstattet würde. Darüber hinaus muss auch berücksichtigt werden, dass die Nutzenkategorie selbst wieder höchst subjektive Elemente beinhaltet (beispielsweise Placeboeffekt) und so einer zentralen Bewertung mit Bezugnahme auf künftige Nutzenbewertungen nicht eindeutig zugeführt werden kann.

Wenn jedoch Nutzenaspekte für ein Arzneimittel konstatiert werden können, aber keine **Wirksamkeit** vorliegt bzw. eine Wirksamkeit mit bisherigen Verfahren nicht gemessen werden kann, stellt sich die Frage, ob eine Erstattung per se ausgeschlossen werden kann. Damit ist aber unmittelbar die Entscheidungsfindung und die Entscheidungszuordnung über den Nutzen von Arzneimitteln angesprochen, was sich von der ordnungspolitischen Gestaltung des Gesundheitswesens nicht trennen lässt.

Da letztendlich jede wirksame Maßnahme, d. h. auch jedes wirksame Medikament, nicht nur die erwünschten Wirkungen hat, ist es aus Sicht der Patienten rational, eine Analyse des Wertes der medizinischen Maßnahme mit den Kosten vorzunehmen (vgl. Porzsolt/Druckrey 1996, S. 9-22).

Die Problemstellung liegt nun darin, ob sich für die gesellschaftliche Ebene eine eindeutige Lösung der Nutzenbewertung zuordnen lässt. Da jedoch nicht für alle Indikationen eindeutige empirische Evidenz vorliegt und darüber hinaus nicht eindeutig Spontanverläufe oder Placeboeffekte bestimmt werden können, ist die Frage der Nutzenbewertung unmittelbar mit der Zuordnung der Nutzenbewertung verknüpft: Wer entscheidet nach welchen Kriterien was für die Gesellschaft (die GKV) ein nutzbringendes Diagnose- oder ein nutzbringendes Therapieverfahren ist?

Ein gängiger Ansatzpunkt der **Nutzenbewertung** liegt in der Messung der **Lebensqualität**. Soll die Lebensqualität als Outcomeparameter für den Nutzen des Patienten stehen, so muss neben der Messbarkeit auch noch die Vergleichbarkeit der Ergebnisse sichergestellt worden sein. So lassen sich folgende Ansatzpunkte unterscheiden (vgl. grundsätzlich dazu Wörz/Perleth et al. 2002):
Die reine Messung von Lebensqualität kann im ökonomischen Kontext nicht überzeugen. Vielmehr muss die Lebensqualität als Surrogat für ein Hauptzielkriterium „Nutzen“ als rationales Entscheidungsproblem zwischen verschiedenen medizinischen Leistungen bzw. zwischen verschiedenen Arzneimitteln dienen.
Ein Entscheidungstableau medizinischer Maßnahmen bzw. entsprechender Arzneimittel ließe sich grundsätzlich wie folgt skizzieren:

Tab. 4: Nutzenperspektiven und gesellschaftliche Bewertung

	Alternative I	**Alternative II**	**Alternative III**
Verlängert Leben oder erhöhte Lebensqualität	Nachgewiesen	nicht nachgewiesen	nicht nachgewiesen
Lindert bestehende Symptome oder verhindert drohende Krankheiten	nachgewiesen	nachgewiesen	nicht nachgewiesen
Aussage zum gesellschaftlichen Nutzen möglich/Kostenerstattung sinnvoll	ja	unter Einschränkung	nein

Quelle: Eigene Darstellung in Anlehnung an Porzsolt/Duckrey 1996.

Eine **Nutzenbewertung** durch eine zentrale institutionelle Lösung muss sich der Frage stellen, nach welchen Kriterien eine einheitlich geltende Nutzen- und auch Kostenbewertung vorgenommen werden soll. Bei der Festlegung der Prüfmerkmale ist darauf hinzuweisen, dass in der internationalen Qualitätsforschung damit in erster Linie „**clinical performance**“ gemeint ist. Jedoch ist eine theoretisch schnelle Erreichbarkeit und Machbarkeit einzelner klinischer Messgrößen nicht einfach auf das Gesamtsystem zu übertragen (vgl. Geraedts/Selbmann/Ollenschläger 2002). Dieser Einwand kann auch auf eine zentrale Nutzenbewertung übertragen werden.

Einerseits kann der Effekt eintreten, dass nur die gemessenen Aspekte der Versorgung bei der offiziellen Betrachtung beachtet werden und unter Umständen weitergehende Aspekte, insbesondere im Hinblick auf subjektive Aspekte der **Lebensqualität** bei vielen chronischen Erkrankungen unberücksichtigt bleiben. Andererseits ist es nicht auszuschließen, dass Arzneimittel voreilig ausgeschlossen werden, obwohl der methodische Standard der Qualitätsbeurteilung fälschlicherweise auf ein zumindest nicht besseres Ergebnis als eine vergleichbare Therapie hingewiesen hat. Besonders problematisch ist in diesem Zusammenhang die Tatsache, dass in **Evaluationsstudien** objektivierbare, also zählbare, messbare Größen immer ein stärkeres Gewicht haben werden als nichtmessbare und nicht zählbare. Das bedeutet aber auch eine systematische Minderschätzung „weicher" Aspekte.

Positive und negative Wirkungen einer Therapie sind oft nur im Zeitraum von Jahren feststellbar. Dabei ist zu berücksichtigen, dass auch eine leitliniengestützte Pharmakotherapie von der Mitwirkung des Patienten abhängig ist. Bei chronischen Erkrankungen gibt es häufig nicht die ursächlich wirkenden Arzneimittel, aber durchaus unterschiedliche Paradigmen der Patientenversorgung, die insbesondere die Phänomene der Compliance oder auch des Placeboeffekts berücksichtigen.

Die **Beurteilung des Nutzens** eines Arzneimittels durch ein Expertengremium hat neben der erwähnten Subjektivität des Nutzens noch die Problematik der daraus resultierenden Problematik der Grenzziehung zwischen noch nutzbringenden oder nicht mehr nutzbringenden Arzneimittel. Hier lassen sich trotz der Forderung der **evidenzbasierten Medizin** normative Werturteile der Beurteilenden nicht ausblenden.

Die Beurteilung der Wirksamkeit und des klinischen Nutzens eines Arzneimittels ist demzufolge nicht ohne weiteres möglich (vgl. Langheim/Kern/Beske 1999). Es wäre eine entsprechende **Versorgungsforschung** notwendig, die aber gegenwärtig nur sehr rudimentär vorhanden ist. Vor diesem Hintergrund stellt sich die ordnungspolitische Frage, ob eine zentralen Nutzenbewertung in Anbetracht der eingeschränkten Zielkonformität ein verhältnismäßiges Instrument ist in Hinblick auf die ordnungspolitischen Konsequenzen einer derartigen Regulierung.

Wenn es jedoch infolge unterschiedlicher Paradigmen zur Nutzenbewertung von Arzneimitteln im Speziellen und medizinischen Innovationen im Allgemeinen keine eindeutige wissenschaftliche Festlegung eines Nutzenprofils gibt, ohne die Gefahr ausschließen zu können, alternative Heilverfahren zu diskriminieren, bleibt letztlich nur die marktwirtschaftliche Lösung des Wettbewerbs als Such- und Entdeckungsverfahren. Folglich ist damit die Nutzenbewertung ein Element des Versorgungsprozesses zwischen Arzt und Patient.

Es ist somit sinnvoll, die Nutzenbewertung und damit verbunden die Erstattungsfähigkeit auf der Mikroebene zwischen Leistungserbringer, Arzt und Kostenträger anzusiedeln, wohingegen über die Zulassung von Arzneimitteln beispielsweise bezüglich Unbedenklichkeit und Wirksamkeit weiterhin der Gesetzgeber entscheiden müsste. Es müssen im Rahmen der Patientenbetreuung Anreize für die Leistungserbringer vorhanden sein, ihre Patienten mit möglichst geringem Mitteleinsatz zu kurieren und sie gesund zu halten (vgl. Oberender 2000, S. 273 ff.). Erfolgsversprechende Lösungsansätze bilden integrierte Versorgungssysteme, in der die Behandlung eines Patienten mit einer vorher ausgehandelten Komplexpauschale vergütet wird, die für alle in Anspruch genommenen Leistungen gilt. Welche medizinische Innovation dann als nutzbringend angesehen werden, bleibt der Entscheidung im Arzt-Patienten-Verhältnis zugeordnet.

VII.2 Blick auf die Gesundheitswirtschaft

VII.2.1 Ausgangssituation

Unabhängig von den Ausgestaltungsvarianten der Gesundheitsreform gilt es, den wachsenden Markt „Gesundheit" zu betrachten. Einen guten Eindruck von der gegenwärtigen Bedeutung des Gesundheitsmarktes und den herrschenden Angebotsstrukturen vermitteln in diesem bedeutenden Sektor unserer Volkswirtschaft die Anzahl der Beschäftigten und auch der Anteil der Gesundheitsausgaben am Bruttoinlandsprodukt. Der Anteil dieses Bereichs am Bruttoinlandsprodukt lag 2002 in Deutschland bei 10,9 % (vgl. Abb. 16).

Abb. 16: Gesundheitsausgaben als Anteil am BIP im Jahr 2002

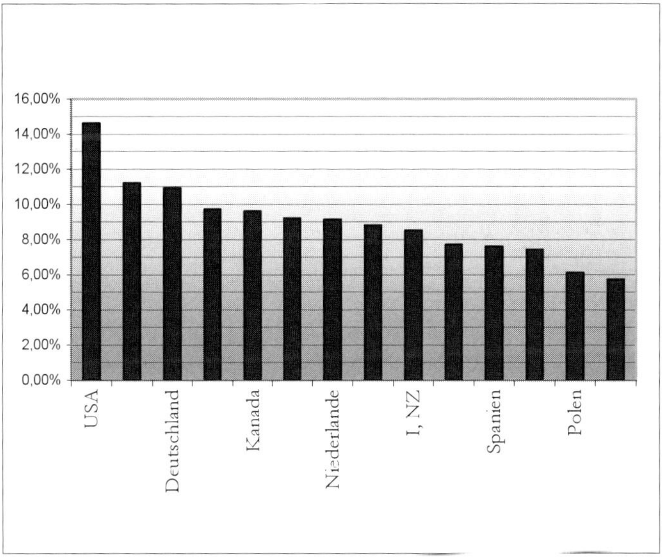

Quelle: Eigene Darstellung in Anlehnung an OECD Health Data 2004

Dies bedeutet auch, dass eine große Zahl von Menschen ihr Einkommen aus diesem Wirtschaftszweig bezieht. Zu Beginn des Jahres 2003 übten etwa 4,2 Mio. Menschen Gesundheitsdienstleistungsberufe (Ärzte, Zahnärzte, Apotheker, Krankenschwestern, übrige Gesundheitsberufe und soziale Berufe) aus (vgl. Statistisches Bundesamt 2003). Es erscheint deshalb zweckmäßig von der **Gesundheitswirtschaft** zu sprechen.
Insbesondere der Vergleich mit anderen Branchen verdeutlicht die quantitative Bedeutung der Gesundheitswirtschaft (vgl. Abb. 17).

Abb. 17: Gesundheitswesen im Umsatzvergleich (in Mrd. €)

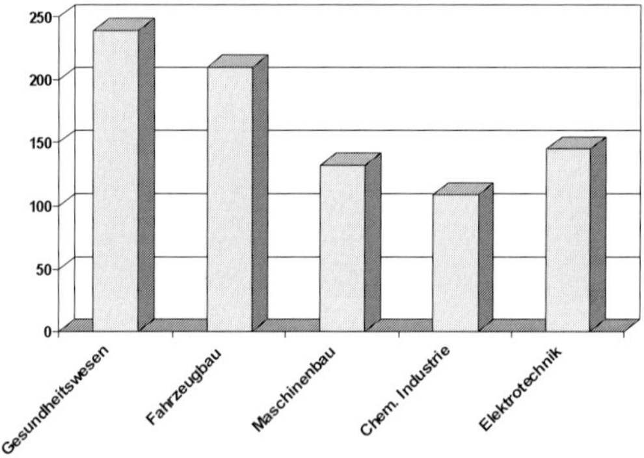

Quelle: Eigene Zusammenstellung nach http://www.invest-in-germany.de, Abfrage 06.04.05 und Statistisches Bundesamt 2005.

Der Bedeutungszuwachs der Gesundheitswirtschaft ist ohne die Veränderungen der grundlegenden Rahmenbedingungen nicht abzubilden. Die öffentliche Diskussion ist aber hauptsächlich, wie bereits in den Vorkapiteln dargestellt wurde, durch die Begriffe **Kostenexplosion** und **Beitragssatzstabilität** geprägt. Trotz einer kontinuierlichen Anhebung der Beitragssätze und der Beitragsbemessungsgrenzen werden immer mehr Mittel notwendig, um die Ausgaben der Sozialversicherungssysteme, speziell der GKV, zu finanzieren. Dabei ist dieses **Ausgabenwachstum** durchaus **ambivalent** zu betrachten. Eine Veränderung der Ausgabenanteile für bestimmte Güter und Dienstleistungen ist innerhalb einer Volkswirtschaft zunächst Ausdruck eines normalen Strukturwandels. Güter mit einer **hohen Einkommenselastizität** erlangen dabei eine zunehmende Bedeutung.[56] Das Problem der **Kostenfalle** im Gesundheitswesen entsteht erst durch die Koppelung der Beiträge an die Lohnkosten, was unter Berücksichtigung einer gering steigenden Produktivität die negativen Auswirkungen auf die Wettbewerbsfähigkeit mit sich bringt. Der Gesundheitsmarkt im Status quo lässt sich anhand einer **„Zwiebel"** gut charakterisieren (vgl. Abbildung 18). Während der „GKV-Markt", der gegenwärtig über 50 % des Gesamtmarktes ausmacht, mit einem de facto Nullwachstum auskommen muss, lassen sich für den Markt der Zuwahlleistungen oder im freien Gesundheitsmarkt, bei entsprechend weiter Interpretation des Gesundheitsbegriffes, deutliche Steigerungsraten konstatieren.[57] Insbesondere an dieser Stelle wird die Bedeutung des demographischen Prozesses in Kombination mit dem medizinisch-technischen Fortschritt deutlich. Dieser sorgt für ein Nachfragepotenzial, das in den nächsten Jahren deutlich ansteigen wird, d. h. die äußere „Zwiebel" wächst im Grundsatz überproportional.

---

56 Vgl. dazu u. a. Oberender/Fibelkorn 1997, S. 15 f. Zum Ansatz der Einkommenselastizität vgl. Fehl/Oberender 2004, S. 334.

57 Die Entwicklung im Bereich Wellness oder Anti-aging kann hier Pate stehen.

Abb. 18: „Wachstumsmarkt“ Gesundheit in Deutschland 2004

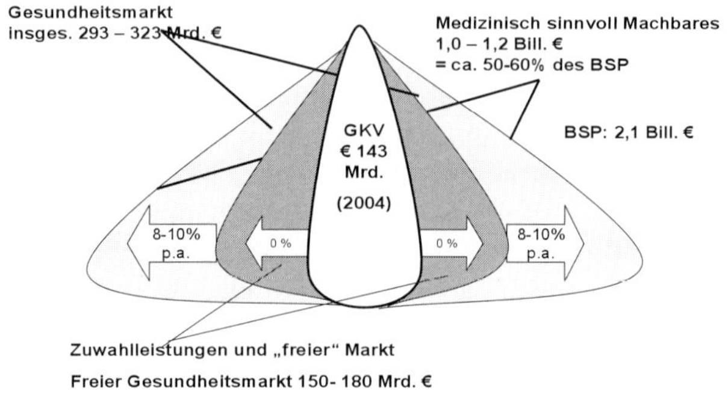

Quelle: Eigene Darstellung nach Statistischem Bundesamt 1/2004, Basis 2000/2001/2002, www.gbe.de

Das Gesundheitswesen ist in diesem Zusammenhang einem **doppelten Anpassungsdruck** ausgesetzt: Einerseits deuten alle sozioökonomischen Faktoren auf eine wachsende Nachfrage nach Gesundheitsdienstleistungen hin, auf der anderen Seite behindern strukturelle Probleme eine tragfähige Weiterentwicklung des Gesundheitswesens. Dies hat aber wiederum unmittelbare Rückwirkungen auf die Anforderungen, denen Entscheider im Gesundheitswesen ausgesetzt sind. In der weiteren Betrachtung soll das Gesundheitswesen (Gesundheitswirtschaft) als potenzieller Wachstumsmarkt verstanden und untersucht werden.

VII.2.2 Nachfrageentwicklung

Bei einer genaueren Betrachtung der Nachfragepotenziale wird deutlich, dass vor allem der Gesundheitsbereich von den Herausforderungen der **demographischen Entwicklung** und des **technischen Fortschritts** profitieren kann.

Diese Entwicklung wird erhebliche Einflüsse auf die Entwicklung der Krankenversicherung haben. Mit zunehmender Lebenserwartung ist mit einem Anstieg der Leistungsausgaben zu rechnen, unabhängig davon, ob nun die Aussagen der Medikalisierungs- oder Morbiditätskompressionsthese gelten (vgl. Abschnitt V.1.1.).

Mit dem medizinisch-technischen Fortschritt, um die zweite entscheidende Einflussgröße zu nennen, ist also auch eine Lebensverlängerung bei teilweise deutlichen Funktionseinbußen und damit u. U. einer längeren Pflegephase vor dem Tod verbunden. Im Gesundheitswesen findet nur in sehr geringem Maße arbeitssparender technischer Fortschritt statt. Es ist davon auszugehen, dass aufgrund der ungebrochen hohen Einkommenselastizität der Nachfrage die Beschäftigtenzahl im Gesundheitsbereich auch in Zukunft weiter zunehmen wird.[58]

Stärker als in der Vergangenheit wird das Gesundheitswesen in einer Zeit, in der sich die Rahmenbedingungen zunehmend im Sinne einer marktwirtschaftlichen Orientierung wandeln, auch Personen aus nichtmedizinischen, insbesondere kaufmännischen, Berufen Beschäftigungsmöglichkeiten bieten. Hierauf haben sich Berufsbildungseinrichtungen, Fachhochschulen und Universitäten einzustellen. Zum Teil ist dies auch bereits geschehen, wie z. B. die stetige Zunahme entsprechender Studiengänge zeigt.

Mit dem medizinisch-technischen Fortschritt ist zugleich auch das Wissen breiter Bevölkerungsschichten über Krankheiten und gesundheitsbewusste Faktoren angestiegen. Auch diese Entwicklung kann nachfragesteigernd wirken.

Innerhalb der Bevölkerung wird die Gruppe der **Senioren** zukünftig an Bedeutung gewinnen. Dabei entfaltet zum einen die **quantitative Dimension** Relevanz, wie sie sich in der Entwicklung des Altenquotienten und dem Anstieg der durchschnittlichen Lebenserwartung abgezeichnet hat. Mit der steigenden Krankheitsanfälligkeit im Alter verbindet sich ein zunehmender Bedarf an Gesundheitsleistungen, vor allem im Bereich der stationären Versorgung und der Pflege.

---

58 Eine Diskussion möglicher Beschäftigungspotenziale für den Bereich ambulanter und stationärer Pflege führt Schallermair (1999).

Mit dieser demographisch induzierten Nachfrageausweitung geht zum anderen ein **qualitativer Wandel** der Nachfragestruktur einher, welcher nicht nur einen steigenden Qualitätsanspruch an die „klassischen" Gesundheits- und Pflegeleistungen mit sich bringt und zudem durch die Kaufkraft der Senioren alimentiert wird.[59] Ein Wertewandel in Form, Aktivität und Vitalität auch im Alter zu erhalten, eröffnet weiter ein Marktsegment für alle diejenigen Produkte und Leistungen, welche über die „klassische" Erhaltung und Wiederherstellung der Gesundheit hinaus die Steigerung der individuellen Lebensqualität zum Ziel haben. Hier liegen besondere Chancen für Wellnessseinrichtungen, Bäder, Kurorte und die Tourismusbranche. Um Aussagen über die künftige Entwicklung auf der Angebotsseite des Gesundheitsmarktes machen zu können, ist zunächst eine Analyse des vermutlichen Nachfragepotenzials erforderlich.
Das Nachfragepotenzial setzt sich im Wesentlichen aus drei Gruppen von **Kostenträgern** zusammen:

1. Werden Leistungen bezogen, die dem Regelleistungskatalog der GKV angehören, übernimmt die GKV die Rolle des Kostenträgers.

2. Als weitere Ausgabenträger kommen Versicherungen in Betracht, bei denen der Patient eine Versicherung für Leistungen abgeschlossen hat, die nicht im Katalog der GKV-Regelversorgung enthalten sind.

3. Die Ausgaben für Gesundheitsleistungen, für die der Patient keine Versicherung abgeschlossen hat, hat er folglich selbst zu tragen.

Neben diesen drei Bereichen mit besonderer Bedeutung für die Finanzierung der Nachfrage nach Gesundheitsleistungen werden gegenwärtig die Ausgaben im Gesundheitswesen noch von anderen Kostenträgern mit bestritten. Vor allem die Arbeitgeber im Rahmen der Entgeltfortzahlung im Krankheitsfall, aber auch weitere Zweige

[59] Vgl. zur Aufarbeitung veränderter Gesundheitsbedarfe und entsprechender Veränderungen der Gesundheitsnachfrage infolge der demographischen Alterung Ritter/Hohmeier 1999, S. 180 ff.

der Sozialversicherung, z.B. Renten- und Unfallversicherung, treten als Finanziers von Gesundheitsleistungen auf. Bedeutende Träger von Gesundheitsausgaben sind bisher auch die öffentlichen Haushalte. Im Zuge der künftigen Umstrukturierungen des Gesundheitswesens wird es vermutlich zu einer stärker **verursachungsgerechten Zuordnung** von Kosten auf die Kostenträger kommen. Die explizite Forderung des Gesundheitsreformgesetzes 2000 nach einer durchgängig leistungsorientierten Vergütung für die stationäre Versorgung (§ 17b KHG) mag als Indiz dafür gelten. Dies wird wohl insgesamt mit einer Zurückdrängung der Finanzierung durch öffentliche Haushalte verbunden sein.

Was sich künftig ändern wird, ist die relative Bedeutung der einzelnen Kostenträger. Wie im vorigen Abschnitt dargelegt, wird es durch die radikale Beschränkung des Leistungskataloges der GKV im Bereich der Regelversorgung zu einer Aufwertung des selbstbestimmten Zusatzversicherungsschutzes kommen. So ist es möglich, dass bestimmte Risiken gar nicht versichert werden, z. B. kann der Versicherte nur eine Police über ein bestimmtes Sortiment von Arzneimitteln abschließen. Damit muss er seine Nachfrage nach Medikamenten, die nicht in der vertraglich vereinbarten Positivliste enthalten sind, aus eigenen Mitteln finanzieren. Mit dem Gesundheitsmodernisierungsgesetz (GMG) ist ein Schritt zur faktischen Aufweichung der Versicherungspflichtgrenze getan worden. Den Gesetzlichen Krankenversicherungen wurde erlaubt, durch Satzungsbeschluss Kooperationen mit Privaten Krankenversicherungen einzugehen und Zusatzangebote am Markt zu positionieren, was gegenwärtig bereits ausgiebig genutzt wird.

Über den Umfang, in dem die Bürger bereit sein werden, auf einen die Regelversorgung ergänzenden Versicherungsschutz zu verzichten und damit Risiken aus dieser Ebene in den Bereich der Selbstzahlung zu verlagern, sind gegenwärtig zuverlässige Aussagen zwar nicht möglich, wohl aber vorsichtige Prognosen über die Entwicklung des Gesundheitsbewusstseins der Bevölkerung und über die Kaufkraft bestimmter Bevölkerungsschichten.

Die erforderliche Kaufkraft ist vorhanden. Die Gleichsetzung der Begriffe „Alter" und „Armut" verliert immer stärker an Realitätsbezug, wenn auch von einer vollständigen Entkoppelung, insbesondere vor dem Hindergrund der bislang ungeklärten Pflegeabsicherung, noch keine Rede sein kann. Oft tragen zusätzliche Einnahmequellen wesentlich zu einer Aufbesserung der gesetzlichen Rentenzahlungen bei. Wie Abbildung 19 zeigt, überstieg das verfügbare Einkommen der Pensionärshaushalte das durchschnittliche Einkommen aller Privathaushalte deutlich. Das verfügbare Einkommen der Rentnerhaushalte liegt ebenfalls nahe am durchschnittlichen Einkommen.

Abb. 19: Netto-Einkommen nach Haushaltsgruppen 2002

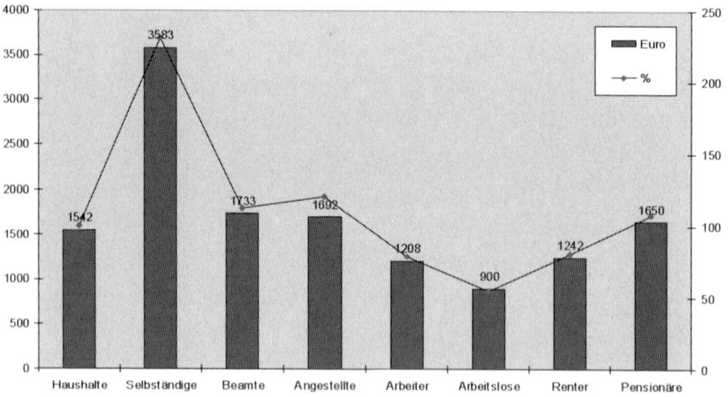

Quelle: Eigene Darstellung in Anlehnung Statistisches Bundesamt 2003[60]

Zusammenfassend kann festgehalten werden, dass sich aufgrund der vielfältigen Gestaltungsmöglichkeiten im Bereich außerhalb der gesetzlich vorgeschriebenen Regelversorgung die individuellen Präferenzen weitaus stärker durchsetzen können als bisher. Vor allem aber bietet der mit der Reduzierung des Regelversorgungsbereichs verbundene partielle Rückzug des Staates für die Leistungsanbieter auf

60 Es liegt eine Darstellung des "Nettoäquivalenzeinkommens" vor.

dem Markt für Gesundheit einen größeren Schutz vor willkürlichen und überhasteten staatlichen Eingriffen in das Gesundheitswesen, die bisher längerfristige Planungen unmöglich machten.

VII.2.3 Veränderungen der Angebotsstruktur

Im Folgenden sollen die Chancen ausgewählter Anbieter auf dem Gesundheitsmarkt skizziert werden. Um den Aktionsraum der Anbieter vorzustellen, bietet sich eine Segmentierung des Gesamtmarktes in die Bereiche **Prävention, Behandlung, Rehabilitation** und **Pflege** an. In diesen Segmenten agieren Anbietergruppen, deren konkrete und vollständige Zusammensetzung hier nicht vorhergesehen werden kann. Vielmehr sind es die Prozesse auf diesem Markt, die über die Gestalt und die Bedeutung der Anbieter entscheiden. Auch fällt es naturgemäß schwer, einen Markt von den anderen Märkten abzugrenzen, so dass eine Definition des Aktionsraums Gesundheitsmarkt und somit auch die hier verwendete willkürlich bleiben müssen.

Für die folgende Analyse wird daher von den gegenwärtigen Anbietern ausgegangen, deren relative Bedeutung und Problemlösungsansätze (Produkte) sich aber wandeln können und auch werden. Es wird versucht, für diese Anbieter Aussagen über deren Position in einem veränderten Gesundheitsmarkt zu treffen (vgl. Abb. 20).

Abb. 20: Aktionsfeld Gesundheitsmarkt

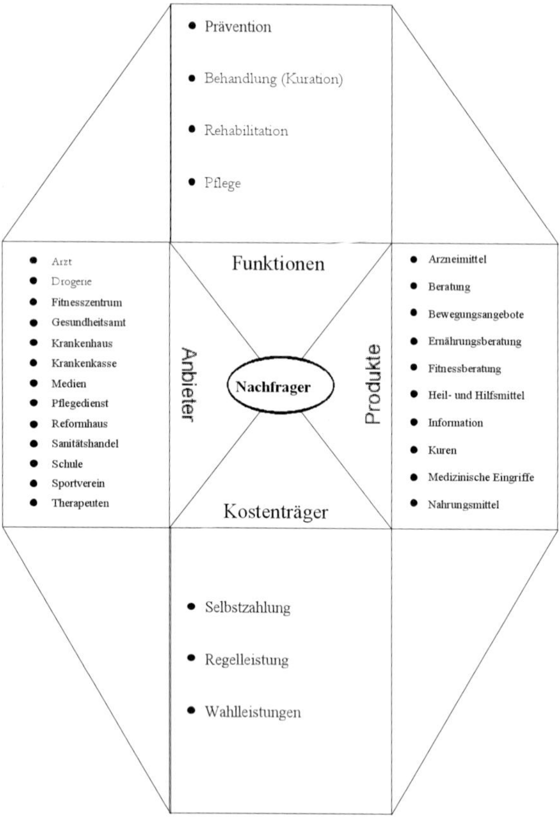

Quelle: Eigene Darstellung

Für die Unternehmer und Unternehmen in diesem Markt sind strategische Planungen unerlässlich. Angesichts der zahlreichen, nicht vorhersehbaren Aktionen des Staates, die den wesentlichen Teil der Nachfrage (GKV-Markt) nachhaltig beeinflusst haben, gestalteten sich diese Planungen zunehmend schwieriger.
Trotzdem sollten die Marktteilnehmer auf der Angebotsseite die Chancen, die in zuverlässigen Planungsgrundlagen liegen, nicht ungenutzt lassen und versuchen, ihre Position in einem Markt, dessen Nachfrage stärker an den individuellen Wünschen und Bedürfnissen der Konsumenten ausgerichtet sein wird als bisher, zu festigen. Die bei vielen Anbietergruppen dominierende Mentalität des Verharrens in angestammten Positionen muss hierzu durch ein aktives gestalterisches Engagement auf dem Gesundheitsmarkt ersetzt werden.

VII.2.3.1 Behandlung (Kuration)

Aufgrund der relativ hohen Kosten je Behandlungsfall ist damit zu rechnen, dass im Bereich der Regelversorgung ein großer Teil dieses Marktsegments versichert bleibt.
Die immer weiter zunehmende Vielfalt der Behandlungsformen hat parallel zur Entstehung eines regelrechten „Informationsmarktes" geführt.
Ein Sonderziel bereits des Gesundheitsstrukturgesetzes (GSG) war die Aufhebung der strikten Trennung zwischen ambulantem und stationärem Bereich durch die Einführung des sogenannten „ambulanten Operierens". Der Gesetzgeber hat mit dieser Maßnahme den „Graben" zwischen ambulanter und stationärer Versorgung beseitigen wollen, mit dem Ziel, die Wirtschaftlichkeit von Operationen entscheidend zu erhöhen. Insbesondere mit dem Gesundheitsreformgesetz (GMG) wurde wiederum der Ansatz implementiert, die stationäre Versorgung integrativ mit ambulanten Versorgungselementen zu verknüpfen und die Austauschbarkeit der Leistungen zu fördern.
Auch wenn die Honorierungsregelungen nach der Reform des Einheitlichen Bewertungsmaßstabs (EBM) zwischen stationärer und ambulanter Versorgung noch immer differieren und damit dem Ziel der Integration nicht unbedingt zuträglich sind, werden in Zukunft

Diagnose- und Leistungsstrukturen viel stärker als in der Vergangenheit substitutiv zwischen ambulanten und stationären Kapazitäten austauschbar sein.
Die Weiterentwicklung der leistungsorientierten Vergütung nach DRGs im stationären Sektor stellt einen ersten Schritt zu einer Wettbewerbsorientierung im Gesundheitswesen dar. Wird die staatliche Unterstützung unwirtschaftlicher Anbieter reduziert, greift dann auch das Preisausschlussprinzip. Gleichwohl liegt das Problem weiterhin in den Mängeln der **intersektoralen Steuerung**. Die Koordinations- und Steuerungsdefizite, die durch eine sektorale Budgetierung induziert sind, werden durch Fallpauschalen, die lediglich im stationären Bereich greifen, nicht behoben. Ökonomisch sinnvolle Anreize sind nur bei einer Zusammenführung der Patienten- und Budgetverantwortung in einer Hand zu erwarten (vgl. Oberender/Zerth 2005b, S. 25).
Neuartige Organisationsformen, die derzeit noch gegen heftigen Widerstand ankämpfen müssen, können dabei eine besondere Rolle spielen. Hierzu zählen insbesondere die **Medizinischen Versorgungszentren** (MVZ) nach § 95 GMG. Um die Frage beantworten zu können, welche Leistungen vom MVZ bzw. vom Krankenhaus angeboten werden sollen, lohnt ein Blick auf die übergeordnete und die jeweilige Wertschöpfungskette[61] der Beteiligten sowie den Behandlungsprozess des Patienten. Das ist angebracht, da durch die Einbeziehung des MVZs in den Leistungserstellungsprozess des Krankenhauses eine rein produktionsprozessorientierte Sichtweise zu einseitig wäre.
Ziel einer ökonomisch nachhaltigen Integrationsstrategie ist es, innerhalb des medizinischen Wertschöpfungsprozesses mögliche Ansatzpunkte für Kosten- und Differenzierungsvorteile im Leistungsspektrum zu identifizieren. Damit verbunden ist die Entwicklung in der Gesundheitsversorgung, die von der ursprünglich rein kurativen Vorgehensweise zusehends den Patienten und damit den Versor-

---

61 Die Wertschöpfungskettenanalyse stellt einen Denkansatz zur Gliederung der gesamten Leistungserstellung dar. Als Ansatzpunkt kann Porter (1989), S. 59 ff., dienen.

gungsprozess verinnerlicht. Abbildung 21 zeigt das Zusammenwachsen der Produktionsbedingungen mit dem Versorgungsparadigma. Eine sektorale Struktur, ambulant vs. stationär, war geeignet, solange es vornehmlich um die kapazitätsabhängige Heilung ging, Aspekte der Gesundheitsgeschichte und der Patientenkarriere noch keine große Bedeutung einnahmen (vgl. Weinmann 2003). Insbesondere auch mit dem Einzug der digitalen Technik im Gesundheitswesen ist ein deutlicher Veränderungsprozess spürbar.

Abb. 21: Veränderungen der Angebotsstrukturen

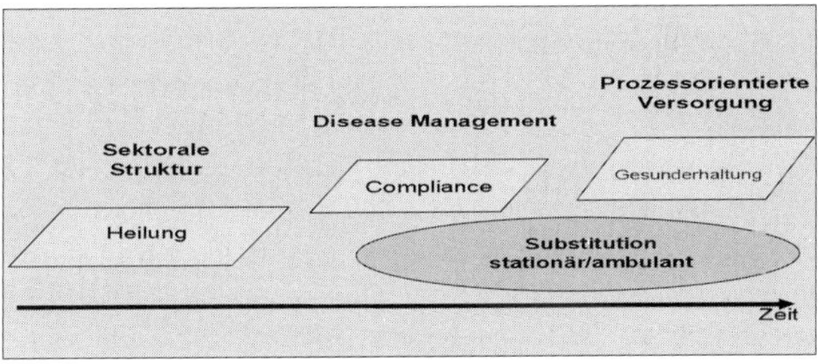

Quelle: Eigene Darstellung

Im ökonomischen Kontext ist damit impliziert, Kostenvorteile durch einen gemeinsam effizienteren Leistungserstellungsprozess aufgrund verbesserter Leistungs- und Organisationsprozesse zu realisieren (vgl. Dullinger 1996, S. 49). Aus der Analyse des Behandlungsprozesses lässt sich ableiten, dass das Krankenhaus in der Regel als Komplettanbieter auftritt. Die ambulant tätigen Ärzte können hingegen nur Teilleistungen wie prä-, post- und teilstationäre Leistungen erbringen. Der Zugriff auf andere Kernkompetenzen und die damit verbundene Konzentration auf die eigene Kernkompetenz werden einen Balanceakt im einer optimalen Betriebsgröße darstellen (Vgl. Merschbächer 2000, S. 142).

Mit einer Veränderung der Betriebsgrößen ist zwangsläufig eine Neuaufteilung der medizinischen Aufgaben verbunden.[62] Dies führt zu einer Verringerung der Programmtiefe auf stationärer Ebene. So könnten z. B. alle nicht invasiven Fächer, die so genannten konservativen Disziplinen, so weit wie möglich in das MVZ verlagert werden. Operativ tätige Fächer wie Gynäkologie, Orthopädie und Chirurgie sollten hinsichtlich ihrer Funktion im Geschäftsfeld des Krankenhauses analysiert werden. Soweit sie nicht zum Kerngeschäft gehören, ist eine Verlagerung in Erwägung zu ziehen. So können Behandlungen instabiler Krankheitszustände, die nicht zwingend Verpflegung und Übernachtung bedürfen (z. B. längerdauernde Einstellung von Diabetikern, komplizierte Herzrhythmusstörungen), aber auch bestimmte endoskopische Untersuchungen, die als vorstationäre Untersuchung benötigt werden, im MVZ ambulant vorgenommen werden.[63] Neben der organisatorischen Weiter- und Fortentwicklung müssen die komplementären Leistungsbereiche betrachtet werden. Im Rahmen der Arzneimitteltherapie haben bereits die bisherigen Regelungen der verschiedenen Kostendämpfungsgesetze zu einem gravierenden Einstellungswandel bei allen Betroffenen geführt. Gerade durch die Änderungen des GMG sind weite Teile des Arzneimittelsortiments aus der Erstattungsfähigkeit herausgenommen worden. Die Zulassung von Versandapotheken erhöht zusätzlich den Wettbewerbsdruck auf die traditionelle Offizin-Apotheke. Aus dieser für viele Marktteilnehmer auf allen Stufen (Hersteller, Großhandel, Apotheker) bedrohlichen Entwicklung können nur offensive Konzepte und keineswegs ein Verharren in festgefahrenen Positionen helfen. Es gilt für die Arzneimittelhersteller und Apotheker, den Bereich der Selbstmedikation ernst zu nehmen und im Rahmen der eigenen Sortimentsplanung entsprechend zu fördern und ökonomisch zu nutzen. Der **Selbstmedikationsmarkt** bietet für die pharmazeutische Industrie und für die Apotheker die Chance, in einem wesentlich gerin-

---

62 Zu Problemen und Aspekten des Outsourcing im medizinischen Bereich siehe Zuck 2000, S. 164 ff.

63 Vgl. Kersting 1995, S. 49. Bestimmte endoskopische Untersuchungen befinden sich bereits im ambulanten Leistungskatalog.

ger regulierten Marktsegment die im Verschreibungsbereich verlorenen Umsatzanteile zurückzugewinnen. In einer Zeit, in der auch die Ärzte für die steigenden Kosten der Arzneimitteltherapie im GKV-Bereich durch Richtgrößenbildung, Arzneimittelrichtlinien und Wirtschaftlichkeitsprüfungen in die Verantwortung genommen werden, bröckelt auch bei ihnen die Front gegen Selbstmedikation ab.

Ärzte sind als Berater des Patienten und des Apothekers gefordert, schließlich lauern in einer falsch praktizierten Selbstmedikation Gesundheitsrisiken; außerdem sollten die Apotheker nicht leichtfertig die Arzneimittelhoheit aufgeben. Die Ärzteschaft scheint vor dem Hintergrund der Richtgrößen einzusehen, dass eine gute Arzt-Patienten-Beziehung, anders als früher, nicht mehr durch großzügige Arzneimittelverschreibungen gefördert werden kann. Keinesfalls sollte der Arzt einen arzneimitteltherapeutischen Beratungswunsch des Patienten ablehnen, nur weil er ihm kein verschreibungspflichtiges Präparat anbieten kann. Auch kann der Arzt Selbstmedikationspräparate nicht länger einfach als unwirksam „schlechtreden“.

Haupteinsatzbereiche für nichtverschreibungspflichtige Arzneimittel sind die Bereiche Vorbeugung, Linderung und Heilung leichter Beschwerden und Befindlichkeitsstörungen (Abbildung 22).

Abb. 22: Indikationsbereiche der Selbstmedikation in Deutschland 2003

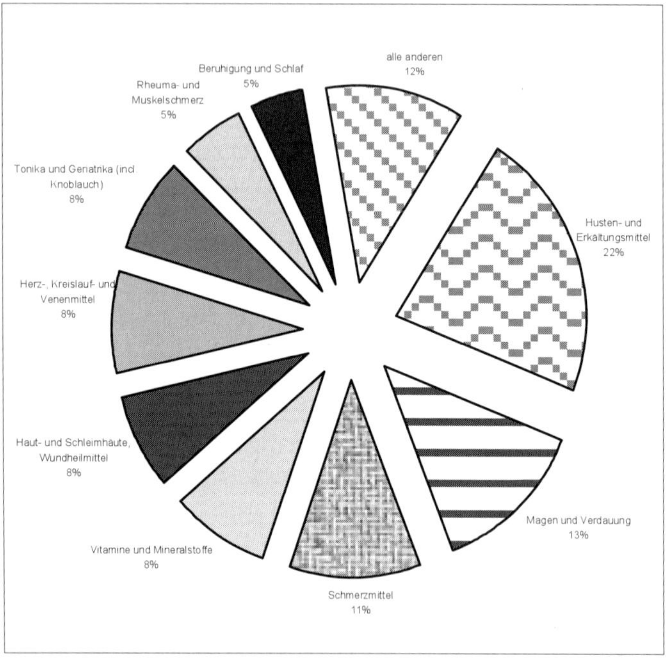

Quelle: BAH (2003), S. 7 sowie http://www.bah-bonn.de/forum/zahlen/index.html

Der Selbstmedikationsmarkt, an dessen Umsatz viele Absatzkanäle partizipieren (vgl. Abb. 23), ist insbesondere durch das GMG ansatzweise reformiert worden. So gilt für die nicht verschreibungspflichtigen Medikamente nicht mehr die Apothekenpreisverordnung.

Abb. 23: Absatzkanäle der Selbstmedikation in Deutschland 2003

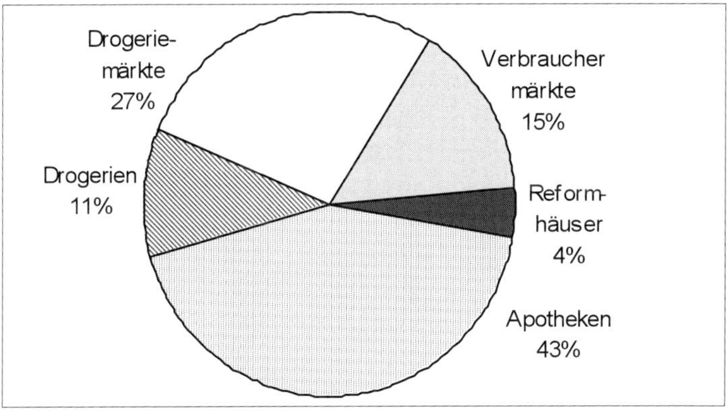

Quelle: Eigene Darstellung in Anlehnung BAH (2003).

Die Zukunft der Apotheke wird daher davon abhängig sein, wie es gelingt, durch eine gute Ausbildung das Feld der Selbstmedikation erfolgreich zu erschließen. Andere Anbieter besitzen nicht die pharmazeutische und pharmakologische Kompetenz des Apothekers, die gezielt in Form von Beratungsleistungen als Konkurrenzvorteil eingebracht werden könnte. Es ist allerdings nicht zu erwarten, dass die Beratungsleistungen im Selbstmedikationssegment, wie von Teilen der Apothekerschaft für den Regelversorgungsbereich gefordert, gesondert vergütet werden. Dies ist – wie im Fachhandel auch – nicht realisierbar, weil der Patient nicht bereit ist, für eine Beratung durch den Apotheker separat zu bezahlen.

Drogeriemärkte, Kauf- und Warenhäuser, Reformhäuser und Lebensmitteleinzelhandel tun sich bedeutend leichter, ihr Sortiment um Freiverkaufsmedikamente zu erweitern, sind aber nicht in der Lage, den immensen Informationsbedarf der Nachfrager adäquat zu decken. Ihnen verschließt sich daher wohl auch künftig ein bedeuten-

des, tendenziell noch beratungsintensiveres Segment des Selbstmedikationsmarktes.
In der weiteren Entwicklung des Gesundheitswesens ist damit zu rechnen, dass die Erstattungsfähigkeit bestimmter Arzneimittelgruppen weiter eingeschränkt wird. In diesem Kontext sind Selbstmedikation und die Bedienung des privatfinanzierten Gesundheitsmarktes eine Chance für den Apotheker. Schließlich ist dieser Bereich nicht der Willkür des Gesetzgebers ausgeliefert, sondern unterliegt den im Wesentlichen längerfristig stabilen Präferenzen der Verbraucher. Auch verfügen nichtverschreibungspflichtige Präparate, die dennoch lange Zeit von Ärzten zu Lasten der GKV verschrieben wurden, einen nicht unbeträchtlichen Vertrauensvorsprung gegenüber anderen, nie erstattungsfähig gewesenen Arzneimitteln.
Diese vertrauensbasierte Arzt-Patienten-Beziehung gilt es nun, durch die Apotheker-Kunden-Beziehung in Teilbereichen zu ersetzen. Es ist damit zu rechnen, dass diese partielle Aufwertung der Apothekertätigkeit durch entsprechende unterstützende Maßnahmen von Seiten der pharmazeutischen Industrie begleitet sein wird.

VII.2.3.2 Prävention

Die Prävention hat mit dem Gesundheitsreformgesetz 2000 und dem Gesundheitsmodernisierungsgesetz 2003 wieder einen politisch höheren Stellenwert erhalten, nachdem Mitte der neunziger Jahre eine Umorientierung in der Gesundheitspolitik stattgefunden hat. Die gegenwärtig von der Bundesregierung propagierte These lautet, dass die Medizin nicht nur Reparaturbetrieb für bereits entstandene Krankheiten sein dürfe, sondern die Förderung von Gesundheit sowie die Prävention integrativer Bestandteil integraler Versorgung werden müssten.
Damit einher geht die Annahme, dass angesichts der Kostenexpansion im Gesundheitswesen der Prävention eine besondere Bedeutung zukomme, da bei erfolgreicher Krankheitsverhütung die Behandlungskosten einer Krankheit eingespart werden könnten.
Sozioepidemiologische Studien zeigen, dass der formal gleiche Zugang zur Gesundheitsversorgung nicht zu einer Aufhebung der Un-

gleichheit der Menschen vor Krankheit und Tod führt.[64] Vielmehr lassen sich schichten- und umweltspezifische Unterschiede des Gesundheitszustandes feststellen. Daraus leiten sich zwei präventive Zielsetzungen ab: **Verhaltens-** und **Verhältnisprävention**.

Die **Verhaltensprävention** will die Vermeidung von gesundheitsgefährdendem Verhalten erzielen (z. B. Rauchen, Eßgewohnheiten, Vernachlässigung der Zahnpflege). Die **Verhältnisprävention** dagegen befasst sich mit technischen, organisatorischen und sozialen Bedingungen des gesellschaftlichen Umfeldes und der Umwelt sowie deren Auswirkung auf die Entstehung von Krankheiten (z. B. Auswirkungen von Stress).

Das **Risikofaktorenmodell** lenkt den Blick auf die verhaltensbedingten Krankheitsrisiken, indem die Identifikation jener medizinischen Faktoren, bei deren Existenz die Entstehung einer spezifischen Krankheit an Wahrscheinlichkeit zunimmt, im Mittelpunkt steht. Den Trägern dieser Risikofaktoren werden dann zielspezifische Maßnahmen zur Verhinderung von Krankheiten angeboten.

Je nach Stadium einer Krankheit wird zwischen primärer, sekundärer und tertiärer Prävention unterschieden. Unter **primärer** Prävention wird die Ausschaltung schädlicher Faktoren noch vor Wirksamwerden verstanden, unter **sekundärer** Prävention die Aufdeckung und Therapie von Krankheiten im möglichst frühen Stadium und unter **tertiärer** Prävention der Versuch, nach Aufdeckung einer Erkrankung deren Verschlimmerung sowie Komplikationen zu verhindern.

Die Problematik einer solchen Differenzierung liegt in der Abgrenzung der einzelnen Phasen. So ist es möglich, dass zur Therapie einer Krankheit Maßnahmen der sekundären Prävention getroffen werden, die gleichzeitig als Maßnahme zur Verhinderung des Ausbruchs einer anderen Krankheit (primäre Prävention) dienen. Weiter besteht kein monokausaler Zusammenhang zwischen dem Vorliegen von Risikoindikatoren und -faktoren bei einem Individuum und dem Ausbruch der Krankheit.

---

64 Vgl. dazu schon Deutscher Bundestag, Referat Öffentlichkeitsarbeit (Hrsg.) (1990), S. 54 f.

Aus beiden Ansätzen wird die Forderung nach **Prophylaxe** und **gesundheitserziehenden Maßnahmen** abgeleitet. Es stellt sich nun die Frage, inwieweit Prävention eine Aufgabe der GKV darstellen soll, bevor dann eine ökonomische Analyse der Prävention erfolgt.

Das öffentliche Interesse an Präventionsprogrammen wird aus der ethischen Norm, Gesundheit sei das **höchste Gut** und daher mit allen Mitteln zu schützen, abgeleitet. Diese These kann jedoch nur dann uneingeschränkt gelten, wenn Gesundheit eindeutig definierbar wäre und einen absolut erstrebenswerten Zustand darstellte. Diese Annahme kann in einer freiheitlichen Gesellschaft jedoch nicht als allgemeinverbindlich festgestellt werden. Gesundheit wird von den Individuen subjektiv unterschiedlich empfunden, ihr Beitrag zu individuellem Lebensglück und individueller Lebensqualität wird höchst subjektiv eingeschätzt.

Die **Subjektivität** individueller Wertordnungen ist im Rahmen einer Bewertung von Präventionsprogrammen unbedingt zu berücksichtigen. Präventive Maßnahmen, die auf Verhaltensänderungen abzielen, stellen für das Individuum je nach Ausgestaltung mehr oder minder starke Eingriffe in die persönliche Lebensführung und Lebensqualität und damit in die persönliche Freiheit dar. Da in einer sozialen Marktwirtschaft jedoch der einzelne in einem gewissen Umfang einen Anspruch auf Hilfe in Notsituationen besitzt, die auch durch eine Krankheit ausgelöst werden könnten, hat die Gesellschaft das Recht, dem einzelnen eine Pflicht zur Duldung präventiver Eingriffe aus übergeordneten Gründen aufzuerlegen (z. B. Impfungen).

Prävention besitzt somit einen **ambivalenten** Charakter.[65] Präventive Maßnahmen sind sowohl ein öffentliches als auch ein privates Gut. Prävention zielt zum einen als privates Gut auf die Verbesserung des Gesundheitszustandes des einzelnen Gesellschaftsmitglieds ab. Durch die Vermeidung von Krankheit und vorzeitigem Tod ergeben sich positive Effekte für die Arbeitsfähigkeit und die Einkommenserzielung und somit für das individuelle Glück. Zum ande-

65 Vgl. zu dieser Problematik bereits Schäfer (1990). Einen Überblick über die ökonomischen Aspekte der Prävention leistet Kenkel (2000), S. 1675 ff.

ren trägt Prävention auch zur Verbesserung der Volksgesundheit und damit zu einer Erhöhung des Humankapitals bei. Dies wiederum führt zu einer Zunahme der Wertschöpfung und somit zu einer Erhöhung der Wohlfahrt in einer Volkswirtschaft.
Die **ökonomische Bewertung** setzt an den Kriterien **Effektivität** und **Effizienz** an. Präventive Maßnahmen genügen dem Kriterium der Effektivität, wenn die Maßnahmen die Eintrittswahrscheinlichkeit von Krankheiten reduzieren. Effizienzüberlegungen versuchen, das grundsätzliche Spannungsverhältnis zwischen knappen Ressourcen und medizinischen Möglichkeiten aufzulösen. Hierbei stellen Kosten-Nutzen-Analysen und Kosten-Wirksamkeits-Analysen das geeignete Instrumentarium dar.
Somit kann Prävention als Aufgabe der GKV nur den Bereichen zufallen,

- in denen **Ursache-Wirkungs-Zusammenhänge** identifiziert worden sind und
- eine **Kosten-Nutzen-Analyse** positive Ergebnisse für die Solidargemeinschaft aufweist.

Präventionsprogramme können durch die Implementation von Anreizen innerhalb des GKV-Systems, die gesundheitsbewusste Verhaltensweisen belohnen, wirksam unterstützt werden. Alle weiteren Maßnahmen, wie beispielsweise die **Gesundheitserziehung**, sind Aufgaben der Gesellschaft und durch allgemeine Steuern zu finanzieren. Jedoch sind auch hier Kosten-Nutzen-Analysen durchzuführen, um nur jene Präventionsprogramme auf den Weg zu bringen, die den Gesundheitsstatus der Bevölkerung effektiv und effizient fördern.
Die **Grenzen** der Prävention liegen dort, wo Ursache-Wirkungs-Zusammenhänge bisher noch nicht ausreichend identifiziert worden sind. Morbidität und Mortalität hängen von einer Vielzahl von Faktoren ab. Dies hat zur Folge, dass in vielen Bereichen keine eindeutige Zuordnung von präventiven Maßnahmen, individuellen Verhaltensveränderungen und deren Einfluss auf die Gesundheitsindikatoren möglich ist. Daneben stoßen in einer freiheitlichen Gesellschaft Präventionsprogramme dort an Grenzen, wo sie zur **Bevormundung**

von Individuen führen. Lebensweltbezogene Prävention kann nur mit, nie gegen die betroffenen Menschen erfolgen.

Die Einführung präventiver Maßnahmen wird immer wieder in Zusammenhang mit einer dadurch erzielten Entlastung auf der Ausgabenseite der GKV gebracht. Dieser Zusammenhang mag in Einzelfällen wohl zutreffen, verallgemeinert werden darf er aber nicht. Zum einen besteht kein eindeutiger Zusammenhang zwischen dem Vorliegen von Risikofaktoren und dem Ausbruch einer Krankheit. Risikofaktoren induzieren lediglich eine erhöhte **Krankheitswahrscheinlichkeit**. Zum anderen kann Prävention Tod und Krankheit nicht verhindern, sondern bestenfalls nur verzögern. Durch die Vermeidung einer spezifischen Krankheit kann das spätere Auftreten anderer, trotz Prävention eingetretener und oftmals teurer Krankheiten in der Regel nicht verhindert werden. Es lassen sich sogar makabre Berechnungen anstellen, wonach es für die Krankenkassen durchaus günstiger sein kann, auf eine zu erwartende Lebenszeitverlängerung ihrer Mitglieder durch Prävention zu verzichten, da gerade die gewonnenen Lebensjahre Krankheiten mit oft höheren Kosten für die Krankenkasse mit sich bringen. Für die Gesellschaft als ganzes mag der Wert der gewonnenen Lebensjahre ganz anders aussehen. Die Betrachtung macht aber deutlich, dass Präventionsprogramme einer differenzierteren Betrachtung bedürfen, um zu einer eindeutigen Prognose von Vor- und Nachteilen zu gelangen (vgl. Krämer (1989)).

Die mögliche Entwicklung dieses stark wachsenden Teilmarktes soll anhand ausgewählter, charakteristischer Positionen vorgestellt werden.

Die gesundheitliche Aufklärung, zu der die **Gesundheitserziehung** in den Kindergärten und Schulen ebenso gehört wie die Arbeit von Gesundheitsämtern, Aufklärungskampagnen in den Medien (Anti-Aidskampagnen) und Produktgestaltungsvorschriften (Aufdruck auf Zigarettenschachteln), wird gegenwärtig vor allem durch staatliche Institutionen ausgeübt. Auch in Zukunft ist hier mit einer starken Betätigung des Staates zu rechnen.

Daneben werden aber zukünftig immer stärker private Medien Aufgaben der Aufklärung übernehmen, da der Bedarf nach Informationen über die Zusammenhänge von individuellen Lebensgewohnheiten und Krankheitserscheinungen weiter zunehmen wird. Das Vordringen der Stiftung Warentest auf dem Gebiet der Informationsvermittlung im Bereich der individuellen Gesundheitsvorsorge belegt dies eindrucksvoll. Ausgehend vom reinen Produkttest, werden verstärkt auch medizinische Verfahren und Behandlungsmethoden vorgestellt und analysiert. Dies lässt zum einen auf die Unzulänglichkeit der staatlichen Informationspolitik im Bereich des Gesundheitswesens und zum anderen auf eine immer stärkere Differenzierung von Lebensstilen und Einstellungen (Ökowelle, Lightwelle) schließen. Dieser Entwicklung können einheitliche staatliche Informationsprodukte immer weniger gerecht werden.

Eine **Stärkung der Eigenverantwortung** kann dazu beitragen, den staatlichen Handlungsbedarf zu reduzieren. Die Einführung einer hohen **Selbstbeteiligung** bei Schadensfällen, die in hohem Maße auf eigenes Verschulden des Patienten zurückzuführen sind, stärkt das Eigeninteresse an einer Vermeidung des Schadensfalls und den Anreiz, Informationen über Vermeidungsmöglichkeiten zu gewinnen und auch umzusetzen.

Aber auch die Krankenkassen werden weiterhin gesundheitsbezogene Aufklärungsaktionen initiieren. Aufgrund finanzieller Engpässe sowie eines sich vermutlich verschärfenden Krankenkassenwettbewerbs werden Aktionen zielgruppenspezifischer und risikospezifischer ausgerichtet sein als bisher und häufiger unter Beachtung von Kosten-Nutzen-Überlegungen konzipiert und durchgeführt als in der Vergangenheit.

Bei den Krankenversicherungen werden die Segmente „Beratung" und „Training" an Bedeutung gewinnen. Um im Wettbewerb mit anderen bestehen zu können, ist der Aufbau von Wettbewerbsvorteilen, z. B. ein gefestigtes Image („Die Gesundheitskasse"), unumgänglich; hierfür eignen sich derartige Angebote in besonderem Maße. Sie sind kostengünstig realisierbar, und darüber hinaus unterstützten sie den Aufbau von persönlichen Kontakten zwischen einer Kasse und ihren Versicherten.

Neben Krankenkassen, sowohl aus dem Bereich der Regelversorgung als auch aus dem Bereich der Wahlleistungen, tummeln sich noch viele andere Anbieter in diesem Feld. Hierzu gehören Volkshochschulen, aber auch private Weiterbildungseinrichtungen, die häufig als Vereine organisiert sind und alternative Felder der Gesundheitsvorsorge besetzen. Auch die Differenzierungsbemühungen im Bereich der Sport- und Fitnesscenter haben dort zu anspruchsvolleren, qualitativ höherwertigen Beratungs- und Trainingsangeboten geführt. Vor allem auf der Ebene der Einzel-, aber durchaus auch der Gruppenberatung bieten sich auch Ärzten vielfältige Möglichkeiten der Betätigung und der Einkommenserzielung. Allerdings trägt das ärztliche Standesrecht derartigen Aktivitäten gegenwärtig noch nicht adäquat Rechnung.

Auch erlaubt die finanzielle Lage der GKV es immer weniger, derartige Leistungen, für die es keine separate Honorierung gibt, indirekt durch erhöhte Entgelte für die übrigen abrechenbaren Leistungen zu honorieren. Da von einem im Vergleich zum gegenwärtigen Leistungskatalog reduzierten Regelversorgungskatalog ausgegangen werden muss, ist damit zu rechnen, dass derartige Angebote nur gegen direkte Bezahlung des Patienten oder durch Kostenübernahme im Wahlleistungsbereich in Anspruch genommen werden können. Insoweit findet eine zunehmende **Privatisierung** des Gesundheitswesens statt.

Vor allem die gute Kenntnis des persönlichen Hintergrundes ihrer Klientel befähigt den in einer derartigen Einrichtung mitwirkenden Arzt hierzu besonders – stärker noch als die genannten staatlichen und halb-staatlichen Einrichtungen, deren Chancen eher auf dem Gebiet der Gruppenangebote liegen.

Lebensmitteleinzelhandel, Drogerien, Reformhäuser und zum Teil auch Apotheken sollten die Chance nutzen, der stärkeren Gesundheitsorientierung der Bevölkerung durch eine entsprechende Sortimentsgestaltung zu entsprechen. Es gilt, Qualitätsstandards für die einzelnen Bereiche zu kreieren, die es dem Verbraucher erleichtern, sich auf diesem Markt zurechtzufinden. Nichts wiegt schwerer als Enttäuschungen auf der Kundenseite durch zweifelhafte Begrifflichkeiten (z. B. „Bioprodukt", „Ökoprodukt"). Es ist aber nicht erforderlich, hierfür wie im Fall der Diätprodukte (Diätverordnung) den Staat zu bemühen. Die Anstrengungen von Unternehmen oder Verbänden auf diesem Feld (Markenkreation und -pflege, kontrollierte

Verbandsnormen) zeigen vergleichbare Ergebnisse (z. B. Reformhauswaren) und besitzen in der Regel ein wesentlich höheres Anpassungsvermögen bei sich ändernden Kundenanforderungen.

VII.2.3.3 Rehabilitation

Die wachsenden medizinischen Möglichkeiten, die zunehmende Lebenserwartung und nicht zuletzt die hohe Anzahl von Personen, die vor Erreichen der Altersgrenze erwerbsunfähig werden, lenken das Augenmerk zunehmend auf den Bereich der Rehabilitation. **Rehabilitation** umfasst grundsätzlich alle medizinischen, beruflichen und sozialen Maßnahmen zur (Wieder-)Eingliederung körperlich, geistig oder psychisch Behinderter oder von Behinderung bedrohter Menschen in die Gesellschaft.

§ 10 SGB I gewährt dem, der „körperlich, geistig oder seelisch behindert ist oder wem eine solche Behinderung droht", unabhängig von der Ursache der Behinderung ein Recht auf die Hilfe, die notwendig ist, um die Behinderung abzuwenden, zu beseitigen, zu bessern, ihre Verschlimmerung zu verhüten oder ihre Folgen zu mindern und um ihm einen seinen Neigungen und Fähigkeiten entsprechenden Platz in der Gesellschaft, insbesondere im Arbeits- und Berufsleben, zukommen zu lassen.

Dieser Anspruch einer umfassenden Rehabilitation benötigt umfassende, aufeinander abgestimmte, in einen Gesamtplan integrierte Maßnahmen. Rehabilitation wird in der Bundesrepublik Deutschland von den Trägern der Kranken-, Unfall- und Rentenversicherungen wahrgenommen.

Aufgabe der GKV ist die medizinische Rehabilitation. Mit dem Gesundheitsreformgesetz (GRG) fand das Ziel der Vermeidung von Pflegefällen und der Verminderung von Pflegebedürftigkeit Eingang in das Fünfte Buch des Sozialgesetzbuches. Die GKV ist zur Aufstellung fallspezifischer Gesamtpläne aufgefordert. Mitte 2001 trat das SGB IX in Kraft, dessen Zielsetzung es ist, insbesondere die Koordination der Qualitätsanforderungen der Rehabilitationsleistungen der verschiedenen Träger zu verbessern.

Ungeachtet dieser gesetzlichen Grundlagen lassen sich in der Realität des rehabilitativen Leistungsgeschehens zahlreiche **Defizite** konstatieren:

- mangelnde **Verzahnung** zwischen den spezialisierten Einrichtungen der Rehabilitation und den auf die kurative Medizin konzentrierten ambulanten und stationären Leistungsanbietern,
- mangelnde **Fachkenntnisse** über die Möglichkeiten der Rehabilitation bei Leistungserbringern der ambulanten und stationären Versorgung,
- oftmals verspätetes **Erkennen** des rehabilitativen Potentials im konkreten Fall bei Angehörigen aber auch bei Ärzten sowie
- Defizite in der **Behandlung** chronischer Erkrankungen.

Einerseits ergeben sich durch die neuen Möglichkeiten auf dem Gebiet der Rehabilitation Einsparungspotenziale für die GKV, andererseits besteht aufgrund eines oftmals überzogenen Anspruchsdenkens der Versicherten, unterstützt durch die Rechtsprechung der Sozialgerichte, die Gefahr eines unkalkulierbaren Ausgabenanstiegs. Insoweit behält hier die zurückhaltende Einschätzung des medizinischen Fortschritts seine Gültigkeit.
Im deutschen Reha-Markt sind die Folgen der gesetzlichen Einschnitte Mitte der neunziger Jahre jedoch immer noch zu verzeichnen. Mit dem Beitragsentlastungsgesetz 1996 wurde die Reha-Dauer von vier auf drei Wochen reduziert, das Zeitintervall zwischen zwei Reha-Behandlungen von drei auf vier Jahre erhöht, und die Zuzahlungen für Patienten wurden verdoppelt. Ziel war es, die Krankenversicherungen zu entlasten. Mit dem parallelen Wachstums- und Beschäftigungsförderungsgesetz wurde das Reha-Budget der Rentenversicherungsträger um über 2 Mrd. DM gekürzt.
Die **Rentenversicherungsträger** haben seit 1997 die Belegung in privaten Kliniken reduziert, um ihre eigenen Häuser auszulasten. Dadurch liegen zum Teil erhebliche Überkapazitäten im Reha-Bereich vor. Die Reha-Einrichtungen können jedoch andererseits von den Verschiebungen der Nachfragestruktur profitieren. Durch die Einführung der Fallpauschalen in der stationären Versorgung

wird der Trend zu Verweildauerreduzierungen führen, so dass nachfolgende Reha-Angebote an Bedeutung gewinnen werden. Möglichkeiten zur „Früh-Reha" eröffnen neue Handlungsspielräume, insbesondere wenn Reha-Einrichtungen in verschiedenartige Versorgungsformen der Integrierten Versorgung involviert sind.

Eine andere Entwicklungstendenz wird es durch neue komplexe Diagnosefelder geben. Insbesondere verbesserte Therapieformen in der Schlaganfallbehandlung haben die Bedeutung der neurologischen Rehabilitation erhöht. Auch das Angebot von teilstationären und ambulanten Leistungen könnte für Reha-Einrichtungen interessant werden.[66]

Eine interessante Entwicklung zeichnet sich im Bereich des Handels mit Sanitätswaren ab. Zunehmend drängen andere Anbieter, aber auch gänzlich neue Angebotsformen in diesen Markt, der sich ebenso wie die Apotheke auf der einen Seite den Zwängen der GKV und auf der anderen Seite einer Kundschaft mit hohen Ansprüchen an Beratung und Servicequalität gegenübersieht. Für den klassischen Sanitätsfachhandel wird es zunehmend schwieriger, den weiter gewachsenen Marktanforderungen (vgl. Abb. 24) gerecht zu werden.

---

66 Vgl. für einen Überblick über den deutschen Reha-Markt Adomeit et al. (2001). Eine Diskussion sektorübergreifender Ansätze im Sinne von Vertrags- und Organisationsmodellen für die Rehabilitation führt Seitz (2001).

Abb. 24: Funktionswandel des Sanitätsfachhandels

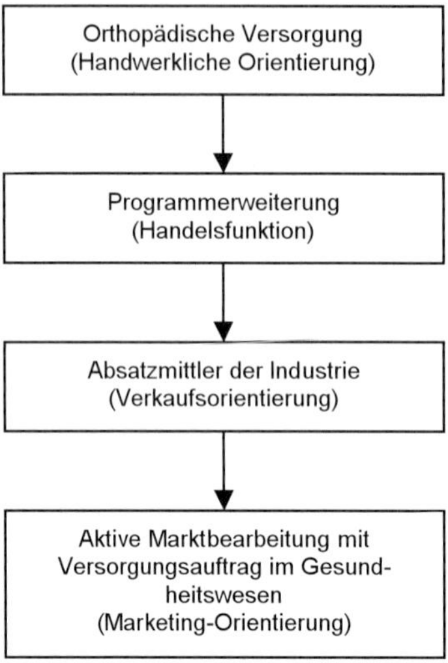

Quelle: Eigene Darstellung in Anlehnung an Schmitt (1993), S. 52.

Häufig haben sich **Sanitätsfachhandelsunternehmen** aus orthopädischen Handwerksbetrieben heraus entwickelt. Hierbei steht die handwerkliche Orientierung einem notwendigen unternehmerischen Denken im Wege. Zunächst wurde der handwerklich ausgerichtete Betrieb durch Aufnahme eines Nebensortiments um eine Handelsfunktion erweitert. Vor allem die klaren Nachteile kleiner Fertigungsserien im Handwerk bestärkten die Unternehmen darin, die Handelsfunktion zu Lasten der handwerklichen Orientierung weiter auszubauen (Verkaufsorientierung). Heute, in einer Zeit, in der sich auch der Markt für Sanitätswaren von einem Verkäufermarkt zu einem Käufermarkt entwickelt hat, sieht sich der Sanitätsfachhandel mit gänzlich anderen Anforderungen konfrontiert. Gefordert ist heute eine klare Marketingorientierung. Hierzu gehören eine aktive Marktbearbeitung, ein gezielter Aufbau strategischer Wettbewerbsvorteile (Sortimentsgestaltung, Standort, Servicequalität, Know-How) und eine geschickte Positionierung (Image, Erscheinungsbild) des Unter-

nehmens. Dies sind Herausforderungen, die es unmöglich erscheinen lassen, alle Funktionen, die zumeist über die Jahre „mitgeschleppt“ wurden, auch weiterhin zu erfüllen.
Vor allem die Apotheken sind als Konkurrenten des Sanitätsfachhandels anzusehen. Im Gegensatz zu letzterem verfügen sie über eine ständige Laufkundschaft, die sich zudem in weiten Bereichen mit den typischen Zielgruppen des Sanitätshandels deckt.
Die zentralen Rahmenbedingungen des Fachhandels erfordern eine klare Definition der eigenen Geschäftsfelder. Die wachsende Vielfalt an Therapieformen, die Zunahme der Anwendungsfelder, gestiegene Anforderungen an die Qualität der Produkte, aber auch der Beratungs- und Serviceleistungen erzwingen eine klare Ausrichtung auf bestimmte Produktfelder
Auch das leicht „angestaubte“ Image der Branche gilt es zu renovieren. Insbesondere die Assoziation des Sanitätsfachhandels mit Alter und Gebrechlichkeit muss überwunden werden. Hier könnte der Sanitätsfachhandel Ideen aus dem Bereich des „Gesunden (Natürlichen) Lebens und Arbeitens“ aufgreifen und sich durch entsprechende Sortimentserweiterungen neu positionieren: weg von der reinen Krankheits- hin zu einer Gesundheitsorientierung. Die Neuorientierung erfordert eine stärkere Berücksichtigung präventiver Angebote, was bis hin zu einem Angebot von reinen Beratungsleistungen oder zur engen Anbindung von Selbsthilfegruppen reichen kann.

VII.2.3.4 Pflege

Mit **Pflegebedürftigkeit** wird ein Zustand beschrieben, in dem der Betroffene existentiell auf die mehr oder weniger ständige persönliche Hilfe anderer Menschen angewiesen ist, da er die alltäglichen Verrichtungen (z. B. Aufstehen, Essen und Trinken, An- und Auskleiden, Körperpflege, häusliche Versorgung, Fortbewegung) nicht mehr alleine bewältigen kann.[67] Abb. 25 verdeutlicht, dass sich die Pflegebedürftigkeit zu einem Massenphänomen entwickelt hat.

67 Vgl. zu dieser Diskussion Skuban (2004), S. 70 ff. Mit „Pflegebedürftigkeit“ wird einerseits die Revitalisierung und Aufrechterhaltung der

Abb. 25: Pflegebedürftigkeit in Deutschland von 1999 bis 2050

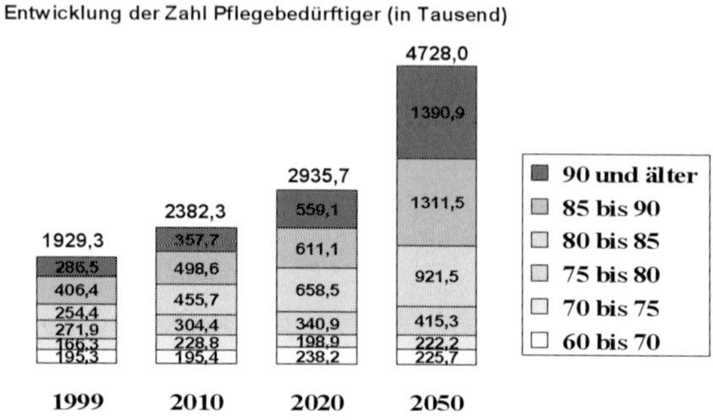

Quelle: Eigene Darstellung in Anlehnung an Pick (2003), S. 17.

Die Ursache dieser Entwicklung ist im Wesentlichen in einer Verschiebung des Krankheitsspektrums in Richtung auf **chronisch-degenerative Krankheiten** (z. B. Herz-Kreislauf-Erkrankungen, Krebs sowie Demenz), aber auch in der zunehmenden **Multimorbidität** zu suchen, die erst im fortgeschrittenen Alter, häufig erst nach langandauernder Behandlung und Pflegebedürftigkeit, zum Tode führt.

Insbesondere der **medizinische Fortschritt** hat dazu geführt, dass viele Krankheiten, die früher vor allem die jungen und mittleren Generationen dezimierten, heute relativ zuverlässig behandelt werden können. Es wird zum Teil die Theorie einer „Kompression" der Morbidität vertreten, nach der die Behandlung von Erkrankungserscheinungen in jungen Jahren dazu führe, dass diese lediglich in Rich-

Körperstrukturen und Körperfunktionen beschrieben, andererseits sind auch Aspekte der Partizipation am gesellschaftlichen Leben zu berücksichtigen.

tung Lebensende hin verlagert würden (vgl. grundsätzlich Ritter/Hohmeier 1999).

Bei der Betrachtung der institutionellen Absicherung des Pflegerisikos hat sich die organisatorische Abschottung der Gesetzlichen Pflegeversicherung (GPV) von der Gesetzlichen Krankenversicherung (GKV) als nachteilig erwiesen, da dies **Kostenverschiebungen** zwischen den beiden Organisationen erlaubt, ohne dass induzierte Leistungen im jeweils anderen System vom Verursacher internalisiert werden. So hat beispielsweise die GKV kein Interesse daran, teure Medikationen für Demenzkranke zu finanzieren, mit denen eine Verringerung des Pflegeaufwandes erreichbar wäre. Angesichts der Interdependenz von Krankheit und Pflegebedürftigkeit bewirkt eine künstliche Trennung dieser Sektoren suboptimale Allokationen. Die Folgekosten unterlassener Investitionen in Prävention und Rehabilitation können von der GKV über die GPV externalisiert werden. Weiterhin tritt für die unter Wettbewerbs- und Kostendruck stehende Krankenkasse der Anreiz auf, grenzwertige Leistungen tendenziell als Pflegeleistungen zu deklarieren (vgl. Oberender/Fleckenstein 2004).

Mangelhaft ist die Versorgung auch im ambulanten und stationären Sektor verzahnt, da dafür keine ökonomischen Anreize wie beispielsweise sektorübergreifende Komplexpauschalen vorhanden sind. Es zeigen sich folglich Defizite in der Infrastruktur: Es fehlen alternative Wohnmodelle, individuell angepasste Heimpflege und therapeutische Präventionsansätze. So ist nicht nur eine qualitative Unterversorgung festzustellen, sondern es existieren auch verschenkte Einsparpotenziale, die durch eine frühzeitige Behandlungsintervention und daraus folgender verlängerter Zeiten der Autonomie realisierbar wären.

Aufgrund der wachsenden Zahl von Ein-Personen-Haushalten, zunehmender Frauenerwerbstätigkeit, steigender regionaler Mobilität der Familienmitglieder und sinkendem moralischen Verpflichtungsgrad familiärer Beziehungen besteht in vielen Fällen nicht die Möglichkeit einer ausschließlichen Pflege durch Angehörige.

Lässt der gesundheitliche Zustand eine Betreuung in der eigenen Wohnung noch zu, so sind die Betroffenen daher immer öfter auf Hilfeleistungen **ambulanter Pflegeeinrichtungen** angewiesen. Auf diesem Gebiet, das immer noch eine Domäne der Wohlfahrtsverbände ist, betätigen sich in zunehmendem Umfang auch private Anbieter. Als unbegründet erwies sich die Unterstellung, die privaten Anbieter betrieben „Rosinenpickerei", sie würden sich ausschließlich um die in der Pflege kostengünstigsten Hilfsbedürftigen kümmern und Personen mit zu hohem Pflegeaufwand gar nicht erst versorgen.

Erster Ansprechpartner für die Betroffenen ist und bleibt vermutlich der **Hausarzt**, der mit dem familiären Umfeld besonders vertraut ist. Aufgrund seiner über lange Jahre gewachsenen Beziehung zum älteren Patienten – häufig hat er dessen Krankengeschichte selbst „erlebt" – nimmt er eine Stellung ein, die es ihm ermöglicht, adäquat auf dessen Bedürfnisse einzugehen. Vor allem bei geriatrischen Notfällen ist er auch ohne langwierige Erhebung der krankheitsbezogenen Vorgeschichte des Patienten in der Lage, die entscheidenden Schritte der weiteren Behandlung einzuleiten, und kann so wertvolle Zeit sparen. Dies gelingt umso besser, je früher der Hausarzt schleichende Veränderungen im Gesundheitsstatus seines älteren Patienten erkennt. Rehabilitierende Maßnahmen besitzen, wenn der Patient zum geriatrischen Notfall geworden ist, oft nur noch geringe Aussichten auf Erfolg. Dieser Rolle des „**Türstehers**" für den Pflegebereich, die der Hausarzt in aller Regel als Koordinator der therapeutischen, pflegerischen und sozialen Betreuung des Patienten einnimmt, sollte sich dieser bewusst sein und stärker als in der Vergangenheit mit entsprechenden Angeboten untermauern.

Pflegebedürftige, die rund um die Uhr versorgt werden müssen, sind zumeist auf Angebote der **stationären Pflege** angewiesen. Es ist damit zu rechnen, dass auch weiterhin medizinische Leistungen in Krankenhäusern verstärkt dazu verwendet werden, den natürlichen Todeszeitpunkt weiter hinauszuschieben, ohne eine anhaltende und fundamentale Besserung des Krankheitszustandes älterer Menschen zu erreichen. Häufig fehlen für den betroffenen Personenkreis entsprechende Angebote alternativer stationärer und ambulanter Pflegedienste. Auch weigern sich oft die Angehörigen, die Pflegebedürftigen wieder aufzunehmen. Sie fühlen sich mit der Pflegesituation alleingelassen und überfordert. Entsprechende Entlastungs- und Unterstützungsangebote für die potentiellen Hauptpflegepersonen aus dem familiären oder nachbarschaftlichen Umfeld existieren entweder nicht oder sind diesen einfach nicht bekannt. Die unter therapeutischen Aspekten unnötig lange Verweildauer von Pflegebedürftigen in Akutkrankenhäusern mit eher diagnostischem und akuttherapeutischem Versorgungsspektrum, das den spezifischen, in einzelnen Phasen einer Erkrankung sehr unterschiedlichen Pflegebedarf alter Patienten nur unzureichend abdeckt, verzögert eine Rehabilitation in vielen Fällen so gravierend, dass sie fast unmöglich ist und der Patient zum Dauerpflegefall wird.

Größere Chancen als die bestehenden Pflegeheime, diese veränderte Nachfrage zu befriedigen, haben oft Krankenhäuser, die ihr Versorgungsspektrum um Angebote der Rehabilitation erweitern. Über entsprechend qualifiziertes Personal verfügen insbesondere Rehabilitationskliniken. Da sich diese vorwiegend auf die Wiedereingliederung in das Erwerbsleben konzentrieren, müssen auch sie sich erst noch auf die neuen „Kunden" einstellen. Das erforderliche Personal, Krankengymnasten, Ergotherapeuten u. a., ist zwar vorhanden, tut sich aber oft noch schwer, mit alten Menschen adäquat umzugehen. Häufig besteht ein ungenügendes Wissen über die therapeutischen und rehabilitativen Möglichkeiten und Anforderungen bei der Behandlung älterer Menschen.

Neben der Kurzzeitpflege rücken weitere Pflegeangebote, die zwischen der häuslichen und der stationären Pflege angesiedelt sind, in den Mittelpunkt. Insbesondere geriatrische Tageskliniken sind hier zu nennen, die ihre Aufgabe darin sehen, mit Beschäftigungsangeboten und kommunikativen Anregungen die häuslichen Hauptpflegepersonen, die ihre Pflegetätigkeit in der Regel dann als besonders belastend betrachten, wenn ihr Alltagsablauf als völlig durch die Bedürfnisse des zu Pflegenden determiniert empfunden wurde, temporär zu entlasten. Zugleich streben Tageskliniken als Zentrum für Frührehabilitation das Ziel an, die Leistungsfähigkeit der Betroffenen zu stärken oder weitestgehend zu erhalten.

Diese Einrichtungen müssen sich nicht auf das Angebot ambulanter Dienstleistungen beschränken. Es ist durchaus möglich, dass sie als Zentren für Akutgeriatrie auch die Option bereithalten, den Pflegebedürftigen über kurze Zeit stationär unterzubringen und so die Versorgungslücke zwischen Akutgeriatrie und Frührehabilitation zu schließen. Eine langandauernde vollstationäre Unterbringung in Pflegeheimen kann so schon im Vorfeld verhindert oder hinausgezögert werden. Wesentlich für die Arbeit dieser Einrichtungen ist, dass sie nicht mit der Entlassung endet, sondern gezielt das häusliche Umfeld mit einbezieht.

Dem Bestreben fast aller (potenziell) Pflegebedürftigen, in den eigenen vier Wänden zu bleiben, auch unter den veränderten demographischen und sozialen Lebensumständen, tragen diese selbst immer öfter durch eine frühzeitige Veränderung des Wohnumfeldes Rechnung. Gefragt sind Wohnanlagen, die entsprechend den individuellen Bedürfnissen differenzierte Pflegeangebote bereithalten. Der nach den Bedürfnissen der Bewohner gestaltete, ambulant betreute Wohnbereich dieser Einrichtungen bietet vor allem eine starke Betonung psychosozialer Komponenten in Form des alltäglichen Zusammenseins und Zusammenlebens und hilft, soziale Isolation im Alter zu vermeiden. Das in derartigen Einrichtungen häufig verwirklichte Konzept der „Pflege als selektiv selbstgewählte persönliche Assistenz" ermöglicht eine selbstbestimmte Inanspruchnahme von Hilfeleistungen, ohne lange Wartezeiten und ohne Einschaltung anderer Personen.

Die vorstehenden Ausführungen zeigen aber auch die Bedeutung, die einer an den Bedürfnissen der zu Pflegenden ausgerichteten Kooperation zwischen allen Leistungserbringern beizumessen ist.

Die Vielfalt der konkurrierenden Träger und Einrichtungen bietet den Betroffenen weitaus mehr Möglichkeiten, ein Netz aus medizinisch-pflegerischen, psychosozialen und hauswirtschaftlichen Diensten entsprechend den eigenen Bedürfnissen aufzubauen, als dies eine mit Monopol ausgestattete Institution, sei sie privatwirtschaftlicher oder staatlicher Natur, könnte.

Angebotsvielfalt ist deshalb keineswegs als unerwünschter „Wildwuchs" auf dem Pflegesektor anzusehen, der eine systematische, bedürfnisorientierte Gestaltung und Entwicklung des individuellen „Pflegenetzes" verhindere. Gerade die Vielfalt des Pflegeangebots ermöglicht erst die Befriedigung der unterschiedlichen Pflegebedürfnisse. Abbildung 26 stellt noch einmal zusammenfassend den Markt des Pflegebereiches dar.

Abb. 26: Beschäftigungspotenziale in der Pflege

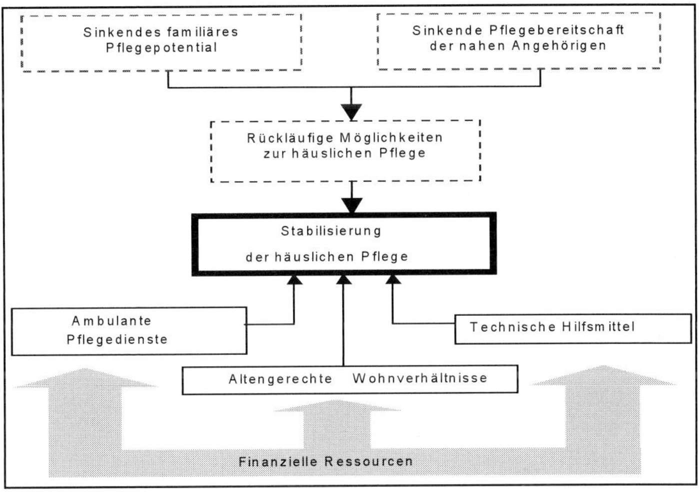

Quelle: Darstellung nach Schallermair (1999), S. 192.

VIII Resümee

Das deutsche Gesundheitswesen krankt – wie dargestellt – an **falschen Anreizsystemen**, einem **Verantwortungsvakuum** und einer ständig wachsenden **Reglementierungsflut**. Das GKV-System wird immer wieder, solange nicht die Wurzeln dieses Übels behandelt werden, von einem Ausgabenfieber befallen, das zu einer entsprechenden finanziellen Atemnot führt. Das Resultat einer derartigen Politik ist das Verfallen in kurzfristige Kostendämpfungsdebatten und Politikmaßnahmen, deren Halbwertszeit von geringer Dauer ist.
Steigende Beitragssätze bedeuten aber nicht nur eine höhere Belastung der Lohneinkommen und hemmen damit die Leistungsbereitschaft der Arbeitnehmer, sondern führen zugleich auch zu einem Anstieg der Lohnnebenkosten, was die Beschäftigungschancen negativ beeinflusst und die Wettbewerbsfähigkeit des Industriestandortes Deutschland empfindlich beeinträchtigt.

Die **Ursachen** der gegenwärtigen Probleme sind vielfältig. So wird aus gesundheits- und sozialpolitischen Gründen die individuelle Gesundheitsnachfrage in der Regel bewusst nicht durch das **Preisausschlussverfahren** begrenzt, d. h. es wird auf eine Steuerung mit Hilfe von Preisen verzichtet. Dadurch wird nicht nur die Nachfrage nach Gesundheitsleistungen völlig preisunempfindlich und damit einer **Freifahrermentalität** Vorschub geleistet, sondern darüber hinaus besteht für den einzelnen Versicherten oft ein Anreiz, die Summe der nachgefragten Kassenleistungen zu maximieren und zugleich eigene Anstrengungen, die dem Erhalt der eigenen Gesundheit dienen, zu verringern (**Moral-Hazard-Phänomen**). Außerdem existiert generell die Gefahr einer **angebotsinduzierten Nachfrage**, indem die Anbieter von Gesundheitsleistungen die nachgefragte Menge erhöhen, weil für sie dadurch der Umsatz und damit in aller Regel das Einkommen wachsen.

Aufgrund dieser Rahmenbedingungen fühlt sich keiner der betroffenen Akteure verantwortlich; es entsteht ein **Verantwortungsvakuum**, das zu Missbrauch und Aushöhlung des sozialen Sicherungssys-

tems führt. Damit ist jedoch auch ein **Teufelskreis** in Form einer **Beitragssatz-Anspruchs-Spirale** eröffnet: Steigende Leistungen führen zu steigenden Beitragssätzen, die dann wiederum bei den Versicherten steigende Ansprüche an das System auslösen.
Seit Mitte der 70er Jahre wird nun verstärkt versucht, die Ausgabenentwicklung im Gesundheitswesen durch immer umfangreichere bürokratische Eingriffe zu zügeln. Die Dominanz des Kostendämpfungsziels in der politischen Diskussion ebnete das Feld für den Einsatz planwirtschaftlicher und bürokratischer Elemente, so dass die gegenwärtige Gesundheitspolitik in starkem Maße interventionistische Züge aufweist.
Beginnend mit dem Gesundheits-Reformgesetz (GRG) von 1988 bis einschließlich zum Gesundheitsmodernisierungsgesetz 2003 (GMG), hat der Gesetzgeber versucht, durch die Einführung neuer Steuerungsmechanismen die aufgezeigten gegenwärtigen Probleme zu lösen. Im Vordergrund standen dabei die drei Grundsätze:

- Beitragssatzstabilität (§ 71 SGB V),
- Sicherung der notwendigen medizinischen Versorgung (§ 72 Abs. 1 SGB V) und
- angemessene Vergütung (§§ 85 ff. SGB V).

Die politische Priorität liegt hierbei – insbesondere seit dem Jahr 2000 – auf der **Beitragssatzstabilität**. Diese Entscheidung ist willkürlich getroffen und lässt sich wissenschaftlich nicht begründen. Allerdings bleibt eine solche Festlegung nicht ohne Konsequenzen für die notwendige medizinische Versorgung sowie für die angemessene Vergütung. Entweder muss – soll das Ziel der Beitragsstabilität realisiert werden – der Leistungskatalog der GKV beträchtlich reduziert werden, oder die Vergütungen für die Leistungserbringer sind merklich zu beschneiden.
Die Ergebnisse des GMG lassen das Dilemma zu Tage treten. Kurzfristige Einspareffekte treten zwar ein, es bleibt aber der mittel- und langfristige Druck bestehen, da weder die strukturellen Ursachen angegangen worden sind, noch eine nachhaltige Finanzierungsbasis umgesetzt wurde. Wahlpolitisch ist es verständlich, das jeweils jüngste Reformgesetz als „politischen Wurf" zu feiern. Die Behauptung

jedoch, die Einsparungen aufgrund einer höheren Selbstbeteiligung seien ein Umbruch oder gar der Beginn eines anhaltenden strukturellen Abschmelzungsprozesses der Gesundheitsausgaben, war, wie die Realität zeigt, falsch. Die immer wiederkehrende finanzielle Atemnot und andere tiefgreifende Mängel des GKV-Systems stellen deshalb keine Überraschung dar, sie sind vielmehr das Ergebnis einer verfehlten Gesundheitspolitik.

Der Schwerpunkt politischer Reformansätze liegt weiterhin in der **Symptombehandlung**. Der Versuch, mit Budgets, Richtgrößen, Zulassungssperren für Ärzte, staatlichen Honorar- und Preisdiktaten – alles in allem mit einer Verschärfung der bürokratischen und staatlichen Reglementierung und Regulierung – die Ausgabenentwicklung in der GKV in den Griff zu bekommen, ist untauglich und ordnungspolitisch verfehlt!

Auch wenn einzelne Bestimmungen marktwirtschaftliche Elemente vorweisen, so sind die meisten Reformbestrebungen als Ergebnis zentralverwaltungswirtschaftlichen Gedankenguts zu interpretieren. Es wird hierbei von einem kollektivistischen Menschenbild ausgegangen, das beherrscht wird von dem **Glauben der Planbarkeit** und der **Illusion der Machbarkeit**. Der einzelne Bürger – ob Patient oder Leistungserbringer – wird dabei zunehmend entrechtlicht und bevormundet.

Vor dem Hintergrund der zukünftigen Herausforderungen unseres Gesundheitssystems überrascht es immer wieder, dass sich die gegenwärtige gesundheitspolitische Diskussion in Deutschland fast ausschließlich auf die gegenwärtigen Defizite und Probleme konzentriert. Dabei sind die Herausforderungen der sozialen Sicherungssysteme allgemein und insbesondere die Herausforderungen für das Gesundheitssystem enorm. Neben Problemen einer nachhaltigen Sicherung der Finanzierung und der Förderung eines Qualitätswettbewerbs wird die künftige Bedeutung des **EU-Binnenmarktes** unterschätzt.

Dabei wird sich auch auf europäischer Ebene die Frage stellen, ob einer vereinheitlichten Politik auf dem Gebiet der Sozialpolitik Vorschub geleistet oder das bewusste Experiment des Wettbewerbs unterschiedlicher sozialer Sicherungssysteme befördert wird. Es ist zu befürchten, dass die Vorteile des deutschen Gesundheitssystems wie des sozialen Sicherungssystems als Ganzes immer mehr auch von den Bürgern anderer EU-Staaten genutzt werden. Insbesondere deshalb, weil es vor dem Hintergrund einer **Unionsbürgerschaft** in Zukunft nicht mehr möglich sein wird, Bürger aus anderen EU-Staaten von den Vorteilen des deutschen sozialen Sicherungssystems auszuschließen.

Vor allem wirft aber die **demographische Entwicklung** der deutschen Bevölkerung Probleme auf. Die Zukunft der Gesetzlichen Krankenversicherung (GKV) und der Gesetzlichen Pflegeversicherung (GPV) wird daher durch eine disproportional verlaufende Entwicklung zwischen Bevölkerung und Nachfrage nach Gesundheitsleistungen gekennzeichnet sein: Unabhängig von der skizzierten Entwicklung im europäischen Kontext und unter Berücksichtigung des demographischen Rückgangs der deutschen Bevölkerung wird die Nachfrage nach altersgerechten Gesundheitsleistungen aufgrund der zukünftigen Veränderungen innerhalb der Bevölkerungsstruktur und auch im Hinblick auf die höhere Krankheitshäufigkeit älterer Menschen ansteigen.

Vor dem Hintergrund der nachhaltigen Finanzierung von Gesundheits- und Pflegeleistungen stellt sich die Frage, wie künftig der Zugang zu **Innovationen** im Gesundheitswesen für einen breiten Kreis der Bevölkerung abgesichert werden kann. Es liegt gewissermaßen ein Trade-off zwischen der Förderung der Innovationsentwicklung einerseits und der Forderung nach einem gleichen (solidarischen) Zugang zu Medizininnovationen andererseits vor. Vor diesem Hintergrund sind nun die Herausforderungen der demographischen Alterung der Gesellschaft und altersbedingter Phänomene zu untersuchen. Unabhängig davon, ob sich die Morbiditätskompressions- oder Medikalisierungsthese in der Zukunft als zutreffend erweisen sollte, ist davon auszugehen, dass auch mittelfristig und langfristig Alter und Krankheit korrelieren werden. Die Politik muss nun nicht nur darüber entscheiden, wann und in welchem Umfang und für welchen Personenkreis medizinische Neuerungen in den Katalog der Regelleistungen aufgenommen werden. Sie hat auch die Entscheidung darüber zu treffen, wie der durch das Alter stärker gewordene

Zusammenhang zwischen Pflegebedürftigkeit und Krankheit im sozialen Sicherungssystem abgebildet werden kann. Die sozialen Sicherungssysteme in der Welt, namentlich in Europa gehen von unterschiedlichen Ansätzen der „Pflegebedürftigkeit" aus (vgl. Skuban 2004, S. 105 ff.). Die Ausgestaltung von Bedürftigkeitsansätzen bedeutet nichts anderes als die gesellschaftliche Auseinandersetzung mit der Frage, welcher Bedarf im Sinne einer „**notwendigen Versorgung**" als relevant angesehen wird.

Es ist abzusehen, dass die bestehenden Mängel und die zukünftigen Herausforderungen die inneren Widersprüche des Systems der sozialen Krankenversicherung immer wieder aufbrechen lassen, wenn es nicht gelingt, die gegenwärtigen Probleme ursachenadäquat zu lösen und die zukünftigen Herausforderungen angemessen zu berücksichtigen. Angesichts der vielfältigen Probleme werden der Krankenhausbereich, die ambulante Versorgung sowie die Organisationsstruktur reformiert werden müssen. Die **Wahl- und Handlungsfreiheit der Versicherten** muss einerseits **gestärkt**, andererseits im **Bereich der Solidargemeinschaft eingeschränkt** werden. **Eine nachhaltige Reform** des Gesundheitswesens kann vor einem marktwirtschaftlichen Hintergrund nur mit einem Übergang auf **personenorientierte Prämien** erfolgen. Durch den Preischarakter der Prämien wird der Krankenversicherungsmarkt gestärkt, die notwendige **Absicherung ökonomisch Schwacher** kann zielgenauer im **Steuersystem** erfolgen, das vor allem eine gerechtere Umverteilung ermöglicht, da in diesem bereits alle Einkommensschichten berücksichtigt sind und das Leistungsfähigkeitsprinzip über den Steuertarif abgebildet wird. Eine Umsetzung einer derartigen Reform ist zunächst als Leitbild zu verstehen, das langfristig erreicht werden soll; aus diesem Grund ist ein vorab festgelegter Übergangsprozess zu definieren.

Unabhängig von der grundsätzlichen Reformüberlegung muss konstatiert werden, dass der politische Druck auf die Ärzteschaft und die anderen Leistungsanbieter im Status quo angesichts der vielfältigen Probleme weiter zunehmen wird. Der **Sozialneid** erhält dadurch weiteren Auftrieb, und auch die Versuche, Ärzte zu willfährigen Handlangern einer Staatsmedizin zu degradieren, werden verstärkt werden. In diesem Zusammenhang muss davor gewarnt werden, die Unsicherheit einer marktlichen Lösung gegen die vermeintliche Sicherheit einer staatlichen Regulierung einzutauschen.

Infolge des ökonomischen Zwangs der knappen Mittel im Gesundheitswesen werden **dezentrale Lösungen** über selektive Verträge zwischen den Kassen und den Leistungserbringern unerlässlich sein. Ein derartiger Wettbewerb der Kassen um Mitglieder und Leistungserbringer, sei es in Form integrierter Versorgungssysteme oder Fortentwicklungen der Modellvorhaben und Strukturverträge, fordert den Versicherten als mündigen Bürger und den Arzt als Unternehmer heraus. Insbesondere für medizinische Leistungserbringer wird ein Erfolg langfristig nur über ein Qualitätsangebot möglich sein. Qualitätsindikatoren, wie Zertifizierungen und Rezertifizierungen, stellen dabei einen ersten Schritt dar.

Langfristig gilt es für freiheitliche Lösungen zu werben, die auf die Kräfte und das Wissens der Beteiligten vor Ort setzen. Grundsätzlich gilt als allgemeines Prinzip, dass **Freiheit nicht teilbar** ist. Es kann nicht einerseits politische Freiheit bestehen und andererseits eine bürokratische Gängelung und Bevormundung im Bereich des Gesundheitswesens stattfinden. Bereits der Freiburger Ökonom *Walter Eucken* hat auf diese **Interdependenz der Ordnungen** hingewiesen: Eine demokratische Ordnung ist nur mit einer Marktwirtschaft in allen Bereichen – dies gilt auch umgekehrt – vereinbar.

IX Glossar

Adverse Selektion

Mit adverser Selektion in einem Krankenversicherungsmarkt wird die Problematik beschrieben, dass Krankenversicherungen aufgrund unvollständiger Informationsverteilung die Risikogüte der Versicherten ex ante (vor Versicherungsschluss) nicht eindeutig einschätzen können. Vor diesem Hintergrund werden Versicherungen dazu übergehen, durchschnittliche Prämien zu fordern, was die guten Risiken jedoch anreizen würde, keine Vollversicherung nachzufragen. Aus diesem Anreiz heraus werden die Gesamtversicherungsbedingungen beeinflusst. Der Effekt verliert an Bedeutung, je stärker Nicht-Preis(Prämien)faktoren an Bedeutung gewinnen und je risikoaverser gute Risiken sind.

Aktuarische Prämie (risikoorientierte Prämie)

Mit der aktuarischen Prämie wird der „Preis" einer Versicherung bei einem unregulierten, marktwirtschaftlichen Versicherungswettbewerb verstanden. Ohne Berücksichtigung möglicher Probleme der Informationsverteilung zwischen Versichertem und Krankenversicherung wird jedem Versicherungsnehmer für die Versicherungsperiode soviel an Prämie abverlangt wie er wahrscheinlich innerhalb dieser Periode an Leistungen in Anspruch nehmen wird. Bei einem Versicherungssystem, das von jedem Versicherten von Geburt an eine risikoädäquate Prämie verlangt, wird die prämienrelevante Unterscheidung zunächst nur zwischen Alter und Geschlecht wirksam. Daher bietet es sich an, von einer risikoorientierten Prämie zu sprechen. Eine Individualisierung wird erst beim Versicherungswechsel relevant.

Altersrückstellung

Rückstellungen für erhöhte Ausgaben im Alter innerhalb der Privaten Krankenversicherung je Versichertenkohorte. Die lebenslang konstante Prämie jedes Versicherten wird so berechnet, dass sie höher angesetzt wird als die Ausgaben der ersten Jahrzehnte, aber niedriger ist als die Ausgaben der letzten Jahrzehnte. Durch eine Art „Sparkonto" werden Rücklagen durch Zinsen und Zinseszins gebildet.

Ambulante Behandlung (Versorgung)

Behandlung durch einen niedergelassenen Arzt (Zahnarzt) in dessen Praxis, in der Wohnung des Kranken oder auch im Krankenhaus, wenn der Kranke nicht zur ➔stationären Behandlung aufgenommen wird oder werden will.

Angebotsinduzierte Nachfrage

Aufgrund seines Informationsvorsprungs gegenüber den Patienten übt der Arzt faktisch einen erheblichen Einfluss auf die Gestaltung der Nachfrage nach Gesundheitsleistungen aus. Von Angebotsinduzierung spricht man dann, wenn er sich dabei nicht wie ein perfekter Sachwalter des Patienten verhält, sondern auch seine eigenen Interessen einfließen lässt. Dies gilt insbesondere, wenn Ärzte bei einem Anstieg der Ärztedichte Informationen, die sie an den Patienten geben, systematisch verändern, um ihre eigene Auslastung sicherzustellen.

Apothekenpflicht

Aus Gründen des Gesundheitsschutzes darf die Ausgabe bestimmter, als apothekenpflichtig gekennzeichneter Arzneimittel an den Endverbraucher nur über Apotheken erfolgen.

Arzneimittelpreisverordnung

Verordnung zur Regelung der Preise und Preisspannen für ➔apothekenpflichtige Arzneimittel. Auf den vom Arzneimittelhersteller festgelegten Abgabepreis (Herstellerabgabepreis) werden gesetzlich vorgegebene Preisspannen für den Großhandel und für die Apotheken zugeschlagen. Das Ziel dieser Verordnung ist es, aus gesundheitspolitischen Gründen bundesweit einheitliche Apothekenabgabepreise zu erzielen. Dadurch findet ein Preiswettbewerb nur auf der Herstellerstufe statt. Auf der Apothekenstufe ist er ausgeschlossen.

Arzneimittelzulassung

Arzneimittel werden in der Regel durch eine staatliche Zentralbehörde zugelassen. Voraussetzung für die Erteilung einer Zulassung ist es, dass der Antragsteller den Nachweis von Unbedenklichkeit (Sicherheit), Wirksamkeit und Qualität des Arzneimittels erbringt. Außerdem muss die Indikation angegeben werden.

Arzthonorar

Finanzielles Entgelt für erbrachte ärztliche Leistungen. Grundlage für das ärztliche Honorar ist die Gebührenordnung für Ärzte (GOÄ). In der GKV nimmt diese Rolle der Einheitliche Bewertungsmaßstab (EBM) ein.

Aut-Idem-Regelung

Aut idem bedeutet wörtlich "oder dasselbe". Das Rezept ist nach bisherigem Recht ein Imperativ des Arztes für den Apotheker. Die Apothekenbetriebsverordnung schreibt ausdrücklich vor, dass die abgegebenen Arzneimittel den Verschreibungen entsprechen müssen. Bislang muss der Arzt dem Apotheker die Substitution ausdrücklich erlauben ➔Aut-Simile-Verbot. Die veränderte Aut-Idem-Regelung macht dagegen den Ausnahmefall zum Regelfall. Demnach muss der Arzt die Substitution seiner Verordnung durch ein wirkstoffgleiches Präparat explizit untersagen.

Aut-Simile-Verbot (Substitutionsverbot)

Verbietet dem Apotheker einen eigenmächtigen Arzneimittelaustausch, sofern nicht der Arzt das verschriebene Präparat unter seiner Wirkstoffbezeichnung verordnet.

Äquivalenzprinzip

In der privaten Krankenversicherung angewandtes Versicherungsprinzip. Hierbei richtet sich die Beitragshöhe (Prämie) ausschließlich nach dem zu versichernden Risiko. Als Risikoindikatoren können z. B. das Alter, das Geschlecht, die Vorerkrankungen und der Beruf der zu versichernden Person herangezogen werden.

Bagatellarzneimittel

Arzneimittel, die auf der so genannten Negativliste aufgeführt sind und nicht zu Lasten der Krankenkasse verordnet werden dürfen. Es handelt sich hierbei in aller Regel um Arzneimittel, die bei geringfügigen Gesundheitsstörungen verordnet werden.

Beitragsbemessungsgrenze

Einkommenshöhe, die für die Beitragsberechnung zur Gesetzlichen Krankenversicherung relevant ist. Die Krankenversicherungsbeiträge werden in der GKV auf der Grundlage des ➔Solidarprinzips in prozentualer Abhängigkeit vom Einkommen des Versicherten berechnet. Versicherte, deren Einkommen die Beitragsbemessungsgrenze überschreitet, haben nur den Beitrag zu entrichten, der dem dieser Grenze entspricht. Die Höhe der Beitragsbemessungsgrenze entspricht 75 % des Wertes der Beitragsbemessungsgrenze in der Gesetzlichen Rentenversicherung.

Beitragssatzstabilität

Ein politisch festgelegter Grundsatz, der die Krankenkassen und die Leistungserbringer dazu verpflichtet, ihre Vereinbarungen über die Leistungsvergütungen so zu gestalten, dass Beitragserhöhungen vermieden werden.

Belegarzt

Niedergelassener Arzt, dem von einem Krankenhausträger das Recht eingeräumt wird, seine Patienten stationär oder teilstationär im Krankenhaus zu behandeln.

Budget

Entgeltverfahren, das die periodenbezogene Gesamtleistung eines Leistungserbringers im Gesundheitswesen mit einem Pauschalbetrag vergütet. Budgetvorgaben können unabhängig von der tatsächlichen Inanspruchnahme (starres Budget oder inflexibles Budget) oder in Abhängigkeit von der tatsächlichen Inanspruchnahme des jeweiligen Leistungserbringers (flexibles Budget) festgelegt werden.

Bürgerversicherung

Konzept, das sowohl die Bemessungsgrundlage zur Beitragsberechnung auf alle Einkommensarten (Lohn, Zinsen, Mieten, Kapitalerträge) als auch den Versicherungspflichtkreis auf Selbständige und Beamte ausdehnen will, um somit die Einnahmebasis der GKV zu stabilisieren und die Arbeitskosten zu senken. Langfristig würde dadurch die Private Krankenversicherung in ihrer Existenz gefährdet.

Diagnosis Related Groups (DRG)

Diagnosis Related Groups sind ein Patientenklassifikationssystem, das die Grundlage für fallpauschalierte Vergütungssysteme darstellen kann. Patientenklassifikationssysteme unterteilen die Patientenschaft in klinisch definierte Gruppen mit ähnlichen Behandlungskosten. Von klinischer Seite ist die Zielsetzung, ausgehend von den Problemen und Zielen bei der Behandlung eines einzelnen Patienten, ähnliche Fälle in möglichst ausdifferenzierten homogenen Behandlungsgruppen zusammenzufassen.

Disease Management

Grundsätzlich wird mit Disease Management die Idee beschrieben, den Versorgungsprozess am Krankheitsbild auszurichten, d. h. integriert über Prävention, Kuration und Rehabilitation. Eine wichtige Voraussetzung für die Umsetzung von Disease Management-Ansätzen ist die kontinuierliche Überprüfung des medizinischen Outcome. Aus diesem Grunde spielen Leitlinien und Standards der medizinischen Versorgung eine besondere Rolle. Die medizinischen Ergebnisse müssen, um ökonomische Steuerungsempfehlungen ableiten zu können, mit Methoden der gesundheitsökonomischen Evaluation aufgearbeitet werden.

Einheitlicher Bewertungsmaßstab (EBM)

Der einheitliche Bewertungsmaßstab (EBM) ist ein Katalog zur relativen Bewertung erbrachter medizinischer Leistungen mittels Punkten. Er wird von einem Bewertungsausschuss erstellt und ist Bestandteil der Bundesmantelverträge zwischen Kassenärztlicher Bundesvereinigung und den Spitzenverbänden der Krankenkassen.

Der Wert eines Punktes ist keine feste Größe, da er vom Leistungsumfang und vom Budget abhängt. Mit der Einführung des EBM 2000 plus soll die Gefahr einer Punktwertsenkung durch die Festlegung von festen Regelleistungskomplexen begegnet werden.

Einnahmenorientierte Ausgabenpolitik

Ziel der einnahmenorientierten Ausgabenpolitik ist es, die Ausgabenveränderungen der GKV an der Entwicklung der versicherten Einkommen zu orientieren. Als Indikator für die Einnahmenentwicklung wird die durchschnittliche ➔Grundlohnsumme der beteiligten Krankenkassen festgelegt.

Einzelleistungsvergütung

Die Vergütung der vom Arzt erbrachten Leistungen nach einem detaillierten Gebührenverzeichnis. In der Gesetzlichen Krankenversicherung entrichten die Krankenkassen an die Kassen(zahn)ärztliche Vereinigung eine Gesamtvergütung mit befreiender Wirkung für die kassenärztliche Versorgung. Die Kassen(zahn)ärztliche Vereinigung verteilt dieses Gesamthonorar in der Regel nach den abgerechneten Einzelleistungen an die beteiligten Ärzte.

Epidemiologie

Lehre von der Entstehung, Verbreitung und Bekämpfung von Krankheiten.

Evidenzbasierte Medizin (EbM)

EbM ist der gewissenhafte, ausdrückliche und vernünftige Gebrauch der gegenwärtig besten externen, wissenschaftlichen Evidenz für Entscheidungen in der medizinischen Versorgung individueller Patienten. Die Praxis der EbM bedeutet die Integration individueller klinischer Expertise mit der bestmöglichen externen Evidenz aus systematischer Forschung.

Fallpauschale

Pauschalbetrag für die Abgeltung der (zahn)ärztlichen Leistungen im Rahmen eines Behandlungsvertrags. Für eine bestimmte Indikation wird im Voraus ein festes Entgelt unabhängig von den tatsächlich entstehenden Kosten vereinbart.

Festbeträge

In der Gesetzlichen Krankenversicherung gibt es seit dem Gesundheits-Reformgesetz (GRG) für Arzneimittel bestimmte Erstattungsobergrenzen, die so genannten Festbeträge. Sie wurden entwickelt, um Wirtschaftlichkeitsreserven auszunutzen, einen wirksamen Preiswettbewerb anzuregen und möglichst preisgünstige Versorgungsmöglichkeiten zu realisieren, wobei Therapiemöglichkeiten dadurch nicht eingeschränkt werden dürfen. Zwar setzt der Hersteller weiterhin seinen Preis grundsätzlich autonom fest, doch ergeben sich im Hinblick auf die Produktattraktivität nun Anreize, diesen an dem Festbetrag zu orientieren, da der Patient einen eventuellen Differenzbetrag selbst zahlen muss.

Freifahrer-Mentalität (Free-Rider-Mentalität)

Aufgrund der bestehenden Versicherung im Rahmen des ➔Sachleistungsprinzips wird auf eine preisliche Steuerung der Nachfrage verzichtet. Bei dem einzelnen Patienten kann nun die Illusion entstehen, Gesundheitsleistungen seien kostenlos. Hierdurch fragt er Gesundheitsleistungen bis zu seiner Sättigungsgrenze nach.

Gebührenordnung für Ärzte (GOÄ)

Amtliche Taxe für ärztliche Leistungen, die vom Bundesgesundheitsministerium mit Zustimmung des Bundesrates erlassen wird. Die GOÄ bildet die Grundlage für die Berechnung der Vergütungen für die ärztlichen Leistungen, des ➔Arzthonorars.

Generationenbilanz

Mit Hilfe von Generationenkonten lässt sich die wachsende Verschuldung künftiger Generationen abbilden, indem für jede Generation der (Netto-)Barwert der Ein- und Auszahlungen in die Gesetzliche Krankenversicherung abgebildet wird.

Gerontologie

Wissenschaft vom alternden Menschen.

Gesetzliche Krankenversicherung (GKV)

Träger der GKV sind als öffentlich-rechtliche Selbstverwaltungskörperschaften die Krankenkassen. Die Beiträge zur GKV werden auf Grundlage des ➔Solidarprinzips erhoben. Die GKV deckt grundsätzlich die Risiken ab, die sich im Krankheitsfall in Form von Behandlungskosten und Einkommensausfall ergeben. Für die Leistungserbringung gilt das ➔Sachleistungsprinzip. Familienangehörige von Versicherten sind in der GKV mitversichert. In der GKV sind rund 90 % der deutschen Bevölkerung versichert. Es gibt Versicherungspflichtige und Versicherungsberechtigte. Versicherungspflichtige sind solche Personen, deren Arbeitseinkommen eine bestimmte Höhe (Versicherungspflichtgrenze) nicht überschreitet oder die bestimmte Kriterien erfüllen.

Gesundheitsprämie

Modell zur Krankenversicherung, bei dem jeder Versicherte unabhängig von Einkommen, Alter oder Geschlecht den gleichen Beitrag zahlt. Um eine finanzielle Überforderung zu vermeiden entsteht ein Sozialausgleich aus einem Sondervermögen. Ziel ist eine Abkopplung der Krankenversicherung von der Lohnentwicklung.

Grundlohnsumme

Die Grundlohnsumme ist das beitragspflichtige Arbeitsentgelt, aus dem im Durchschnitt eines bestimmten Zeitraums die Beiträge zur Sozialversicherung berechnet werden.

Hausarztmodell

Modell zur Krankenversorgung, bei dem die Patienten immer zuerst ihren Hausarzt konsultieren müssen. Der Hausarzt agiert als Lotse, er koordiniert die Behandlung und entscheidet über die Weiterversorgung, bei ihm laufen alle Informationen zusammen. Ziel dieses Versorgungsmodells ist die Kostensenkung durch z.B. Vermeidung von Doppeluntersuchungen oder unnötigen Facharztbehandlungen. Typisch ist auch, dass sich Patienten für einen gewissen Zeitraum bei einem bestimmten Arzt einschreiben müssen.

Heilmittel

Überwiegend äußerlich auf den Körper zur Heilung und Linderung einer Krankheit angewandte Mittel (Massagen, Bäder, Packungen, Gymnastik, Sprachtherapie).

Hilfsmittel

Hilfsmittel, die dem Kranken helfen sollen, mit der Krankheit oder ihren Folgen zu leben (Zahnersatz, Krücken, Krankenfahrstühle, Hörgeräte, Brillen, Kompressionstrümpfe, Orthesen, Prothesen).

Inzidenz

Mit Inzidenz wird die Anzahl der Neuerkrankungsfälle einer bestimmten Erkrankung innerhalb eines bestimmten Zeitraums beschrieben. Die Inzidenzrate gibt die Anzahl der Personen mit Neuerkrankung pro Zeiteinheit im Verhältnis zur Anzahl der exponierten Patienten an.

Kapitaldeckung

Im Gegensatz zur Umlagefinanzierung, in dem in jedem definierten Zeitraum die laufenden Ausgaben durch die laufenden Einnahmen gedeckt werden müssen, würde eine Kapitaldeckung im Gesundheitswesen eine Ansparfunktion im Krankenversicherungssystem integrieren. Ziel der Modelle der Kapitaldeckung ist es, intergenerative Transfers zu vermeiden.

Kostendeckungsprinzip

Prinzip der Finanzierung, das dem Krankenhaus einen Anspruch gegenüber den Finanzierungsträgern der Gesundheitsversorgung auf Erstattung aller im Rahmen der Leistungserstellung entstandenen Kosten gewährt.

Kostenerstattungsprinzip

Die Patienten übernehmen zunächst die Bezahlung der Kosten für die Inanspruchnahme (zahn)ärztlicher Leistungen. Sie erhalten erst anschließend den Gesamt- oder einen Teilbetrag von ihrer Versicherung erstattet. Die Kostenerstattung wird in der

➔Privaten Krankenversicherung generell, in der Gesetzlichen Krankenversicherung nur vereinzelt angewendet.

Krankenversicherungskarte

Die maschinenlesbare Krankenversicherungskarte (Chipkarte) hat 1995 den Krankenschein als Versicherungsnachweis und Abrechnungsbeleg für die vertragsärztliche Behandlung abgelöst. Die Karte muss dem Arzt vorgelegt werden und speichert Name, Geburtsdatum, Anschrift, Versichertennummer, Mitgliedsstatus, Krankenkasse und ihre Gültigkeitsdauer.

Lebensqualität

Lebensqualität wird in vier Dimensionen unterteilt: psychisches Befinden, soziale Beziehungen, funktionale Kompetenz und körperliche Verfassung. Dabei werden zumeist objektive Indikatoren der Lebensqualität (medizinische Parameter) und subjektive Indikatoren (z.B. emotionale Situation) ermittelt. Mit Hilfe dieser Indikatoren kann die Lebensqualität dann als aggregierter und numerischer Wert bestimmt werden.

Managed Care

Für den Begriff „Managed Care" lässt sich eine Vielzahl von Definitionsansätzen anführen. Unter dem Blickwinkel einer ordnungsökonomischen Betrachtung wird als Managed Care eine Form der vertraglichen Bindung zwischen einzelnen Krankenversicherern und ausgewählten Leistungserbringern verstanden (Form des selektiven Kontrahierens), bei der die Krankenversicherung auf die Leistungserbringer Einfluss nehmen kann (Steuerungsaspekt). Im Rahmen der Vertragsbeziehung lassen sich unterschiedliche Managed Care-Instrumente bezüglich Vergütung, Qualitätssicherung und Haftungsfragen einsetzen. Organisatorisch bieten sich vor allem ➔ Disease Management-Ansätze an, die im Sinne von Managed Care geführt zu werden.

Moral-Hazard-Phänomen

Dies ist ein Phänomen, das bei Bestehen einer Versicherung auftritt, so dass die Verhaltensanreize für einen Versicherten geändert werden, was dazu führt, dass dieser versucht, für den bezahlten Versicherungsbeitrag ein möglichst hohes Maß an Leistungen „herauszuholen". Unter Moral-Hazard wird auch verstanden, wenn ein Individuum aufgrund seines Versicherungsschutzes durch krankheitsbegünstigendes und krankheitsförderndes Verhalten die Wahrscheinlichkeit zu erkranken erhöht.

Morbidität

Häufigkeit einer Erkrankung in einer abgegrenzten Bevölkerungsgruppe in einem festgelegten Beobachtungszeitraum. Als Multimorbidität wird das gleichzeitige Bestehen mehrerer Erkrankungen bei einer Person verstanden.

Morbi-RSA

Ab 2007 geplanter morbiditätsorientierter RSA auf Basis diagnositscher Informationen in Form von Diagnosegruppen.

Mortalität

Sterberate, die in Prozent die Anzahl der Todesfälle, bezogen auf die Gesamtbevölkerung oder eine definierte Bevölkerungsgruppe, angibt.

Pflegesatz

Tagesgleiche Pauschale pro Pflegetag als Entgelt für die Behandlung eines Patienten im Krankenhaus.

Pharmakologie

Als Pharmakologie wird die Lehre von der Wirkung fremder und körpereigener Stoffe auf den Organismus sowie die Lehre von der Nutzung bestimmter chemischer Stoffe als Heilmittel bezeichnet.

Pharmazeutik

Die dem Apothekerberuf zugrundeliegende Wissenschaft von den Arzneimitteln und ihrer Herstellung.

Prävalenz

Anzahl aller Erkrankungsfälle einer bestimmten Erkrankung bzw. Häufigkeit eines Merkmals zu einem bestimmten Zeitpunkt

(Punktprävalenz) oder innerhalb einer bestimmten Zeitperiode (Periodenprävalenz).

Private Krankenversicherung (PKV)

Privatrechtliche Gesellschaften, für die die Vollmitgliedschaft freiwillig ist und nur möglich ist, wenn keine Versicherungspflicht für die GKV besteht. Für Mitglieder der GKV besteht die Möglichkeit, sich bei einer Privaten Krankenversicherung im Rahmen einer Zusatzversicherung weitergehende Leistungsansprüche aufzubauen. Die Beiträge werden nach dem ➔Äquivalenzprinzip erhoben. Für die Leistungserbringung gilt das ➔Kostenerstattungsprinzip.

Rationalisierung

Bei einer Rationalisierung wird auf überflüssige Maßnahmen verzichtet, d. h. es handelt sich um eine Steuerungsfrage. Rationalisierungsmaßnahmen können durch dezentrale Anreize oder hoheitliche Vorgaben umgesetzt werden.

Rationalitätenfalle

Diskrepanz („Falle“) zwischen individueller und kollektiver Rationalität. So verhalten sich aufgrund der bestehenden Anreizstrukturen die einzelnen Beteiligten im Gesundheitswesen völlig rational, wenn sie möglichst viel aus dem sozialen Sicherungssystem „herausholen“ wollen. Gesamtgesellschaftlich bedeutet dies jedoch eine Verschwendung, d. h. es widerspricht der kollektiven Rationalität. Es liegt ein ➔ Verantwortungsvakuum vor.

Rationierung

Von einer Rationierung wird gesprochen, wenn auf *wirksame* Maßnahmen verzichtet werden muss. Rationierung ist das Komplement zur grundlegenden Problematik der Knappheit.

Risikostrukturausgleich

Mit der Einführung der Kassenwahlfreiheit für die Versicherten durch das GSG wurde ein Risikostrukturausgleich (RSA) geschaffen, der Element einer „solidarischen Wettbewerbsordnung“ sein sollte. Die Beitragssätze der Kassen sollen dabei Unterschiede in der Leistungsfähigkeit widerspiegeln, nicht jedoch auf unterschiedlichen Risikostrukturen beruhen. Der RSA orientiert sich daher an standardisierten Leistungsausgaben. Ziel ist, auf volkswirtschaftlicher Ebene eine Risikoselektion zu vermeiden.

Sachleistungsprinzip

Gegen Vorlage der Versichertenchipkarte haben die Versicherten der GKV Anspruch auf eine kostenfreie (zahn)ärztliche Leistung. Die Abrechnung über die erbrachten Leistungen erfolgt dann zwischen den (Zahn-)Ärzten und den Kassen(zahn)ärztlichen Vereinigungen sowie sonstigen Leistungserbringern und den Krankenkassen. Durch die Anwendung des Sachleistungsprinzips erhalten die Versicherten keine Kenntnis über den Umfang und die konkreten Kosten der von ihnen in Anspruch genommenen Leistung. Dies kann zu einem Fehlverhalten führen (➔Freifahrer-Mentalität, ➔Moral-Hazard-Phänomen sowie ➔angebotsinduzierte Nachfrage).

Selbstbeteiligung

Direkte finanzielle Beteiligung des Patienten an den Kosten (Ausgaben) für die in Anspruch genommenen (zahn)ärztlichen Leistungen.

Selbstmedikation

Gesetzlich gestattete Arzneimitteltherapie durch medizinische Laien. Selbstmedikation bezieht sich immer auf nicht ➔verschreibungspflichtige Arzneimittel.

Sicherstellungsauftrag

Verpflichtung der Kassen(zahn)ärztlichen Vereinigungen und der Kassen(zahn)ärztlichen Bundesvereinigung gegenüber den Krankenkassen, die ihnen obliegende (zahn)ärztliche Versorgung sicherzustellen und gegenüber den Trägern der Gesetzlichen Krankenversicherung zu garantieren, dass die kassen(zahn)ärztliche Versorgung den gesetzlichen und vertraglichen Erfordernissen entspricht.

Solidarprinzip

In der Gesetzlichen Krankenversicherung sind die Beitrags- und Leistungsgestaltung nach dem Solidarprinzip aufgebaut: Es gilt der Grundsatz „einkommensabhängige Beiträge und beitragsunabhängige Leistungen“. Die Beiträge werden nach der Höhe der Einkommen erhoben (nach der individuellen Leistungsfähigkeit), die Leistungsgewährung ist jedoch gleich, d. h. beitragsunabhängig. Auf diese Weise findet eine soziale Umverteilung von Ledigen und Verheirateten ohne Kinder an Verheiratete mit Kindern statt, von jungen Versicherten an ältere Versicherte. Der Solidareffekt ist jedoch durch die ➔Versicherungspflichtgrenze und die ➔Beitragsbemessungsgrenze eingeschränkt.

Stationäre Behandlung (Versorgung)

Behandlung, die in einem Krankenhaus vorgenommen wird und der Behandelte dort die Nacht bzw. einen noch längeren Zeitraum zur Beobachtung und/oder weiteren Behandlung verbringt.

Subsidiaritätsprinzip

Dieses Prinzip bezieht sich auf die vertikale Rangordnung bei der Hilfestellung. Jeder einzelne sollte sich zunächst im Rahmen seiner Möglichkeiten selbst helfen. Erst wenn diese Möglichkeiten erschöpft sind, sollen andere übergeordnete Einrichtungen unterstützend eingreifen.

Substitutionsverbot

➔Aut-Simile-Verbot.

Therapiefreiheit des Arztes

Der Arzt muss die Freiheit von äußeren Reglementierungen und Regulierungen bei der Wahl der medizinisch notwendigen diagnostischen und therapeutischen Methoden besitzen. Er darf nicht zu einer seinem ärztlichen Gewissen widersprechenden Diagnose- und Behandlungsmethode gezwungen werden. Die Therapiefreiheit soll es dem Arzt gestatten, sich für jeweils diejenigen Maßnahmen zu entscheiden, die nach seiner Auffassung unter den gegebenen Umständen den größtmöglichen therapeutischen Nutzen für den Patienten erwarten lassen.

Therapiefreiheit des Patienten

Der Patient muss - soweit dies gesundheits- und gesellschaftspolitisch vertretbar ist - das Recht besitzen, unter alternativen Diagnose- und Behandlungsmethoden mit Hilfe des ärztlichen Rates frei entscheiden zu können (Selbstbestimmungsrecht). Es wird hier nicht von einer Omnipotenz des Patienten ausgegangen, sondern vielmehr von der These der Unteilbarkeit der Freiheit, d. h. der einzelne Mensch muss die Freiheit zur Entscheidung besitzen, solange Interessen Dritter nicht tangiert werden. Es wird hierbei von einem mündigen, nicht von einem omnipotenten Bürger ausgegangen. Der Patient bedarf weiterhin der Beratung kompetenter Agenten (z. B. Arzt, Krankenkasse).

Verantwortungsvakuum

Ein Verantwortungsvakuum entsteht, wenn individuelle Verantwortung nicht mehr mit individuellem Handeln konform geht, d.h. dass das individuelle Handeln ohne die Gefahr einer späteren Haftung erfolgt.

Verschreibungspflicht

Gesetzlich festgelegte Auflage, nach der bestimmte Arzneimittel nur nach Vorlage einer ärztlichen Verordnung (Rezept) an den Verbraucher abgegeben werden dürfen.

Versicherungspflichtgrenze

Einkommensgrenze, die die Pflicht, sich bei einer Gesetzlichen Krankenkasse zu versichern, festlegt. Arbeitnehmer, deren Einkommen diese Grenze nicht überschreitet, müssen sich in einer Gesetzlichen Krankenkasse versichern. Die Versicherungspflichtgrenze wird dynamisch der allgemeinen Einkommensentwicklung angepasst.

Wirtschaftlichkeitsgebot

Alle Leistungen, die zu Lasten der Gesetzlichen Krankenversicherung erbracht werden, unterliegen dem Wirtschaftlichkeitsgebot des Sozialgesetzbuches (SGB V). Sie müssen „ausreichend, zweckmäßig und wirtschaftlich sein, sie dürfen das Maß des Notwendigen nicht überschreiten. Leistungen, die nicht notwendig oder unwirtschaftlich sind, können Versicherte nicht beanspruchen, dürfen die Leistungserbringer nicht bewirken und die Krankenkassen nicht bewilligen."

X Literaturhinweise

Adomeit, A. et al (2001), Der deutsche Reha-Markt: strategische Option für Träger und Betreiber, in: Saalfeld, R. und Wettke, J. (Hrsg.), *Die Zukunft des deutschen Gesundheitswesens: Perspektiven und Konzepte*, Berlin u.a.O., S. 209-221.

Alber, J. (1992), *Das Gesundheitswesen der Bundesrepublik Deutschland. Entwicklung, Struktur und Funktionsweise*, Frankfurt am Main und New York.

Anand, P. (2003), The integration of claims to health-care: a programming approach, *Journal of Health Economics*, Vol. 22, pp. 731-745.

Auerbach, A., Gokhale, J. and Kotlikoff L. (1994), Generational Accounting: a Meaningful Way to Evaluate Fiscal Policy, in: *Journal of Economic Perspectives*, Vol. 8, pp. 73–94.

Bernholz, P. und Breyer, F. (1994), *Grundlagen der Politischen Ökonomie*, Band 2: Ökonomische Theorie der Politik, 3. Aufl., Tübingen.

Berufsbildungswerk der Deutschen Versicherungswirtschaft (BWV) e. V. (Hrsg.) (1992), *Individualversicherung. Versicherungslehre II*, Karlsruhe, S. 149.

Blankart, C. (1991), *Öffentliche Finanzen in der Demokratie. Einführung in die Finanzwissenschaft*, München.

Böhm-Bawerk, E. v. (1961), *Kapital und Kapitalzins*, 4. Aufl., Meisenheim.

Breyer, F. und Kolmar, M. (2001), *Grundlagen der Wirtschaftspolitik*, Tübingen.

Breyer, F., Zweifel, P. und Kifmann, M. (2005), *Gesundheitsökonomik*, 5. Aufl., Heidelberg.

Büchner, K., Dinkel, R. und Oberender, P. (1988), *Kosten und Nutzen der medikamentösen Angina-pectoris-Prophylaxe*, Bern und Stuttgart.

Bundesfachverband der Arzneimittel-Hersteller e. V.(BAH) (2003), *Arzneimittelmarkt in Zahlen*, S. 7.

Bundesministerium für Arbeit und Sozialordnung (Hrsg.) (1993), Bundesarbeitsblatt, Heft 6.

Bundesministerium für Bildung, Wissenschaft, Forschung und Technologie (Hrsg.) (1995), *Deutscher Delphi-Bericht zur Entwicklung von Wissenschaft und Technik*, 2. Aufl., Bonn.

Bundesministerium für Gesundheit (Hrsg.) (1999), *Daten des Gesundheitswesens, Ausgabe* 1999, in: Schriftenreihe des Bundesministeriums für Gesundheit, Band 122, Baden-Baden.

Bundesministerium für Gesundheit und soziale Sicherung (Hrsg.) (2005), *Statistisches Taschenbuch 2005*, Bonn.

Cassel, D. (1993), Organisationsreform der GKV zwischen Kassenwettbewerb und Einheitskasse, in: *Wirtschaftsdienst*, 73 Jg..

Cochrane, J. H. (1995), Time-Consistent Health Insurance, in: *Journal of Political Economy*, Vol. 103, Nr. 3, pp. 445-473.

Culyer, A. J. (1971), The Nature of the Commodity „Health Care" and its Efficient Allocation, in: *Oxford Economic Papers*, Vol. 16, pp. 67-88.

Cutler, D. and Weber, S. (1998), Paying for health insurance: the trade-off between competition and adverse selection, in: *The Quarterly Journal of Economics*, Vol. 113, pp. 433-466.

Deutsche Krankenhausgesellschaft (Hrsg) (2004), Daten zur Finanzentwicklung.

Deutscher Bundestag, Referat Öffentlichkeitsarbeit (Hrsg.) (1990), Strukturreform der Gesetzlichen Krankenversicherung: Endbericht der Enquete-Kommission des 11. Deutschen Bundestages *„Strukturreform der Gesetzlichen Krankenversicherung"*, Band 1, Bonn, S. 15-88.

Dullinger, F. (1996), *Krankenhaus- Management im Spannungsfeld zwischen Patientenorientierung und Rationalisierung: Probleme und Gestaltungsmöglichkeiten des Business Reengineering in der Krankenhaus- Praxis*, Arbeitspapier zur Schriftreihe Schwerpunkt Marketing, Band 66, 2. Aufl., München.

Eucken, W. (1975), *Grundsätze der Wirtschaftspolitik*, 5. Aufl., Tübingen.

Fargel, M. (1990), Tendenzen im Gesundheitsmarkt, in: Szallies R. und Wiswede G. (Hrsg.), *Wertewandel und Konsum. Fakten, Perspektiven und Szenarien für Markt und Marketing*, Landsberg am Lech, S. 411-416.

Fehl, U. und Oberender, P. (2004), *Grundlagen der Mikroökonomie*, 9. Aufl., München.

Fetzer, S. und Raffelhüschen, B. (2002, überarbeitet 2004), *Zur Wiederbelebung des Generationenvertrags in der gesetzlichen Krankenversiche-*

rung: Die Freiburger Agenda, Diskussionsbeitrag 103/02 des Instituts für Finanzwissenschaft der Albert-Ludwigs-Universität Freiburg.

Fries, J. F. (1980), Ageing, Natural Death, and the Compression of Morbidity, in: *New England Journal of Medicine*, Vol. 3, Massachusetts, S. 130-135.

Fries, J. (2000), Compression of morbidity in the elderly, in: *Vaccine*, Vol. 18, Rotterdam, S. 1584-1589.

Geraedts, M., Selbmann, HK. und Ollenschläger, G. (2002), Beurteilung der methodischen Qualität klinischer Messgrößen, in: *Zeitschrift für ärztliche Fortbildung und Qualitätssicherung*, Vol. 96, S. 91-96.

Gerken, L. und Raddatz, G. (2003); „Bürgerversicherung" oder „Kopfpauschale": Im Dickicht der Gesundheitsreform, in: *Argumente zu Marktwirtschaft und Politik*, Nr. 79.

Gitter, W. und Oberender, P. (1987), *Möglichkeiten und Grenzen des Wettbewerbs in der Gesetzlichen Krankenversicherung. Eine ökonomische und juristische Untersuchung zur Strukturreform der GKV*, Baden-Baden.

Hamm, W. (1984), Programmierte Unfreiheit und Verschwendung: Zur überfälligen Reform der Gesetzlichen Krankenversicherung, in: *ORDO, Jahrbuch für die Ordnung von Wirtschaft und Gesellschaft*, Band 35, S. 21-42.

Hamm, W. (1994), Die Funktionen von Privateigentum, Vertragsfreiheit und privater Haftung, in: Hermann-Pillath, C., Schlecht, O. und Wünsche, H. (Hrsg.), *Grundtexte zur Sozialen Marktwirtschaft*, Band 3: Marktwirtschaft als Aufgabe, Stuttgart u.a.O., S. 305-317.

Hammes, W. und Fleischer, H. (1993), Bevölkerungsentwicklung 1992, in: *Wirtschaft und Statistik*, S. 893-898.

Hellbrück, R. P. (1997): *Qualität und Ausgaben in der medizinischen Versorgung.* Von Qualitätssicherung und Kosteneffizienz zu Konkurrenz im Gesundheitswesen, Berlin 1997.

Herrmann-Pillath, C. (1997), Ökonomische Transformationstheorie: Quo vadis?, in: *Der Osten Europas im Prozess der Differenzierung – Fortschritte und Misserfolge der Transformation*, Bundesinstitut für ostwissenschaftliche und internationale Studien, Jahrbuch 1996/97, München, S. 203-214.

Henke, K.-D. (2004), Grenzüberschreitende Versicherungsleistungen in der Gesetzlichen Krankenversicherung – Die ökonomische

Perspektive, in: Basedow, J., Meyer, U., Rückle, D., Schwintowski, H.-P. (Hrsg.): *Lebensversicherung – betriebliche Altersversorgung, VVG-Reform, Grenzüberschreitenden Versicherungsleistungen in der Krankenversicherung*, Der Handel mit gebrauchten Versicherungspolicen, , Baden-Baden, S. 189-203.

Homann, K. und Pies, I. (1996), Sozialpolitik für den Markt: Theoretische Perspektiven konstitutioneller Ökonomik, in: Pies, I. und Leschke, M. (Hrsg.), *James Buchanan konstitutionelle Ökonomik*, Tübingen, S. 203-239.

Institut der Deutschen Wirtschaft (Hrsg.) (2005), *Deutschland in Zahlen* 2005, Köln.

Jankowski, M. und Zimmermann, A. (2004), Wettbewerb ohne Risikoselektion auf dem deutschen Krankenversicherungsmarkt, in: *List Forum für Wirtschafts- und Finanzpolitik*, Bd. 30, S. 1-19.

Kenkel, D. (2000), Prevention, in: Culyer, A. and Newhouse, J. (eds.), *Handbook of Health Economics*, Vol. B, Amsterdam u.a.O., pp. 1675-1714.

Kersting, T. (1995), Medizinische Aspekte der teilstationären und vor-/nachstationären Versorgung, in: Eichhorn, S. und Schmidt-Rettig, B. (Hrsg.), *Krankenhausmanagement im Werte- und Strukturwandel*, Stuttgart u.a.O., S. 46-56.

Knappe, E. (2003), Ökonomische Betrachtung, in: Klusen, N. (Hrsg.): *Zuwahlleistungen in der Gesetzlichen Krankenversicherung*, Baden-Baden, S. 13-56.

Knappe, E. und Arnold, R. (2002), *Pauschalprämie in der Krankenversicherung. Ein Weg zu mehr Effizienz und mehr Gerechtigkeit*, Vereinigung der bayerischen Wirtschaft (Hrsg.), München.

Knoll, R., Ochel, W. und Vogler-Ludwig, K. (1993), Auswirkungen der internationalen Wanderungen auf Bevölkerung, Arbeitsmarkt und Infrastruktur. Szenarien für Bayern bis zum Jahr 2010, in: *ifo-Schnelldienst*, 46. Jg., Nr. 6, S. 7 - 17.

Kortendiek, G. (1993), *Gesundheitsökonomie und Wirtschaftspolitik*: Neoklassische vs. Österreichische Markttheorie dargestellt am Beispiel des Gesundheits- und Krankenversicherungswesens, Freiburg i.Br.

Kotlikoff, L. J. and Leibfritz, W. (1998), *An International Comparison of Generational Accounts*, NBER Working-Paper No. 6447.

Krämer, W. (1989), Die Krankheit des Gesundheitswesens. *Die Fortschrittsfalle der modernen Medizin*, Frankfurt am Main.

Krämer, W. (1993), Ist moderne Medizin heute noch bezahlbar?, in: Die *Pharmazeutische Industrie*, Jg. 55, S. 793 – 795.

Langheim S., Kern A. und Beske F. (1999), *Anforderungen und Rahmenbedingungen zur Erstellung einer Liste verordnungsfähiger Arzneimittel in der gesetzlichen Krankenversicherung – Positivliste -*, Würzburg.

Lauterbach, K. W. und Wille, E. (2001), *Modell eines fairen Wettbewerbs durch den Risikostrukturausgleich – Sofortprogramm „Wechslerkomponente und solidarische Rückversicherung" unter Berücksichtigung der Morbidität*, Abschlußbericht, Köln.

Leist, A. (2002), Gleichheit in Grenzen statt Altersrationierung, in: Gutmann, T. und Schmidt, V. (Hrsg.): *Rationierung und Allokation im Gesundheitswesen*, Weilerswist, S. 155-178.

Litsch, M. (1990), *Auswirkungen der Arzneimittelfestbeträge*. Wissenschaftliches Institut der Ortskrankenkassen, Bonn.

Merschbächer, G. (1999), Instrumente der strategischen Planung, in: Braun, G. (Hrsg.), *Handbuch Krankenhausmanagement*, Stuttgart, S. 387-416.

Merten, M (2003), Krankenhäuser. Anhaltender Bettenabbau, in: Deutsches *Ärzteblatt*, Heft 6, S. A 299-A301.

Meyer, D. (1994), Gesellschaftliche Steuerung des medizinischen Fortschritts, in: *Das Gesundheitswesen*, Jg. 56, S. 1-5.

Meyer, U. (2002), *Mehr Wettbewerb in der privaten Krankenversicherung durch Übertragbarkeit der Alterungsrückstellung*, Diskussionspapier Universität Bamberg, Bamberg.

Mühlnikel, I. (2004), Kassensturz. Die gesetzliche Krankenversicherung schrumpft sich gesund, in: *Klinik Management aktuell* Nr. 93, Heft 3, S. 15-22.

Mussler, W. und Streit, M. (1996), Integrationspolitische Strategien in der EU, in: Ohr, R. (Hrsg.), *Europäische Integration*, Stuttgart u.a.O., S. 265-292.

Neubauer, G. (1988), Verfahren des Finanzausgleichs in der Gesetzlichen Krankenversicherung zur Angleichung der Wettbewerbssituation, in: *Die Betriebskrankenkasse*, Jg. 76, S. 281-285.

Neubauer, G. (1993), Schritte zur Neuordnung der Krankenhausfinanzierung in Deutschland, in: Oberender, P. (Hrsg.), *Institutionelle Erneuerung des Gesundheitswesens in Deutschland*, Baden-Baden, S. 63-83.

Neudeck, W. and Podczeck K. (1996), Adverse selection and regulation in health insurance markets, in: *Journal of Health Economics*, Vol. 15, S. 387-408.

Oberender, P. (1996), Leitlinien für eine Systemkorrektur in der Krankenversicherung, in: Siebert, H., (Hrsg.), *Sozialpolitik auf dem Prüfstand*, Tübingen, S. 85-110.

Oberender, P. (1998), Gesundheitsversorgung und Rationierung aus Sicht der Krankenversicherung, in: Nagel, E. und C. Fuchs (Hrsg.): *Rationalisierung und Rationierung im deutschen Gesundheitswesen*, Stuttgart u. a., S. 10-26.

Oberender, P. (2000), Entscheidungskriterien für erstattungsfähige Arzneimittel, in: Wille, E. und Albring, M. (Hrsg.), *Rationalisierungsreserven im deutschen Gesundheitswesen*, Frankfurt/Main, S. 273-282.

Oberender, P. (2005), *Medizin und Ökonomie: kein Widerspruch. Liberale Argumente zu einem vermeintlichen Dilemma*, 2. Auflage, Bayreuth.

Oberender, P. und Daumann, F. (1997), Ökonomische Aspekte der Qualitätssicherung, in: Jaster, H.-J. (Hrsg.), *Qualitätssicherung im Gesundheitswesen*, New York u.a.O., S. 210-248.

Oberender, P. und Ecker, T. (1999): Der Risikostrukturausgleich in der GKV: eine ordnungsökonomische Analyse, in: Knappe, E. (Hrsg.), *Wettbewerb in der Gesetzlichen Krankenversicherung*, Baden-Baden, S. 51-60.

Oberender, P. und Ecker, T. (2001), *Grundelemente der Gesundheitsökonomie*, Bayreuth.

Oberender, P. und Fibelkorn, A. (1997), *Ein zukunftsfähiges deutsches Gesundheitswesen*, Bayreuth.

Oberender, P. und Fleckenstein, J. (2004), *Reform der Sozialen Pflegeversicherung in Deutschland - Entschärfung einer „Zeitbombe"*, Universität Bayreuth, Rechts- und Wirtschaftswissenschaftliche Fakultät, Diskussionspapier 05-04, Bayreuth.

Oberender, P. und Fleischmann, J. (2001), Der Risikostrukturausgleich zwischen den Gesetzlichen Krankenkassen, in: *Wirtschaftswissenschaftliches Studium*, Heft 11, S. 599-606.

Oberender, P. und Fleischmann, J. (2002), *Gesundheitspolitik in der Sozialen Marktwirtschaft:* Analysen der Schwachstellen und Perspektiven der Reform, Stuttgart.

Oberender, P. und Fleischmann, J. (2004), Sozialreicht und Wettbewerbsrecht: Ein Gegensatz? Ordnungspolitische Anmerkungen zu einem Urteil des Europäischen Gerichtshofs vom 16. März 2004, *ORDO*, Band 55, S. 191-208

Oberender, P. und Zerth, J. (2001), *Gesundheitspolitik in Deutschland*, Bayreuther Gesundheitsökonomie, Band 1, 1. Aufl., Bayreuth.

Oberender, P. und Zerth, J. (2003), *Bayreuther Manifest. Der Weg in ein freiheitliches Gesundheitswesen*, Bayreuth.

Oberender, P. und Zerth, J. (2005a), Anreizwirkungen des RSA in einem wettbewerblich orientierten Krankenversicherungssystem, in: Klusen, N., Straub, C. und Meusch, A. (Hrsg.), *Steuerungswirkungen des Risikostrukturausgleichs*, Baden-Baden, S. 37-49.

Oberender, P. und Zerth, J. (2005b), Clinical Pathways als eine Zukunftsstrategie des Krankenhauses: eine gesundheitsökonomische Einführung, in: Oberender, P. (Hrsg.), *Clinical Pathways. Facetten eines neuen Versorgungsmodells,* Stuttgart, S. 15-27.

Oberender, P. und Zerth, J. (2005c), *Gesundheitspolitik in Deutschland*, Bayreuther Gesundheitsökonomie, Band 1, 3. durchgesehene und überarbeitete Aufl., Bayreuth.

Oberender, P., Fleischmann, J. und Reiß, C. (2003), *Gradualismus vs. Schocktherapie oder lokale vs. globale Optimierung als relevante Alternativen der Transformationspolitik. Eine theoretische Analyse.* Wirtschaftswissenschaftliche Diskussionspapiere der Rechts- und Wirtschaftswissenschaftlichen Fakultät der Universität Bayreuth, Nr. 15, Bayreuth.

Oberender, P., Ecker, T. und Zerth, J. (2005), *Grundelemente der Gesundheitsökonomie*, 2. Auflage, Bayreuth

Oberender, P., Ulrich, P., Felder, S. et al. (2006), *Bayreuther Manifest – Bayreuther Versichertenmodell*, Bayreuth

OECD (2004), OECD Health Data 2004.

Okruch, S. (2001), Gesundheitspolitik. Wirtschaftspolitik der Experimente als Ursache und Lösung der Krise des Gesundheitswesens, in: Koch, L. (Hrsg.), *Wirtschaftspolitik im Wandel*, München u.a.O., S. 113-136.

Pimpertz, J. (2002), *Leitlinien zur Reform der gesetzlichen Krankenversicherung*. Von der fiskalischen Reaktion zur Ordnungspolitik des Gesundheitswesen, Beiträge zur Wirtschafts- und Sozialpolitik, Köln.

Popper, K. (1974), *Das Elend des Historizismus*, 4. Auflage, Tübingen.

Porter, M. (1989), *Wettbewerbsvorteile – Spitzenleistungen leisten und behaupten*, Frankfurt

Porzsolt, F. und Druckrey, E. (1996), Gesundheitsökonomie und Klinische Ökonomie, in: Oberender, P. (Hrsg.), *Möglichkeiten und Grenzen der gesundheitsökonomischen Evaluation im Gesundheitswesen*, Baden-Baden, S. 9-22.

Prosi, G. (1988), Innovationen in der Medizintechnik, in: Orientierungen zur *Wirtschafts- und Gesellschaftspolitik*, 35. Jg., S. 67-71.

Raffelhüschen, B. (1999), Generational Accounting: Method, Data, Limitations, in: *European Economy, Reports and Studies*, Vol. 6, S. 17-28.

Ritter, P. und Hohmeier, J. (1999), *Alterspolitik. Eine sozio-ökonomische Perspektive*, München.

Robra, B.P. et al (2004), Krankenhausplanung auf der Grundlage von DRGs, in : Klauber, J., Robra, B.P. und Schellschmidt, H. (Hrsg.): *Krankenhaus-Report 2003*, Stuttgart u.a.O., S. 137-148.

Rosenberg, P. (1990), *Das soziale Netz vor der Zerreißprobe? Ökonomische, technologische und demographische Herausforderungen*, Frankfurt am Main.

Ruckdäschel, S. (2000), *Wettbewerb und Solidarität im Gesundheitswesen: Zur Vereinbarkeit von wettbewerblicher Steuerung und sozialer Sicherung*, Bayreuth.

Rürup, B. und Wille, E. (2004), *Finanzierungsreform in der Krankenversicherung*, Gutachten, Darmstadt und Mannheim.

Sachverständigenrat für die Konzertierte Aktion im Gesundheitswesen (Hrsg.) (1987), *Jahresgutachten 1987. Medizinische und ökonomische Orientierung. Vorschläge für die Konzertierte Aktion im Gesundheitswesen*, Baden-Baden.

Sachverständigenrat für die Konzertierte Aktion im Gesundheitswesen (Hrsg.) (1994), *Gesundheitsversorgung und Krankenversicherung 2000. Eigenverantwortung, Subsidiarität und Solidarität bei sich ändernden Rahmenbedingungen. Sachstandsbericht 1994.* Kurzfassung. Baden-Baden.

Sachverständigenrat für die Konzertierte Aktion im Gesundheitswesen (Hrsg.) (1996),: *Gesundheitswesen in Deutschland. Kostenfaktor und Zukunftsbranche*, Band 1: Demographie, Morbidität, Wirtschaftlichkeitsreserven und Beschäftigung, Bonn.

Sachverständigenrat zur Begutachtung der gesamtwirtschaftlichen Entwicklung (2004), *Erfolge im Ausland – Herausforderungen im Inland, Jahresgutachten 2004/2005*, Stuttgart.

Sauerland, D. (1999), Zur Notwendigkeit einer anreizorientierten Gesundheitspolitik, in: *Zeitschrift für Wirtschaftspolitik*, Jg. 48, S. 265-294.

Schäfer, H. (1990), Ist Prävention ein öffentliches oder privates Gut? Politische und ethische Aspekte der Prävention, in: Arnold, M. u. a. (Hrsg.), *Ökonomie der Prävention am Beispiel der Herz-Kreislauferkrankungen*, Gerlingen, S. 435-457.

Schallermair, C. (1999), *Ökonomische Merkmale sozialer Dienstleistungen und deren Beschäftigungspotentiale am Beispiel der stationären Altenpflege*, Bayreuth.

Schmähl, W. und Ulrich, V. (Hrsg.) (2001), Soziale Sicherungssysteme und demographische Herausforderungen, Tübingen.

Schulenburg, J.-M. Graf v. d. (1993), Theorie der Gesundheitsökonomik, in: *Zeitschrift für die gesamte Versicherungswissenschaft*, S. 71-96.

Seitz, R. (2001), *Sektorübergreifendes Rehabilitationsmanagement durch Managed Care. Ein Konzept für die Indikation „Chronische Rückenschmerzen“*, Bayreuth.

Skuban, R. (2004), *Pflegeversicherung in Europa. Sozialpolitik im Binnenmarkt*, Wiesbaden.

Statisches Bundesamt (2004), Bevölkerung Deutschlands bis 2050. Ergebnisse der 10. koordinierten Bevölkerungsvorausberechnung, Wiesbaden, Presseexemplar.

Stillfried, D. Graf v. (1996), *Gesundheitssysteme im Wandel. Das Dilemma zwischen Bedarf und Eigenverantwortung. Medizinische Grundsicherung als Reformperspektive? Eine evolutorische Analyse*, Bayreuth.

Strassl, W. (1988), Externe Effekte auf Versicherungsmärkten. Eine allokationstheoretische Begründung staatliche Regulierung, Tübingen.

Streit, M. (1995), Dimensionen des Wettbewerbs – Systemwandel aus ordnungsökonomischer Sicht, in: *Zeitschrift für Wirtschaftspolitik*, Heft 44, S. 113-134.

Streit, M. (1996), Zur Interdependenz der Ordnungen – marktwirtschaftliche Ordnungen im Sozialstaat, in: *List Forum für Wirtschafts- und Finanzpolitik*, S. 253-266.

Thielbeer, M. (1999), *Notwendigkeiten, Möglichkeiten und Grenzen einer Deregulierung in der privaten Krankenversicherung. Eine ordnungsökonomische Analyse*, Bayreuth.

Ulrich, V. (2003), Demographische Effekte auf Ausgaben und Beitragssatz der GKV, in: Albring, M. und Wille, E. (Hrsg.), *Die GKV zwischen Ausgabendynamik, Einnahmeschwäche und Koordinierungsproblemen*, Band 48, Frankfurt am Main, S. 59-81.

Verband der privaten Krankenversicherung e. V. (Hrsg) (2005), *PKV-Publik* 4.

Vita, A., Terry, R. und Hubert, H. (1998), Aging, health risks, and the cumulative disability, in: The *New England Journal of Medicine*, Vol. 338, No. 15, S. 1035-1041.

Vogelbruch, B. (1992), *Festbeträge für Arzneimittel*, Hamburg.

Wagner, G. (1998), Zentrale Aufgaben beim Um- und Ausbau der Gefahrenvorsorge. Ein Versuch, die Vertragstheorie sowie die Theorie des Markt- und Staatsversagen für die Sozialpolitik nutzbar zu machen, in: Hardes, R. (Hrsg.), *Reform des Sozialstaates II: Theoretische, institutionelle und empirische Aspekte*, Berlin, S. 11-52.

Wagstaff, A. und Doorslaer, E.v. (2000), Equity in Health Care Finance and Delivery, in: Culyer, A.J. und Newhouse, J.P. (eds.): *Handbook of Health Economics*, Vol. 1 B (2000), pp. 1803-1862.

Wasem, J., Greß, S. und H. Rothgang (2003), Kopfprämien in der Gesetzlichen Krankenversicherung: Eine Perspektive für die Zukunft?, *ZeS-Arbeitspapier* Nr. 7.

Wegner, G. (1996), Wirtschaftspolitik zwischen Selbst- und Fremdsteuerung – ein neuer Ansatz, Baden-Baden.

Weinmann, S. (2003), *Ökonomische Analyse von Patientenkarrieren. Am Beispiel einer Kohorte von Kindern mit atopischen Erkrankungen*, Bayreuth.

Werner, B., Seidel, J. und Cords, S. (1994), Bevölkerungsaufbau und Krankheitspanorama im Jahr 2000. Eine Analyse am Beispiel Hamburg, in: *DOK*, Jg. 76, S. 118-123.

Wille, E. und Resch, S. (2004), Risikoselektion trotz Risikostrukturausgleich, in: Klusen, N., Straub, C. und Meusch, A. (Hrsg.), *Steuerungswirkungen des Risikostrukturausgleichs*, Baden-Baden, S. 13-36.

Williams, A. und Cookson, R. (2000), Equity in Health, in: Culyer, A. and Newhouse, J. (Hrsg.), *Handbook of Health Economics*, Vol. 1B, pp. 1863-1906.

Williamson, O. E. (1985): *The Economic Institutions of Capitalism: Firms, Markets, Relational Contracting*, New York.

Wissenschaftliche Arbeitsgruppe „Krankenversicherung" (1987), *Vorschläge zur Strukturreform der Gesetzlichen Krankenversicherung*, Bayreuth.

Wörz, M., Perleth, M., Schöffski, O. und Schwartz, F. W. (2002), *Innovative Medizinprodukte im deutschen Gesundheitswesen*, Baden-Baden.

Zentralinstitut für die kassenärztliche Versorgung (2000) *Tätigkeitsbericht* 1999/2000, Köln.

Zerth, J. (2005), *Flächendeckende Versorgung in einem liberalen Gesundheitssystem*, Baden-Baden.

Zuck, R. (2000), Rechtsprobleme des Outsourcing im medizinischen Bereich des Krankenhauses, in: Eichhorn, P., Seelos, H.-J. und Schulenburg, J.-M. Graf v. (Hrsg.), *Krankenhausmanagement*, München u.a.O., S. 160-183.

Zweifel, P. und Breuer, M. (2003), *Weiterentwicklung des deutschen Gesundheitssystems*. Gutachten im Auftrag des Verbands forschender Arzneimittelhersteller e. V., Zürich.

Zweifel P., Felder, S. und Meier, M. (1996), Demographische Alterung und Ge-sundheitskosten: Eine Fehlinterpretation, in: Oberender, P. (Hrsg.) *Alter und Gesundheit*, Baden-Baden: Nomos, S.29-46

XI Abkürzungsverzeichnis

ABDA	Bundesvereinigung Deutscher Apothekenverbände
AKV	Allgemeine Krankenversicherung
AOK	Allgemeine Ortskrankenkasse
BAH	Bundesverband der Arzneimittelhersteller e. V.
BGBl	Bundesgesetzblatt
BIP	Bruttoinlandsprodukt
BMG	Bundesministerium für Gesundheit
BMGS	Bundesministerium für Gesundheit und soziale Sicherung
BPflV	Bundespflegesatzverordnung
BSP	Bruttosozialprodukt
BVerfGE	Entscheidung des Bundesverfassungsgerichts
BWV	Berufsbildungswerk der Deutschen Versicherungswirtschaft
DIW	Deutsches Institut für Wirtschaftsforschung
DKG	Deutsche Krankenhausgesellschaft
DRG	Diagnosis Related Groups
EBM	Einheitlicher Bewertungsmaßstab
EGV	Europäischer Vertrag zur Gründung der Europäischen Gemeinschaft
EU	Europäische Union
EuGH	Europäischer Gerichtshof
GKV	Gesetzliche Krankenversicherung
GRG	Gesundheits-Reformgesetz
GSG	Gesundheitsstrukturgesetz
GMG	Gesundheitsmodernisierungsgesetz
HMO	Health Maintenance Organisation
ifo	Institut für Wirtschaftsforschung
IQWIG	Institut für Qualität und Wirtschaftlichkeit im

	Gesundheitswesen
KAiG	Konzertierte Aktion im Gesundheitswesen
KHG	Krankenhausfinanzierungsgesetz
KH-KDG	Krankenhaus-Kostendämpfungsgesetz
KM	Kalendermonat
KV	Kassenärztliche Vereinigung
KVdR	Krankenversicherung der Rentner
KVEG	Kostendämpfungs-Ergänzungsgesetz
KVKG	Krankenversicherungs-Kostendämpfungsgesetz
KVLG	Gesetz über die Krankenversicherung der Landwirte
KVLG	Gesetz zur Verbesserung der Leistungen in der Gesetzlichen Krankenversicherung
KVSG	Gesetz über die Krankenversicherung der Studenten
NOG	Neuordnungsgesetze
o. V.	ohne Verfasser
PKV	Private Krankenversicherung
RAG	Gesetz über die Anpassung der Renten der Gesetzlichen Rentenversicherung
RSA	Risikostrukturausgleich
RVO	Reichsversicherungsordnung
SGB	Sozialgesetzbuch
SOEP	Sozio-ökonomisches Panel
SolG	Gesetz zur Stärkung der Solidarität in der Gesetzlichen Krankenversicherung
WHO	World Health Organization

XII Verzeichnis der Abbildungen

Abb. 1: Beitragssätze der Sozialversicherung in % (Arbeitgeber und Arbeitnehmeranteil) 13
Abb. 2: Personalzusatzkosten für das Jahr 2004 (Deutschland) in Prozent des Entgelts 14
Abb. 3: Grundprinzipien der Daseinsvorsorge 34
Abb. 4: Entwicklung wichtiger Indikatoren der GKV im Vergleich (Basisjahr 1970) 48
Abb. 5:Teufelskreis der GKV 59
Abb. 6: Fieberkurve 65
Abb. 7: Vorzieheffekte durch Einführung des Arzneimittelbudgets ab 1. Januar 1993 85
Abb. 8: Überschuss-/Defizitentwicklung in der GKV (West) und ergriffene Maßnahmen 87
Abb. 9 : Grundidee des GMG 99
Abb. 10: Lebenserwartung in Jahren bei Geburt im Jahre 1871 - 2003 109
Abb. 11: Altersstruktur der deutschen Bevölkerung 111
Abb. 12: Idealtypisches Generationenmodell 130
Abb. 13: Reformalternativen im Überblick 140
Abb. 14: Ein Generationenmodell der GKV 148
Abb. 15: Ausgestaltung des Sozialprinzips 152
Abb. 16: Gesundheitsausgaben als Anteil am BIP im Jahr 2002 171
Abb. 17: Gesundheitswesen im Umsatzvergleich 172
Abb. 18: „Wachstumsmarkt" Gesundheit in Deutschland 174
Abb. 19: Netto-Einkommen nach Haushaltsgruppen 2002 178
Abb. 20: Aktionsfeld Gesundheitsmarkt 180
Abb. 21: Veränderungen der Angebotsstrukturen 183
Abb. 22: Indikationsbereiche der Selbstmedikation in Deutschland 2003 186
Abb. 23: Absatzkanäle der Selbstmedikation in Deutschland 2003 187
Abb. 24: Funktionswandel des Sanitätsfachhandels 198
Abb. 25: Pflegebedürftigkeit in Deutschland von 1999 bis 2050 200
Abb. 26: Beschäftigungspotenziale in der Pflege 205

XIII Verzeichnis der Tabellen

Tab. 1: Sozialbudget (in Mrd. €) der Bundesrepublik Deutschland 1970 (alte Bundesländer) und 2003 im Vergleich ... 12
Tab. 2: Mitgliederstruktur der GKV 2005 ... 45
Tab. 3: Ausgabenstruktur der Gesetzlichen Krankenversicherung; alte Bundesländer 1960 und Deutschland 2004 ... 47
Tab. 4: Nutzenperspektiven und gesellschaftliche Bewertung ... 168

XIV Verzeichnis der Übersichten

Übersicht 1: Blüms Reform: Wunsch und Wirklichkeit ... 76
Übersicht 2: Potenzielle Entwicklungsschübe der Medizintechnik und Life-Science ... 116

XV Stichwortverzeichnis

Add-On-Technologien.............59, 121
Aktionsfeld Gesundheitsmarkt 185
Akutgeriatrie 209
allgemeine Versicherungspflicht...147
Altenquotient....................................115
Altersstruktur 116
Amsterdamer Vertrag......................126
Änderungsrisiko 36
Anreizstrukturen....................14, 56, 59
Anreizsystem 212
Anspruchsniveau, steigendes 59
Apothekenpflicht..............................219
Äquivalenzprinzip 35, 220
Arzneimittelgruppen..........................75
Arzneimittelhöchstbetrag.......... 70, 72
Arzneimittelpreisverordnung.........219
Arzneimitteltherapie 189
Arzneimittelzulassung 220
Ärztedichte..56
Ärzteschwemme 55
Arzthonorar.......................................220
Aufklärung, gesundheitliche 197
Ausgabenentwicklung..............48, 213
Ausgabenfieberkurve 67
Ausgabenpolitik,
einnahmenorientierte......... 50, 69, 223
Aut-Idem-Regelung 220
Aut-Simile-Verbot...........................220
Bagatellarzneimittel..................73, 221
Bayreuther Manifests.......................155
Beitragsbemessungsgrenze ....
13, 43, 44, 49, 221
Beitragsbemessungsgrundlage 40
Beitragsentlastungsgesetz 90
Beitragssatz 49
Beitragssatz-Anspruchs-Spirale 213
Beitragssatzstabilität.............................
88, 91, 94, 213, 221
Belastungsquotienten.......................115
Belegarztsystem 221
Beschäftigungsmöglichkeiten 180
Betriebs- und
Innungskrankenkassen 87
Blüm-Bauch 79
Blüm-Delle 79
Budget 221
Budgetierung 80, 88
Budgetierung, sektorale 94, 97
Budgetierungsnormen 89
Bürgerversicherungsmodell............143
Decker-Urteil....................................128
Diagnosis Related Groups
(DRG) 95, 222
Disease-Management.............101, 222
Diskriminierungsverbot 81
distributive Problem 160
Doppelleistungen...............................64
DRG 63
Duphar-Urteil...................................127
Effizienzreserven 94
Egalisierungstendenzen...................130
Eigenverantwortung 91, 92, 97
Eigenvorsorge 132
Einheitlicher Bewertungs-
maßstab (EBM)..........................57, 223
Einnahmenpolitik,
ausgabenorientierte 50, 69
Einsparungspotenziale 201
Einzelleistungshonorierung.....56, 223
Entökonomisierung 58, 64
Entwicklung,
demographische 112, 215
Epidemiologie 223
Ersatztechnologien..........................121
EU-Binnenmarkt 123
Europäische Union (EU)................123
Evidenzbasierte Medizin (EbM)...224
Explosion der Machbarkeit............119
Fallpauschale 82, 95, 122, 224
Familienmitversicherung..................41
Festbeträge 77, 224
Festbetragsregelung 75
Finanzierung, duale 63, 82, 89

Fortschrittsfalle 119
Freifahrer-Mentalität 122, 212, 224
Freizügigkeit 125
Frührehabilitation 208
Gemeinsamen Bundesausschuss 104
Generational Accounting 134
Generationenkonten 134
Generationenvertrag 40
Gerontologie 225
Gesamtbudget 82
Gesamtquotient 116
Gesundheitsausgaben 176
Gesundheitsbegriff 19
Gesundheitsdienst-leistungsberufe 177
Gesundheitserziehung 196, 197
Gesundheitskapital 22
Gesundheitsmodernisierungsgesetz 103
Gesundheitsprämienmodell 143
Gesundheitsreform 2000 93
Gesundheits-Reformgesetz (GRG) 73, 213
Gesundheitsreformgesetz 2000 213
Gesundheitsstrukturgesetz (GSG) 80
Gleichheitsgrundsatz 130
Gleichmacherei, Politik der 131
Globalbudget 94, 97
GMG 57
Grenzkosten 22
Grenznutzen 22
Großgeräteplanung 82
Grundlohnsumme 49, 226
Gut, öffentliches 23
Gut, privates 23
Haftungsprinzip 156
halfway-technologies 119
Hausarzt 207
Hausarztmodell 105
Heilmittel 226
Hilfsmittel 226
Humankapital 196
Immigrationspolitik 115
Indemnitätstarif 92
Informationsmarkt 186
Informationsvorsprung 57
Instituts für Qualität und Wirtschaftlichkeit im Gesundheitswesen 104
Integrationsversorgung 95
Integrierten Versorgung 97, 104
Interventionsspirale 109
Inzidenz 226
Jahresarbeitsentgelt, beitragspflichtiges 49
Jugendquotient 115
Kapitaldeckung 136
Kapitaldeckungsverfahren 37
kapitalorientierten Verfahren 147
Kassenartenwahlfreiheit 85, 89
Kaufkraft 183
Kohll-Urteil 128
Kohorten 35
Kompressionstheorie 205
Kontrahierungszwang 81
Konzertierte Aktion im Gesundheitswesen 69
Kosten, direkte 23
Kosten, indirekte 23
Kostendämpfung 76, 79
Kostendämpfungsdebatte 68
Kostendämpfungsgesetze 69
Kostendeckungsprinzip 227
Kostenerstattung 91
Kostenerstattungsprinzip 42, 227
Kostenexpansion 193
Kostenfiebers 17
Kosten-Nutzen-Analysen 196
Kostenvolldeckung 43
Kosten-Wirksamkeits-Analysen 196
Krankenhausbetten 64
Krankenhausfinanzierungsgesetz 63
Krankenhausinvestitionsprogramm 63
Krankenkassenwettbewerb 198
Krankenversicherungskarte 227
Krankheitskostenteilversicherung 41
Krankheitskostenvollversicherung 41
Krankheitswahrscheinlichkeit 197
Kuration 186
kurative Medizin 20
Lebenserwartung 113
Lebensqualität 23, 227
Leistungsanbieter 184
Leistungskatalog 50
Lohnnebenkosten 14, 80
Lotsenfunktion 97
Managed Care 42, 227

Maßnahmen,
gesundheitserziehende 195
Medikalisierungsthese 118
Medizinischen
Versorgungszentren 105, 187
Medizinischer Dienst..........................78
Medizintechnik 120
Mitgliederstruktur...............................46
Mitgliedschaft, freiwillige 44
Modellvorhaben....................91, 95, 98
Monistik..94
Monopol, bilaterales 63
Moral-Hazard-Effekt 54
Moral-Hazard-Phänomen......212, 228
Morbidität 36, 228
Morbiditätskompressionsthese......118
Morbiditätsspektrum 63
Mortalität...228
Multimorbidität.......................117, 205
Nachfrage, angebotsinduzierte...........
55, 219
Negativliste 74, 76
Nettoreproduktionsrate 113
Neuordnungsgesetze (NOG) 90
Nutzenbewertung.............................105
Operieren, ambulantes 186
Opportunitätskosten..........................23
Ordnungspolitik..................................68
Organisationsreform..........................81
Patientenberatung 96
Personalzusatzkosten 14
Pflege..204
Pflege, ambulante häusliche 76
Pflege, stationäre 207
Pflegebedürftigkeit...........................205
Pflegeeinrichtungen, ambulante 207
Pflegekonzept.....................................78
Pflegesatz...229
Pflichtmitgliedschaft..........................40
Pharmazeutik....................................229
Positivliste 84, 95
Prävalenz 229
Prävention.......................96, 99, 193
Prävention, aktiv.................................21
Prävention, primäre 194
Prävention, sekundäre 194
Prävention, tertiäre..........................194
präventive Medizin.............................20
Preisausschlußverfahren 212
Preisausschlussverfahren 43
Preismoratorium 84, 89
Prinzip des Generationenvertrag..112
Prozesspolitik......................................68
Punktwert, floatender........................57
Qualitätsmanagement 95, 98
Qualitätsstandard.............................199
Rationalisierung 229
Rationalitätenfalle......................58, 230
Rationierung 230
Rehabilitation 200
Richtgrößen 75, 92
Richtgrößenüberschreitung..............76
Richtgrößenvorgabe...........................84
Risikoausgleich 39
Risikofaktorenmodell 194
risikoorientierte Prämien 158
Risikoselektion 100, 102
Risikostruktur-
ausgleich 81, 85, 98, 100, 230
Sachleistungsprinzip.................41, 230
Sachverständigenrat für die
Konzertierte Aktion...........................64
Sanitätsfachhandel...........................202
Sanitätswaren...................................202
Satzungsleistungen 90
sektorübergreifende
Komplexpauschalen........................206
Selbstbeteiligung..75, 89, 91, 198, 231
Selbstkostendeckungs-
prinzip 82, 89, 122
Selbstmedikation.......................89, 231
Selbstmedikationsmarkt...........17, 190
Selbstverwaltung................................62
Selektion, adverse 62
selektive Verträge 169
Sicherstellungsauftrag......................231
Solidarausgleich..........................39, 112
Solidarität..94
Solidaritätsstärkungsgesetz 93
Solidarprinzip 39, 40, 97, 231
Sonderentgelte...................................82
Sozialbudget.......................................11
Sozialneid 217
Sozialstaatsprinzip 39
Strukturverträge 91
Subsidiaritätsprinzip.........................232
Substitutionsverbot 232
Tagesklinik, geriatrische 208

technischer Fortschritt 58
Territorialprinzip 128
Teufelskreis 16, 60
Therapiefreiheit des Arztes 232
Therapiefreiheit des Patienten 232
Transparenz- und Preisvergleichslisten 71, 72
Türsteher 207
Überversorgung 63
Umlageverfahren 40, 147
Umverteilung 32, 40
unsichtbaren Hand, Prinzip der 60
Unterversorgung 11, 63
Urlaubspflege 76
Verantwortungsvakuum 43, 58, 59, 131, 212, 232
Vergreisung 117
Vergütung 213
Verhaltensprävention 99, 194
Verschreibungspflicht 233
Versicherungsgeld 160
versicherungsinduzierte Nachfrage 54
Versicherungspflicht 13, 146
Versicherungspflichtgrenze 43, 233
Versicherungsprinzip 34, 92
Versorgung, ambulante 219
Versorgung, integrierte 202
Versorgung, stationäre 231
Versorgungsforschung 106
Verzahnung verschiedener Leistungsbereiche 64, 94
Vorschaltgesetz 93
Vorzieheffekte 88
Wanderungsbewegungen 114
Wettbewerb der Systeme 124
Wettbewerbsordnung 156
Wettbewerbsvorteile 198
Wirtschaftlichkeitsgebot 233
Wirtschaftlichkeitsprüfung 76
Zusatztechnologien 121
Zusatzversicherung 182
Zuwanderungspotential 115
Zwangsmitgliedschaft 40
Zweiklassenmedizin 131